# A DOSIMETRIA DAS MULTAS FISCAIS

## Conforme a legislação do ICMS do Estado de São Paulo

CIP-BRASIL. CATALOGAÇÃO NA PUBLICAÇÃO
SINDICATO NACIONAL DOS EDITORES DE LIVROS, RJ

P51d

Peres Júnior, José Orivaldo
A dosimetria das multas fiscais : conforme a legislação do ICMS do Estado de São Paulo / José Orivaldo Peres Júnior. - 1. ed. - São Paulo : Noeses, 2020.

288 p. ; 23 cm.
Inclui bibliografia
ISBN 978-65-992879-1-6

1. Direito tributário - São Paulo (Estado). 2. Imposto sobre circulação de mercadorias e serviços - Legislação - São Paulo (Estado). 3. Sanções tributárias - São Paulo (Estado). 4. Crime fiscal - São Paulo (Estado). I. Título.

20-67333 CDU: 34:351.713(815.6)

Leandra Felix da Cruz Candido - Bibliotecária - CRB-7/6135

**José Orivaldo Peres Júnior**

Doutorando em Direito Tributário pela PUC/SP. Mestre em Direito Tributário pela PUC/SP. Membro do IBDT – Instituto Brasileiro de Direito Tributário. Membro da Comissão do Contencioso Administrativo Tributário da OAB/SP.
Juiz do Tribunal de Impostos e Taxas – TIT.
Diretor Jurídico Adjunto do CIESP. Advogado.

# A DOSIMETRIA DAS MULTAS FISCAIS

## Conforme a legislação do ICMS do Estado de São Paulo

2021

editora e livraria
NOESES

Copyright © Editora Noeses 2021
Fundador e Editor-chefe: Paulo de Barros Carvalho
Gerente de Produção Editorial: Rosangela Santos
Arte e Diagramação: Renato Castro
Revisão: Georgia Evelyn Franco
Designer de Capa: Aliá3 - Marcos Duarte



2021

editora e livraria
NOESES

Editora Noeses Ltda.
Tel/fax: 55 11 3666 6055
www.editoranoeses.com.br

*Dedico este trabalho à minha mãe, Ana Maria, pelo amor incondicional; aos meus filhos, João Pedro e Isadora, razão do meu viver; à tia Anita, minha segunda mãe que me transmitiu afeto, valores e ensinamentos enquanto esteve entre nós; ao meu pai, que tudo observa de onde estiver; ao meu amor e esposa, Luciana, pelo carinho, incentivo, companheirismo e compreensão, aos meus enteados Vitor e Isadora Melo e ao meu irmão de alma e sócio, Sérgio Aun.*

*"Mesmo que já tenha feito uma longa caminhada, sempre haverá mais um caminho a percorrer".*

***Santo Agostinho***

# AGRADECIMENTOS

Esta obra é resultado de uma pesquisa que realizei no mestrado em Direito Tributário pela PONTIFÍCIA UNIVERSIDADE CATÓLICA – PUC/SP, bem como, pela experiência adquirida como Juiz no Tribunal de Impostos e Taxas e na militância como advogado tributarista. Agora, completo mais uma etapa de minha vida e da carreira, com a ajuda e colaboração daqueles hoje tenho uma dívida de gratidão.

Agradeço, em primeiro lugar, a Deus, *à* minha esposa, a todos meus familiares e aos companheiros e amigos do escritório que compartilharam e me ajudaram em vários momentos desta trajetória.

Ao Dr. Paulo de Barros Carvalho, um agradecimento especial pela oportunidade e confiança e por dividir seus conhecimentos. Aos professores Robson Maia Lins e Fabiana Del Padre Tomé, pelas preciosas ensinanças em aulas.

Pedindo escusas desde já por algum despropositado esquecimento, agradeço aos amigos do mestrado da PUC/SP pelos profícuos e percucientes debates jurídicos, dentre eles os professores Roque Carraza, Clovis Beznos, Gabriel Chalita, Vidal Serrano Nunes Jr e aos colegas Ivan Ozawa Ozai, Nicodemos Victor da Cunha, João Carlos de Lima Jr, Sávio Salomão de Almeida Nobrega, Maria Helena Soares, Felipe Gonçalves Fernandes, Marcos Paulo Jorge de Souza, Kleber Bispo e Alexandre Jabra.

Aos amigos e também Juízes que estiveram comigo na Câmara Superior do TIT, Fábio Henrique Bordini Cruz, Oswaldo Faria de Paula Neto, Augusto Toscano, Argos Campos Ribeiro Simões, Alberto Podgaec, Gianpaulo Camilo Dringoli, Rogério Dantas, Klayton Munehiro Furuguem, Paulo Gonçalves da Costa Júnior, Carlos Americo Domeneghetti Badia, Inácio Kazuo Yokoyama, Eduardo Soares de Melo, João Carlos Csillag, Edison Aurélio Corazza, João Maluf Junior, Maria do Rosário Pereira Esteves, pelas proveitosas e agradáveis conversas, além da troca de conhecimentos dentro e fora do plenário. Também não poderia deixar de lembrar e agradecer os amigos e colegas do TIT, Adolpho Bergamini, Argos Magno Gregório, Celso Grisi, Carlos Della Monica, Cezar Zalaf, Juliano Di Pietro, Douglas Kushiyama, Samuel Luiz Manzotti Riemma, Rubens de Oliveira Neves, Renato Senda, Samuel Magro, Bráulio da Silva Filho, Celso Barbosa Julian e Christian Penteado Sandrini, pelo privilégio do convívio, todos muito queridos. Finalmente, um agradecimento aos amigos José Carlos Zanchetta, Carlos Augusto Dos Santos Zanchetta e Luiz Roberto dos Santos Zanchetta, que sempre acreditaram em mim.

# PREFÁCIO

O âmbito da dosimetria das sanções é matéria que vem assumindo proporções significativas nos recentes estudos de Direito Tributário, no Brasil. Até então, era categoria predominantemente versada nos textos de penalistas ou nas pesquisas mais aturadas da Teoria Geral do Direito. Por outro lado, a Constituição brasileira é da categoria das rígidas, além do que opera aquela abundância de preceitos acerca de assuntos fiscais que chamaram a atenção de Aliomar Baleeiro, desde o Diploma de 1946, quando assinalou a presença de mais de cem comandos voltados, direta ou indiretamente, ao setor que ocupa agora os nossos cuidados. Também Geraldo Ataliba, atento a essa peculiaridade do nosso sistema, lavrou sua obra clássica a propósito do "Sistema Constitucional Tributário Brasileiro", editado pela Revista dos Tribunais (SP).

Em face de presença tão manifesta e abrangente, que se acentuou nas Cartas Constitucionais subsequentes, até chegarmos ao Texto Supremo de 1988, as pessoas políticas de direito constitucional interno – União, Estados, Distrito Federal e Municípios –, no afã de contornar as dificuldades de implantação e modificação dos tributos que lhes foram atribuídos, procuraram, de diferentes maneiras, escapar dos obstáculos e da vigilância que a Lei Maior, em tom enérgico, estabelecia. Proliferaram, então, impostos com epítetos trocados, com o nome de "taxas", de "contribuições", de "depósitos para viagens" e muitas outras ocorrências que nada mais representavam do que expedientes inusitados concebidos para contornar as dificuldades que os entes políticos experimentavam ao tentar a necessária aplicação dos complexos mandamentos já tradicionalmente firmados no estrato superior da Constituição brasileira. Pois bem, o autor desta obra, José Orivaldo Peres Júnior, portador de ampla experiência no trato com temas tributários, especialmente no que diz respeito à legislação do ICMS do Estado de São Paulo, membro que é do Tribunal de Impostos e Taxas – TIT e da Comissão do Contencioso Administrativo Tributário da OAB/SP, resolveu aprofundar-se no estudo da dosimetria das multas fiscais, entre outras razões, para mitigar o rigor exacerbado dos princípios constitucionais, dentre eles, o da individuação da pena, observação que deixa expressa logo na introdução de seu trabalho. Ao fazê-lo, Peres submete o assunto a penetrante análise, não hesitando em oferecer suas ponderações ao crivo de uma crítica exigente. Afinal de contas, é importante assinalar que a experiência jurídico-tributária brasileira assumiu posição preeminente no contexto internacional. Para além de ousadas iniciativas, realizou a proeza de implantar um bem elaborado sistema de instituição, administração e cobrança de imposto sobre o valor acrescentado (que é o nosso ICMS), de modo não centralizado, pelo contrário, irradiado pelas 27 (vinte e sete) unidades da nossa, no mínimo estranha Federação, computando-se entre elas o Distrito Federal, dotado de Poder Legislativo com representação própria e elegendo, como os demais Estados, três senadores para integrar a chamada Câmara Alta. É bem verdade que o convívio dista de ser pacífico e as tensões entre os Estados (incluindo o DF) estão sempre vivas, multiplicando-se a cada passo. Os valores arrecadados, porém, e o cômputo final do que chega ao Erário, comparados com as variações do produto interno bruto, pode-se dizer, são amplamente satisfatórios. Houve anos em que o Brasil cresceu significativamente, chegando a dois dígitos, com esse mesmo sistema que aí está, muitas vezes tão combatido e depreciado. Tal lembrança, quem sabe, possa explicar uma das razões pelas quais tem sido tão difícil fazer avançar uma reforma tributária no país.

Peres distribui seu pensamento em 8 (oito) capítulos, fora, naturalmente, os epitextos (agradecimentos, introdução, conclusões, índices e bibliografia). Começa pelo regime jurídico das sanções tributárias (1), discorrendo sobre os princípios constitucionais que norteiam a dosimetria daquelas entidades (2); destaca, em seguida, os primados implícitos da razoabilidade e da proporcionalidade na aplicação das penas por ilícitos fiscais (3); formula crítica à carência de normas de estrutura para a gradação das sanções tributárias (4) e analisa a revisão das penalidades à luz do art. 527-A do Regulamento do ICMS do Estado de São Paulo (5). Ato contínuo, examina os requisitos objetivos e os critérios subjetivos instituídos pelo art. 527-A do Decreto que regulamenta a implantação do tributo (6). Encerrada essa parte do trabalho, dirige sua atenção para os aspectos principais do processo administrativo tributário paulista (7) e analisa, por fim, as atividades do Poder Judiciário ao estabelecer limites para a revisão da dosimetria da multa fiscal aplicada pelos entes tributantes (8).

Neste mundo circunstante, feito de proximidades e distâncias, Peres conduz sua narrativa, pavimentando os argumentos de maneira comedida, sóbria, discreta, mas, sobretudo, com acentuado vigor especulativo, fazendo, da liturgia de seu texto, um documento de forte valor persuasivo. Sem procurar medir o padrão da ciência pelas peculiaridades de seu gosto ou de seus interesses pessoais, constrói mensagem substanciosa, retoricamente bem estruturada, estabelecida sobre base empírica coesa e consistente. As conclusões a que chega, exibem, desde o contato do primeiro instante, uma impressão nitidamente favorável, convocando a atenção do leitor para que acompanhe o ritmo de seu pensamento e se atenha aos resultados da pesquisa.

Parabéns ao Autor deste livro, especialmente pelo entusiasmo com que presidiu sua elaboração, logrando transmitir tal sentimento a todos aqueles que por ele se interessarem.

Registro meus cumprimentos efusivos à Pontifícia Universidade Católica de São Paulo, por mais uma titulação de excelente categoria. E aproveito para agradecer, pela competência profissional e pelo empenho, à Editora Noeses, ao produzir volume de ótima qualidade científica. Esse acréscimo, certamente, enriquecerá a comunidade jurídica brasileira.

São Paulo, 20 de julho de 2021.

**Paulo de Barros Carvalho**

*Emérito e Titular da PUC/SP e da USP.*

*Membro Titular da Academia Brasileira de Filosofia.*

# NOTA DO AUTOR

Os links dos julgados do Tribunal de Impostos e Taxas citados remetem para a tela de consulta e não diretamente aos acórdãos por impossibilidade técnica do *site* do Tribunal.

Desta feita, o leitor terá acesso às referidas decisões após digitar o número do processo.

# SUMÁRIO

# INTRODUÇÃO

O direito tributário sancionatório é carente de normas que estabeleçam condições para a dosimetria das penalidades tributárias decorrentes dos ilícitos fiscais praticados pelo sujeito passivo, mitigando, desta forma, a realização dos princípios constitucionais incidentes, dentre eles, o princípio da individualização da pena.

Por tais circunstâncias, elegemos como principal foco do presente trabalho, o estudo da aplicabilidade do art. 527-A do Regulamento do ICMS do Estado de São Paulo (Decreto 45.490/2000) na esfera administrativa, que, regulamentando o art. 92, em combinação com o art. 85, ambos da Lei Estadual paulista 6.374/89, prevê requisitos objetivos cumulativos e critérios ou requisitos subjetivos que serão verificados e sopesados quando da gradação da penalidade tributária pelo órgão julgador administrativo tributário paulista, que é o competente para tal mister.

As referidas normas dos arts. 92 da Lei 6.374/89 e 527-A do RICMS/2000 revelam sua importância para o direito tributário, por conferir mais segurança jurídica, tratamento isonômico e justiça tributária ao "contribuinte", cumprindo, assim, o desiderato do Estado Democrático de Direito.

Destarte, impende perquirir como e quando o sujeito passivo poderá impugnar as penalidades fiscais impostas pelo Poder Tributante, à luz do art. 527-A do Regulamento do ICMS do Estado de São Paulo (Decreto 45.490/2000).

O correto manejo do processo administrativo, que está sistematizado pela Lei 13.457/2009, é fundamental para que o sujeito passivo possa exercer o direito do devido processo legal, vale dizer, se defender de penalidades tributárias ilegais e desarrazoadas, pois é no âmbito do Contencioso Administrativo Tributário que poderão ser deduzidos os pedidos e fundamentos de cancelamento, recapitulação (art. 13) ou calibração da multa fiscal (art. 1º).

Noutro giro, é salutar a compreensão mais à miúde dos requisitos e critérios previstos no art. 527-A do RICMS, cuja dosimetria da sanção tributária, quando cabível, deverá ser sempre por decisão fundamentada, consoante os expressos termos dos arts. 26 e 38 da Lei 13.457/2009, para legitimar a atividade jurisdicional administrativa.

Não se nega as dificuldades de se estabelecer a justa penalidade aos ilícitos tributários cometidos conforme a intensidade da infração, diante da multiplicidade de eventos jurídicos, uns mais gravosos, outros mais brandos ou escusáveis, cuja ponderação somente será possível mediante o exame do caso concreto.

Assim, também serão abordados aqui os princípios constitucionais que permeiam o direito tributário sancionatório, por estarem jungidos ao art. 527-A do Decreto 45.490/2000 (art. 92 da Lei 6.374/89). Os princípios constitucionais gerais e os princípios constitucionais comuns ao direito tributário e ao direito penal são plenamente aplicáveis ao poder punitivo tributário do Estado ou na dosimetria da sanção tributária.

Malgrado os eficientes sistemas de arrecadação do Fisco brasileiro, que diga-se *en passant*, é um dos melhores do mundo, pesadas multas tributárias estão previstas na legislação federal, estadual e municipal, não só pelo não pagamento dos tributos, mas também pelo descumprimento de infindáveis e complexos deveres instrumentais, também chamados de obrigações acessórias, que incidem ao menor deslize do sujeito passivo.

Dentre as multas tributárias, a legislação federal prevê as multas de ofício de 75% do valor do débito fiscal (art. 44, inciso I da Lei 9.430/96); multas de 50% do valor do débito não homologado em compensação tributária (art. 74, § 17, da Lei 9.430/96); 75% do valor do débito ou da diferença encontrada (arts. 18, § 4º, da Lei 10.833/2003; 44, inciso I da Lei 9.430/96); multas aplicadas que são agravadas em caso de não atendimento de intimação das hipóteses previstas no art. 44, §2º, da Lei 9.430/96, sendo aumentada para 75% do valor do débito no caso de compensação não homologada e 112,5% no caso de não declarada; 150% do valor do débito, seja em caso de falsidade da declaração, seja na hipótese de compensação não homologada, ou não declarada, de acordo com os art. 18, §§ 2º e 4º da Lei 10.833/2003. Já na legislação tributária dos Estados Membros, há previsão de multas "sobre o valor das operações ou das prestações" ou "sobre o valor das mercadorias" e não somente sobre o valor do imposto (ICMS), como se vê, por exemplo, da redação do art. 85 da Lei Ordinária do Estado de São Paulo 6.374/89, em combinação com o art. 527, incisos II, III, IV, V, VI, VII, VIII e XI do Regulamento do ICMS do Estado de São Paulo (Decreto 45.490/2000).

Não raras vezes, o "contribuinte" comete equívocos ou interpreta a legislação de forma diversa do entendimento do fisco e a partir daí, se sujeita a multas fiscais que podem comprometer a continuidade de suas atividades econômicas.

Tratam-se, à evidência, de penalidades que muitas delas não guardam compatibilidade com os princípios da razoabilidade e da proporcionalidade, máxime diante das circunstâncias e particularidades do caso concreto, em manifesta violação aos princípios constitucionais vigentes.

A doutrina e a jurisprudência dos Tribunais do Poder Judiciário têm tratado do assunto inadmitindo a abusividade de determinadas multas fiscais previstas em nosso ordenamento jurídico.

Mas, independentemente das multas com efeito de confisco, ressaltamos a necessidade de normas jurídicas que estabeleçam pressupostos para a gradação da sanção tributária, conforme a intensidade da infração, para que o "contribuinte" possa fazer valer seus direitos fundamentais, bem como, o cumprimento da função social da atividade econômica, previsto no art. 170 da Carta Ápice.

Ainda que haja gradação da multa fiscal pelo órgão julgador competente da Administração Tributária, mediante aplicação do art. 527-A do Regulamento do ICMS do Estado de São Paulo, mesmo assim, o Poder Judiciário poderá apreciar e sopesar a adequação das multas fiscais já graduadas. Poderá ser reavaliado se a penalidade fixada é razoável e proporcional ao caso concreto, independentemente do aspecto da confiscatoriedade, procedendo-se nova gradação. Contudo, entendemos que o Judiciário não poderá proferir decisão jurisdicional agravando a multa reduzida ou restabelecendo a sanção tributária relevada. O ordenamento jurídico veda a *reformatio in pejus*, pela impossibilidade de rediscussão pelo Poder Estatal de suas próprias decisões, no Poder Judiciário.

Assim é que, toda a análise da norma em testilha é desenvolvida dentro do viés pragmático para melhor compreensão dos pressupostos para a redução ou relevação da multa fiscal, frente à controvérsia administrativa instaurada para a individualização da pena, nessa tensa relação entre o "contribuinte" e o Poder Estatal.

O escopo é de encontrar respostas aos problemas colocados em discussão, as quais pretendemos propor como base na melhor doutrina e na jurisprudência do Contencioso Administrativo Tributário e do Poder Judiciário.

Entrementes, não é nosso objetivo apresentar respostas absolutas, nem temos a pretensão de esgotar o assunto.

O objetivo, com efeito, é de analisar os aspectos jurídicos e a finalidade das penalidades tributárias, bem como, os princípios constitucionais tributários que devem ser observados na constituição do consequente normativo (fixação da multa fiscal), na revisão da penalidade tributária, seja no processo administrativo tributário, seja no processo judicial, pela inteligência do art. 527-A do Regulamento do ICMS do Estado de São Paulo (art. 92 da Lei 6.374/89), sem perder de vista a persecução do sobreprincípio da "segurança jurídica" que se mostra impostergável no que diz respeito à individualização da sanção tributária.

# 1. O REGIME JURÍDICO DAS SANÇÕES TRIBUTÁRIAS

## 1.1 Considerações iniciais sobre as sanções tributárias no direito brasileiro

Entender o instituto da sanção tributária, tal como está posto no ordenamento jurídico, é o ponto de partida para o desenvolvimento deste trabalho, em face dos contornos jurídicos do art. 527-A do Decreto 45.490/2000 (art. 92 da Lei 6.374/89) e das dificuldades de sua efetiva incidência, na prática.

Estudar a regra-matriz da norma sancionatória, espécies e subespécies, quais as finalidades e seus efeitos para o direito tributário, como veremos no decorrer deste Capítulo, é necessário para as conclusões do estudo proposto.

Miríades de penalidades tributárias pecuniárias e não pecuniárias estão previstas no ordenamento. Muitas delas inseridas no direito positivo de forma desarrazoada. Outras, porém, excessivas e desproporcionais diante das circunstâncias do caso concreto.

Daí, exsurge o direito subjetivo do "contribuinte" de impugnar administrativa e judicialmente qualquer inconstitucionalidade ou ilegalidade da sanção tributária aplicada, inclusive buscando a adequada e justa individualização da pena.

Ressalte-se que o princípio da vedação ao confisco tem plena aplicabilidade ao instituto da sanção tributária, mas que, a despeito disso, não outorga, ao Poder Judiciário, competência de construir um ou mais critérios da regra-matriz de incidência tributária, em razão do princípio da separação de poderes previsto no art. 2º da Carta Constitucional.

Normas de estrutura dispondo sobre os requisitos e condições mínimas para que o aplicador do direito possa sopesar o *quantum* da penalidade aplicada de acordo com a intensidade no cometimento da infração, proporciona segurança jurídica e justiça tributária, tal como ocorre na legislação paulista.

Enfim, o tema das sanções tributárias é objeto de grandes debates na doutrina e na jurisprudência de nossos tribunais na atualidade, máxime pela alta carga tributária suportada pelos cidadãos brasileiros e pela voracidade de arrecadação do Fisco cada vez maior, que encontra na aplicação de penalidades fiscais uma forma de incrementar o ingresso de recursos aos cofres públicos, muitas vezes sufocando o "contribuinte," em detrimento da função social constitucional da atividade econômica e da livre-iniciativa.

Esta tendência vem se tornando cada vez mais presente, na medida em que não há mais espaço para o aumento da carga tributária brasileira, por se encontrar em patamares nocivos para os contribuintes e para a macroeconomia.

A inquietação pelas questões que envolvem as sanções tributárias e a dosimetria das multas fiscais merece reflexão, sobretudo para encontrar critérios e soluções para que o escopo das coimas seja alcançado à saciedade.

## 1.2 A regra sancionatória tributária como norma de conduta

A palavra sanção tem sentido ambíguo. Pode significar uma penalidade aplicada ao infrator numa relação jurídica, via expedição de norma individual e concreta, ou pode significar também o consequente de uma norma geral e abstrata, ou seja, a norma que descreve no seu antecedente a tipificação do ilícito. Pode ainda significar a porcentagem aplicada sobre a base de cálculo da multa ou ainda, o encerramento do processo legislativo.[1]

Tendo em vista essa ambiguidade, interessa estudarmos a estrutura lógica da norma primária sancionatória, para finalmente demonstrar que a regra sancionatória é norma de conduta.

### 1.2.1 A regra-matriz da norma sancionatória

Pois bem. A estrutura da norma jurídica é formada basicamente pelo antecedente e pelo consequente.

Observando a estrutura normativa, identificamos duas proposições: a) a hipótese (antecedente ou pressuposto), que descreve um acontecimento de possível ocorrência, o qual serve de fundamento para atribuição de b) uma consequência (tese ou prescritor), cuja função é criar um vínculo relacional entre dois sujeitos em torno de uma determinada prestação.

A proposição antecedente é descritiva, de possível evento do mundo social, na condição de suposto normativo, implicando uma proposição-tese, de caráter relacional, no tópico do consequente.

A hipótese legal consiste num fato ou conduta, comissivo ou omissivo, livre, obrigado ou proibido, que tem como consequência sua validação ou uma sanção. Sem essa estrutura, ou seja, sem a condição prevista na hipótese, não há como se verificar a consequência ou surtir efeitos jurídicos, pois estaria incompleta.

A relação jurídica está no consequente da norma e é definida como vínculo abstrato que por força da imputação normativa, o sujeito ativo tem o direito subjetivo de exigir do sujeito passivo certa prestação. Para que se instaure o vínculo obrigacional são necessários dois elementos: o subjetivo (SA – investido do direito de exigir a prestação e SP – tem o dever

1. CARVALHO, Paulo de Barros. *Curso de direito tributário.* 25ª ed. São Paulo: Saraiva, 2013, p. 464-465.

subjetivo de cumprir uma conduta correspondente exigência do pretensor) e o prestacional (conteúdo do direito de que o SA é titular onde do SP deve cumprir).

A proposição jurídica completa é composta por duas normas: a norma primária e a norma secundária.

A norma primária é aquela que vincula a ocorrência de um fato social ou natural a uma consequência normativa, que é a relação de obrigação, permissão ou proibição entre dois sujeitos de direito. Já a norma secundária é o que caracteriza o direito: a coercitividade. Traz em sua previsão o descumprimento da relação prevista em uma norma primária, que implica a atuação do Estado-Juiz para fazer valer aquela relação jurídica. Assim, se presente a coação estatal estaremos diante de uma norma secundária, caso contrário, a norma será primária.

É de Paulo de Barros Carvalho a seguinte lição:

> Na sua completude, as regras do direito têm feição dúplice: norma primária (ou endonorma, na terminologia de Cossio), a que prescreve um dever, se e quando acontecer o fato previsto no suposto; norma secundária (ou perinorma, segundo Cossio), a que prescreve uma providência sancionatória, aplicada pelo Estado-Juiz, no caso de descumprimento da conduta estatuída na norma primária.[2]

É de se registrar, entrementes, que as regras tributárias sancionatórias são normas primárias e que apresentam a mesma estrutura lógica da regra-matriz de incidência, ou seja, um antecedente (descritor de fatos) e um consequente (prescritor de vínculo jurídico entre sujeitos).

Com efeito, é oportuno fazermos uma digressão a respeito da estrutura da Regra-Matriz de Incidência Tributária, ou seja, da hipótese tributária e seus critérios.

Como é cediço, a regra-matriz de incidência tributária é uma norma de conduta que visa a disciplinar a relação

---

2. CARVALHO, Paulo de Barros. *Direito tributário:* fundamentos jurídicos da incidência. 9. ed. São Paulo: Saraiva, 2012, p. 56.

jurídico-tributária entre o Fisco (sujeito ativo) e aquele que está obrigado a cumprir a obrigação tributária (sujeito passivo).

A lei prevê um determinado fato jurídico tributário como hipótese de incidência tributária e, uma vez ocorrido o fato previsto, forma-se a relação jurídica entre sujeito ativo e sujeito passivo. Concretizando-se os fatos descritos na hipótese, ocorre a consequência e esta, por sua vez, prescreve uma obrigação patrimonial. Nela, encontraremos uma pessoa (sujeito passivo) obrigada a cumprir uma prestação em dinheiro.

A hipótese de incidência descreve a situação necessária e suficiente ao nascimento da obrigação tributária.

Os elementos da regra-matriz são a hipótese e a consequência, como dito alhures.

Elas se desdobram em critérios.

Os critérios da hipótese são: a) critério material (como); b) critério espacial (onde); c) critério temporal (quando). E, finalmente, os critérios da consequência, que são: a) critério pessoal, que se subdivide em sujeito ativo e sujeito passivo; b) critério quantitativo, que se subdivide em base de cálculo e alíquota. O critério quantitativo, que é a definição da dívida tributária, que combinado irá traduzir um resultado de cunho pecuniário.

**Esquema 1: Critérios da hipótese**

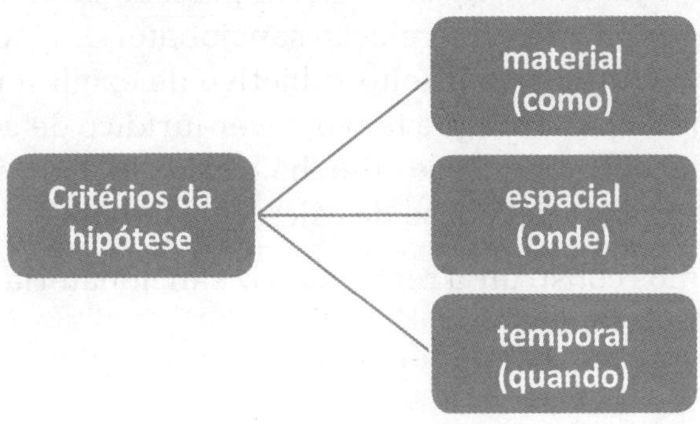

**Esquema 2: Critérios da consequência**

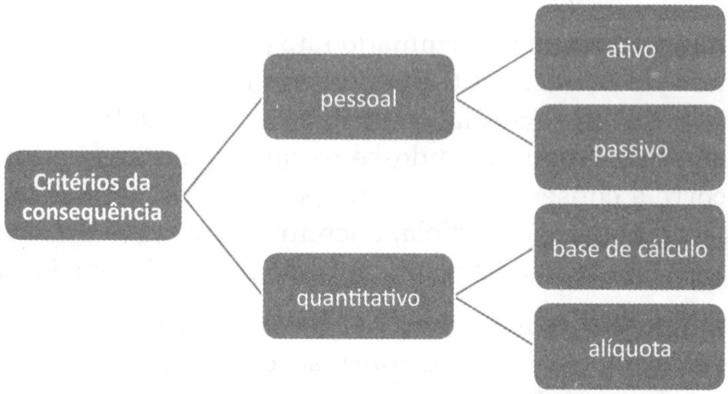


A alíquota tem especial importância em nosso estudo, tendo em vista as decisões do Supremo Tribunal Federal na aplicabilidade do princípio do não confisco, e é elemento imprescindível à determinação do débito tributário, que pode assumir duas feições: valor monetário fixo ou por fração – percentual. A base de cálculo, para compor a determinação do débito tributário exige a presença da alíquota.

Assim é que, na ensinança de Paulo de Barros Carvalho, "[...] o antecedente da regra sancionatória descreve fato ilícito qualificado pelo descumprimento de dever estipulado no consequente da regra-matriz de incidência".[3] No consequente, prossegue o jurista, temos o critério pessoal, onde encontramos a prescrição de uma relação sancionatória, vinculando o sujeito ativo (titular do direito subjetivo de exigir a penalidade) e o sujeito passivo (que tem o dever jurídico de adimplir a penalidade aplicada). E, por fim, há o critério quantitativo da sanção, composto pela base de cálculo e alíquota.

Podemos construir a regra-matriz sancionatória primária da seguinte forma:

---

3. CARVALHO, Paulo de Barros. *Direito tributário, linguagem e método.* 6. ed. São Paulo: Noeses, 2015, p. 872-873.

**Esquema 3: Antecedente da Regra-Matriz da Incidência Tributária**

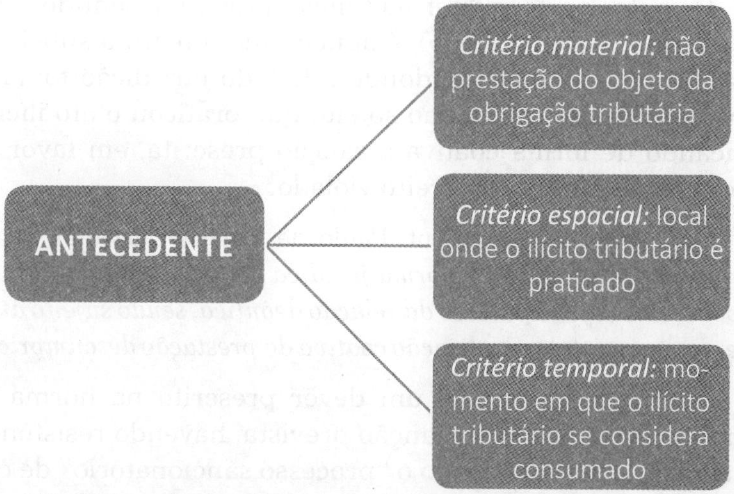


**Esquema 4: Esquema do Consequente da Regra-Matriz de Incidência Tributária**

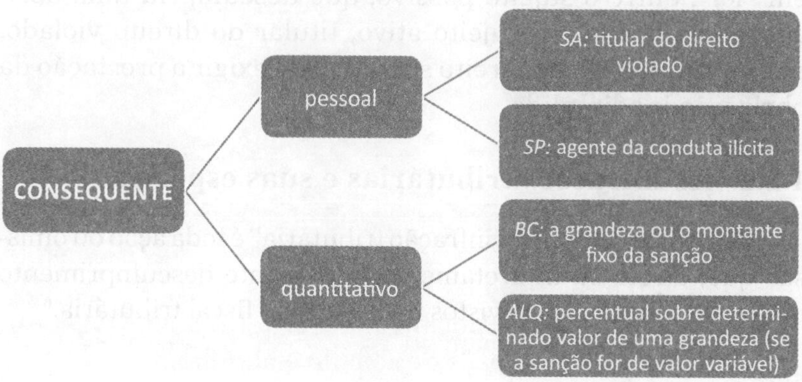


Onde, BC= base de cálculo e ALQ = alíquota.

A sanção tributária é definida por Robson Maia Lins da seguinte forma: "Mas 'sanção', tomada na sua acepção base, assim como 'tributo', é a relação jurídica intranormativa, cujo lugar sintático que ocupa é o consequente das normas primárias sancionatórias ou normas jurídicas secundárias ou processuais".[4]

De outra parte, a "norma sancionatória em sentido estrito" (perinorma em Cóssio), é aquela que integra a subclasse das normas secundárias, donde o Estado-jurisdição toma as providências em relação ao sujeito que praticou o ato ilícito, aplicando de forma coativa a sanção prescrita, em favor do sujeito ativo, titular do direito violado.

Conforme define o Prof. Paulo de Barros Carvalho, numa acepção estrita, sanção é *norma jurídica em que o Estado-Juiz intervém como sujeito passivo da relação deôntica, sendo sujeito ativo a pessoa que postula a aplicação coativa da prestação descumprida.*[5]

Assim, descumprido um dever prescrito na norma de conduta e a despeito da sanção prevista, havendo resistência do agente, é desencadeado o "processo sancionatório" de que o Estado-juiz está investido.

Em suma, definimos sanção tributária como a relação jurídica instalada em razão da ocorrência de fato ilícito previsto em "lei", entre o sujeito passivo, que descumpriu uma obrigação tributária, e o sujeito ativo, titular do direito violado, que está investido no direito subjetivo de exigir a prestação da obrigação inadimplida.

### 1.2.2 As infrações tributárias e suas espécies

Podemos dizer que "infração tributária" é toda ação ou omissão que, direta ou indiretamente, represente descumprimento de deveres jurídicos previstos na legislação fiscal tributária.[6]

---

4. LINS, Robson Maia. *A mora no direito tributário*. 2008. Tese (Doutorado em Direito). Faculdade de Direito, Pontifícia Universidade Católica de São Paulo - PUC/SP, São Paulo, SP, 2008, p. 176.

5. CARVALHO, Paulo de Barros. *Direito tributário, linguagem e método*. 6ª ed. São Paulo: Noeses, 2015, p. 866.

6. Idem, p. 874.

Em matéria tributária, o ilícito decorre por parte do sujeito passivo, pela não prestação pecuniária do tributo ou pelo não cumprimento de um dever instrumental previsto em "lei".

São duas as espécies de infrações tributárias: objetivas e subjetivas.

As denominadas infrações objetivas são aquelas que independem da intenção do agente (aguarda-se o resultado; uma vez cumprida desaparece o vínculo). As infrações subjetivas requerem a presença do dolo ou culpa em qualquer grau. Deverá, a autoridade fiscal, indicar qual é o nexo de causalidade entre a conduta do infrator e o seu efeito, bem como o *animus* – dolo ou culpa.

No caso dos deveres instrumentais, malgrado a infração seja objetiva, não haverá percussão automática do direito, pois somente o ser humano pode fazer incidir a norma.[7] Neste caso, deverá o Fisco produzir a norma individual e concreta (lançamento de ofício). Com o inadimplemento, o Fisco normalmente aplica a sanção desde logo, mas o Fisco poderá optar, em exceção, pela intimação do sujeito passivo para o cumprimento do dever formal antes de aplicar a penalidade tributária. Nesses casos, os deveres instrumentais não se perfazem com a norma individual e concreta (intimação ao sujeito passivo). Com caráter omissivo, antes se deve tolerar a conduta para depois produzir norma individual e concreta relatando o evento do desatendimento da obrigação e aplicando a penalidade tributária cabente. Essa é outra diferença entre dever instrumental e prestação pecuniária.

A responsabilidade do sujeito passivo pela prática de infrações tributárias é objetiva; vale dizer, independe da intenção do agente, nos termos do art. 136 do Código Tributário Nacional, salvo disposição expressa em contrário. No que tange à responsabilidade tributária, vem prevista nos arts. 128

7. CARVALHO, Paulo de Barros. *Direito tributário, linguagem e método.* 6ª ed. São Paulo: Noeses, 2015, p. 876.

*usque* 138 do CTN (responsabilidade de sucessores, de terceiros e por infrações).

### 1.2.3 As finalidades das sanções tributárias

A sanção tributária tem por escopo inibir e desestimular o sujeito passivo ao cometimento de infrações e ainda, como repressão para o ilícito tributário praticado, com o escopo didático para não fomentar a impunidade em detrimento da arrecadação do Estado, tendo em vista a supremacia do interesse público sobre o particular, mormente em relação ao agente que pratica conduta ilícita.

No dizer de Maria Ângela Lopes Paulino Padilha, as sanções tributárias assumem naturezas preventivas e punitivas:

> No plano teleológico das sanções tributárias, estas assumem natureza *preventiva* na medida em que, sob a ameaça de seus transtornos, servem de desestímulo à prática de infrações, atuando tanto sobre a sociedade como um todo (prevenção geral) quanto sobre o próprio contribuinte (prevenção específica) e, natureza *punitiva*, visando a reprimir a conduta infringente, sendo esta a finalidade por excelência das sanções.[8]

Robson Maia Lins assevera sobre a finalidade "repressiva" e "preventiva" da sanção tributária, pontuando que:

> Mais a distinção também aparece no plano pragmático. Enquanto o tributo é instituído pelo Poder Público com a finalidade, em tese, de fazer frente às despesas públicas, as sanções tributárias têm por objeto reprimir a conduta ilícita do sujeito passivo (função repressiva), além de, preventivamente, induzir os administrados a não praticarem determinadas condutas que, a juízo do legislador infraconstitucional - mas desde que dentro da moldura constitucional - sejam negativas para a conveniência em sociedade.[9]

---

8. PADILHA, Maria Ângela Lopes Paulino. *As sanções no direito tributário.* São Paulo: Noeses, 2015, p. 342.

9. LINS, Robson Maia. *A mora no direito tributário.* 2008. Tese (Doutorado em Direito). Faculdade de Direito, Pontifícia Universidade Católica de São Paulo - PUC/SP, São Paulo, SP, 2008, p. 99.

Nesta toada, podemos afirmar que as normas sancionatórias primárias são normas de conduta, não só pelo simples fato de possuir a mesma estrutura da regra-matriz de incidência, mas porque estas normas prescrevem comportamentos nos modais deônticos obrigatório (O), proibido (V) e permitido (P), ou seja, condutas transgressoras descritas na norma primária tributária sancionatória, que consiste no fato jurídico ilícito que se situa no núcleo do seu antecedente normativo.

O que difere essa espécie normativa das demais normas de comportamento, como é o caso da norma primária de incidência tributária, é que, no antecedente da norma sancionatória, está descrito um fato ilícito (infração tributária), qualificado pelo descumprimento no consequente da regra-matriz de incidência.

Portanto, dentro da estrutura lógica das normas primárias sancionatórias, estas se qualificam como normas de conduta, pois, preveem a hipótese, a disposição, a consequência e a sanção.

## 1.3 As espécies de sanções tributárias

É primordial apontarmos as espécies das sanções tributárias existentes em nosso ordenamento, pela utilização comumente equivocada das expressões: sanção tributária, sanção pecuniária, penalidade fiscal, penalidade pecuniária, multa penal, multa de mora, multa de ofício, multa isolada e multa indenizatória.

Com efeito, o art. 113 do Código Tributário Nacional prescreve que a "obrigação é principal ou acessória".

Paulo de Barros Carvalho define relação jurídica afirmando que:

> Para a Teoria Geral do Direito, relação jurídica é definida como vínculo abstrato, segundo o qual por força da imputação normativa, uma pessoa chamada de sujeito ativo, tem direito subjetivo de exigir da outra, o sujeito passivo, o cumprimento de certa prestação.[10]

10. CARVALHO, Paulo de Barros. *Curso de direito tributário.* 25. ed. São Paulo: Saraiva, 2013, p. 285.

Mais adiante, esclarece que no direito tributário existem dois tipos de relações jurídicas tributárias. Uma de natureza patrimonial e outra, de índole não obrigacional:

> No conjunto de prescrições normativas que interessam ao direito tributário, vamos encontrar dois tipos de relações: as de substância patrimonial e vínculos que fazem irromper meros deveres administrativos. As primeiras previstas no núcleo da norma que define o fenômeno da incidência – *regra-matriz* – e as outras circumpostas a ela, para tornar possível a operatividade da instituição tributária: são os deveres instrumentais ou formais.[11]

A obrigação tributária denominada principal é pecuniária, pois decorre de uma relação jurídica tributária patrimonial, que nasce com o evento relatado na norma individual e concreta. Os deveres administrativos (também chamados de obrigações acessórias) decorrem de vínculos que são deveres instrumentais ou formais, cujo objeto é um fazer ou não fazer, não suscetível de conversão em valor econômico.

Desse modo, a sanção tributária somente é aplicada quando o sujeito passivo descumpre as normas primárias tributárias, ou seja, as obrigações tributárias e os deveres administrativos, que aqui chamamos de "deveres instrumentais", previstos no direito positivo.

Dentro do nosso ordenamento, conforme pontua Paulo Roberto Coimbra Silva, as sanções tributárias podem ser de duas espécies: pecuniárias e não pecuniárias, as quais serão tratadas a seguir e sem qualquer pretensão de esgotar o tema, dada sua amplitude e complexidade.[12]

### 1.3.1 As sanções tributárias pecuniárias

Trataremos agora das sanções pecuniárias ou multas fiscais e suas subespécies.

---

11. CARVALHO, Paulo de Barros. *Curso de direito tributário*. 25. ed. São Paulo: Saraiva, 2013, p. 288.

12. SILVA, Paulo Roberto Coimbra. *Direito tributário sancionador*. São Paulo: Quartier Latin, 2007, p. 112.

As sanções correspondem a um único instituto, mas a legislação tributária lhe atribui várias expressões. Dentre elas podemos destacar as seguintes designações: a) penalidade pecuniária; b) multa de ofício; c) multa punitiva ou por infração; d) multa isolada; e) multa agravada; f) multa de mora; g) juros de mora; h) acréscimos legais; i) correção monetária; e, j) outras delimitações de dever jurídico, como restrição a certidão de regularidade fiscal, apreensão de mercadorias[13] etc.

Em primeiro lugar, se tomarmos como premissa a regra-matriz de incidência tributária das sanções tributárias pecuniárias, é de se frisar que a norma não faz diferença entre as multas de caráter punitivo ou indenizatório. Ambas são punitivas em decorrência da infração descrita na norma, praticada pelo sujeito passivo.

A única diferença que pode ser estabelecida é na multa da mora em relação às demais, pois sua constituição pode ser tanto por lançamento de ofício ou como por homologação, já que a penalidade é automática pela mora do devedor em cumprir sua prestação pecuniária. Na sancionatória ou punitiva, a multa é sempre lançada de ofício.

A multa sancionatória é gênero das multas tributárias. No direito tributário, a multa penal significa o mesmo que a multa sancionatória.

Chamamos de penalidade pecuniária, por sua vez, aquela que possui desígnios punitivos pelo cometimento de ilícito tributário pelo sujeito passivo.

A multa punitiva é uma espécie de sanção tributária que consiste numa prestação pecuniária compulsória pela prática de uma infração descrita na norma por ação ou omissão do sujeito infrator contrária à lei. É típica sanção de caráter intimidatório aplicado por ato jurídico próprio, geralmente por meio de Auto de Infração e observado o devido processo legal.

13. Súmula 323 do STF - É inadmissível a apreensão de mercadorias com o propósito de coagir o contribuinte ao pagamento de tributos.

A multa de ofício é o procedimento para a constituição do consequente sancionatório pela autoridade fiscal. É o lançamento de ofício, que são aqueles realizados através da lavratura de Auto de Infração.

As multas de cunho punitivo são sempre constituídas de ofício. Daí a denominação multa de ofício.

A multa de mora é penalidade pecuniária, mas destituída de nota punitiva em sentido estrito. Ela tem caráter indenizatório pela contingência do Fisco receber o tributo a destempo, que à evidência, causa dano ao erário que precisa ser reposto, pois atinge seu direito subjetivo. Repisemos que as multas de mora podem ser lançadas de ofício ou via lançamento por homologação pelo sujeito passivo.

A multa isolada, como o próprio nome diz, é a multa que pode ser exigida isoladamente, por algum motivo que a lei determina. A cobrança é feita tão somente pelo valor da penalidade.

É o que acontece quando o contribuinte paga apenas o valor da obrigação principal após o vencimento, ou seja, sem a multa devida pela mora. Neste caso, o lançamento do crédito tributário pela autoridade fiscal é feito em relação à multa moratória. Outra hipótese, a mais comum, é o lançamento tributário para a cobrança de multa punitiva pelo não cumprimento de dever instrumental.

A multa agravada, lançada de ofício, é aquela em que a penalidade tem maior peso pela verificação do ilícito tributário praticado com dolo, fraude ou simulação, desde que lastreado em provas seguras, cujo dever compete à Administração Pública. É o caso, por exemplo, do previsto no art. 44, inciso I, § 1º, da Lei 9.430/96, isto é, simulação de alguma situação, ou na hipótese de não atendimento de solicitações da fiscalização pelo sujeito passivo, na forma do § 2º, do mesmo art. 44, da Lei 9.430/96.

No que diz respeito aos juros e à correção monetária, embora tenham incidência pelo descumprimento da obrigação tributária pelo sujeito passivo, não possuem natureza sancionatória.

Com relação aos juros, o próprio Código Tributário Nacional, nos arts. 138 e 161, distingue os juros das sanções tributárias. A denúncia espontânea do sujeito passivo de que fala o art. 138 do CTN, exclui a multa penal, mas mantém a incidência dos juros pelo lapso temporal do ilícito tributário. Já o art. 161 prescreve que os juros incidem sobre o valor do crédito tributário, independentemente da natureza da infração, vale dizer, seja uma infração objetiva ou subjetiva.

Os juros têm apenas o condão de remunerar o débito fiscal devido. Logo, não têm caráter indenizatório, pois não há reposição de dano efetivo ao Estado em decorrência do ilícito tributário praticado, de acordo com as regras do art. 186[14] e 402[15] do Código Civil brasileiro.

E, no que concerne à correção monetária, sua incidência tem por escopo a reposição do poder aquisitivo da moeda pelo período do inadimplemento de obrigação tributária. Não sendo um *plus*, igualmente, a atualização monetária não é penalidade fiscal, nem corresponde a uma indenização, pois nada acrescenta ao débito fiscal.

A sanção pecuniária ou a multa fiscal implica necessariamente uma prestação em dinheiro, de modo que, com o pagamento, extingue-se o crédito tributário (art. 113, § 1º, segunda parte do CTN). A sanção não pecuniária, ao contrário, acarreta basicamente restrição de direitos, sem qualquer prestação em pecúnia, mas por via reflexa, inexoravelmente, afeta o "contribuinte" financeiramente.

Daí afirmar que tanto a sanção pecuniária, como a sanção não pecuniária, têm um caráter pecuniário.[16]

---

14. Art. 186. Aquele que, por ação ou omissão voluntária, negligência ou imprudência, violar direito e causar dano a outrem, ainda que exclusivamente moral, comete ato ilícito.

15. Art. 402. Salvo as exceções expressamente previstas em lei, as perdas e danos devidas ao credor abrangem, além do que ele efetivamente perdeu, o que razoavelmente deixou de lucrar.

16. PADILHA, Maria Ângela Lopes Paulino. *As sanções no direito tributário.* São Paulo: Noeses, 2015, p. 162-163.

### 1.3.2 As sanções tributárias não pecuniárias

No direito tributário, as sanções não pecuniárias são aquelas que restringem direitos, imputa deveres formais mais severos perante o Poder Tributante, além da perda de benefícios fiscais e patrimoniais.

Na vida real, o "contribuinte" explora suas atividades dentro de uma economia globalizada, altamente competitiva e muitas vezes predatória, de modo que a aplicação das sanções não pecuniárias pode implicar prejuízos irreparáveis e com grandes transtornos, muitas vezes inviabilizando o cumprimento da função social de suas atividades econômicas, como preconizado no art. 170 da Constituição Federal.

Neste eito, a aplicação da sanção não pecuniária deve ser com observância à legalidade estrita, à razoabilidade e à proporcionalidade, a fim de que seja atingida a saciedade, o verdadeiro desiderato dessa espécie de sanção tributária.

Destacamos a seguir, algumas sanções não pecuniárias previstas na legislação tributária.

Inicialmente, ressalta-se que as chamadas "sanções políticas", ou seja, aquelas que visam a compelir o sujeito passivo a pagar o tributo, são inconstitucionais, como já definiu o Supremo Tribunal Federal, através das Súmulas 70, 323 e 547.[17]

Leonardo Gandara define "sanção política" da seguinte forma:

> A sanção política busca, basicamente, alcançar interesses arrecadatórios da Fazenda por meio de medidas indiretas, deslocadas dos princípios da potestade fiscalizatória e punitiva do

17. Súmula 70: É inadmissível a interdição de estabelecimento como meio coercitivo para cobrança de tributo.
Súmula 323: É inadmissível a apreensão de mercadorias como meio coercitivo para pagamento de tributos.
Súmula 547: Não é lícito à autoridade proibir que o contribuinte em débito adquira estampilhas, despache mercadorias nas alfândegas e exerça suas atividades profissionais.

> Estado, tratando-se do uso de meios diversos daqueles, institucionalmente e, também, juridicamente disponíveis para que o contribuinte seja coagido e constrangido a cumprir uma obrigação, sem que o trânsito jurisdicional seja respeitado.[18]

Um exemplo de sanção política ilegal e inconstitucional é a apreensão de mercadorias, condicionando sua liberação, ao pagamento do tributo, o que normalmente ocorre nas operações mercantis sujeitas à incidência do ICMS. A autoridade fiscal, no caso do ICMS, somente poderá apreender a mercadoria até que a situação fiscal formal da operação seja regularizada, mas nunca condicionar a liberação da mercadoria ao pagamento do imposto (art. 163, inciso V, § 7º da Constituição do Estado de São Paulo).

Entretanto, há sanções não pecuniárias ou sanções indiretas, ressalvadas as opiniões contrárias, que não se consideram como "sanções políticas". Nem todas as restrições ao exercício de algum direito do sujeito passivo podem ser consideradas como "sanção política", pois a sanção não pecuniária deve guardar proporcionalidade com seus objetivos.

O art. 205 do Código Tributário Nacional prevê a possibilidade do Poder Tributante negar a expedição de Certidão Negativa de Débito – CND, quando existir créditos tributários sem exigibilidade suspensa (arts. 151 e 206 do CTN), o que inevitavelmente acarreta outras restrições ao exercício das atividades econômicas do "contribuinte". A negativação do nome do "contribuinte" junto ao CADIN Federal, conforme Lei Federal 10.522/2002, e no CADIN Estadual, consoante Lei Estadual bandeirante 12.799/2008, também restringe direitos, posto que impede participação em processos licitatórios (art. 62, inciso III, da Lei 14.133/2021),[19] bem como, para obtenção

18. GANDARA, Leonardo. *Sanções políticas e o direito tributário.* Belo Horizonte: D'Plácido, 2015, p. 39.

19. Lei 14.133/2021 - Art. 62. A habilitação é a fase da licitação em que se verifica o conjunto de informações e documentos necessários e suficientes para demonstrar a capacidade do licitante de realizar o objeto da licitação, dividindo-se em:
[...]
III- fiscal, social e trabalhista;
[...].

de linhas de créditos governamentais. Temos ainda o Protesto de Certidão de Dívida Ativa, regulamentado pela Lei 12.767/2012 que modificou o art. 1º da Lei 9.492/97,[20] incluindo a CDA como título passível de protesto, o que à evidência, prejudica o crédito do "contribuinte" no mercado.

As sanções indiretas aqui apontadas, à evidência, restringem direitos, mas não suas atividades econômicas, de modo que não há que se falar em "sanções políticas".

O ordenamento também prevê a restrição de direitos através do exercício do poder de polícia pela Administração Tributária, conforme expressamente previsto no art. 78 do CTN,[21] com o fito de restringir direitos, a liberdade e a propriedade, a bem da coletividade.

A pena de perdimento de bens é uma exceção ao direito fundamental da propriedade e ao livre exercício da profissão, conforme o caso. Contudo, esta penalidade está condicionada ao devido processo legal (inciso LIV do art. 5º da CF/88).

Referida sanção está prevista no art. 23 e seu § 1º do Decreto-lei 1.455/76 e no art. 689 do Decreto 6.759/2009 (Regulamento Aduaneiro), por infrações tendentes a burlar a fiscalização aduaneira e que causem danos ao erário, assim como, nos casos de abandono de mercadoria pelo prazo de 90 dias

---

20. Art. 1º. Protesto é o ato formal e solene pelo qual se prova a inadimplência e o descumprimento de obrigação originada em títulos e outros documentos de dívida. Parágrafo único: Incluem-se entre os títulos sujeitos a protesto as certidões de dívida ativa da União, dos Estados, do Distrito Federal, dos Municípios e das respectivas autarquias e fundações públicas. (Incluído pela Lei 12.767/2012).

21. Art. 78. Considera-se poder de polícia atividade da administração pública que, limitando ou disciplinando direito, interesse ou liberdade, regula a prática de ato ou abstenção de fato, em razão de interesse público concernente à segurança, à higiene, à ordem, aos costumes, à disciplina da produção e do mercado, ao exercício de atividades econômicas dependentes de concessão ou autorização do Poder Público, à tranquilidade pública ou ao respeito à propriedade e aos direitos individuais ou coletivos. (Redação dada pelo Ato Complementar 31/66).
Parágrafo único: Considera-se regular o exercício do poder de polícia quando desempenhado pelo órgão competente nos limites da lei aplicável, com observância do processo legal e, tratando-se de atividade que a lei tenha como discricionária, sem abuso ou desvio de poder.

sem o início do processo aduaneiro e ainda, na hipótese de mercadorias expostas à venda no comércio sem importação regular (Decreto-lei 37/66, art. 105, inciso X).

E, quanto ao Regime Especial de Controle e Fiscalização, a medida restritiva de direitos tem cabimento quando há reiteração no cometimento de infrações legais pelo sujeito passivo ou pela mera "suspeita" da fiscalização pelo desrespeito contumaz da legislação tributária e também pela "suspeita" de crime contra a ordem tributária (*v.g.* Lei 8.137/90), tudo sem prejuízo da aplicação de outras penalidades previstas em lei.

As restrições dentro do Regime Especial são mais comuns no âmbito da fiscalização estadual e normalmente consistem na prestação de informações fiscais e contábeis periódicas sobre operações e serviços realizados, na presença constante de Agentes Fiscais para acompanhar as atividades diárias, na perda de benefícios fiscais, na antecipação de vencimento de tributos e execução judicial prioritária de débitos fiscais.

É importante ressaltar que o arbítrio e os abusos do Poder Tributante não prevalecem nesta espécie de sanção não pecuniária tão sensível, pois basta a "suspeita" para que se implemente o Regime Especial. Obviamente que o art. 194 do CTN concede o direito de fiscalização ao Estado a fim de garantir a regular arrecadação e a justiça tributária, mas há limites a serem observados.

Esses limites estão, antes de tudo, nos princípios constitucionais implícitos e explícitos que será objeto de estudo a seguir e que deverão ser observados pela Administração Tributária.

# 2. OS PRINCÍPIOS JURÍDICOS CONSTITUCIONAIS QUE NORTEIAM A DOSIMETRIA DAS SANÇÕES TRIBUTÁRIAS

O direito tributário sancionatório é permeado pelos princípios constitucionais vigentes, principalmente porque as normas infraconstitucionais e infralegais tributárias e sancionatórias devem obediência à Constituição Federal.

Os princípios constitucionais tributários, portanto, são absorvidos pelo regime jurídico das sanções tributárias, uma vez que as penalidades tributárias incidem em decorrência dos ilícitos tributários pelo descumprimento de obrigações pecuniárias e de deveres instrumentais, que por sua vez estão submetidos aos princípios e regras constitucionais, limitadores do poder estatal impositivo.

Ora, na Constituição Federal do Brasil de 1988, está previsto o poder impositivo de tributação, de modo que para evitar arbitrariedades e abusos da Administração Pública, a Lei Suprema inseriu normas relativas às limitações do poder de tributar, que estão elencadas no Título VI, Capítulo I, Seção II, nos arts. 150 até 152.

Não obstante, os princípios constitucionais que incidem para a interpretação do direito penal têm aplicabilidade ao poder punitivo-tributário da Administração Estatal, dada a identidade ontológica e teleológica das sanções relativamente aos ilícitos fiscais e penais, como observa Maria Ângela Lopes Paulino:

> [...] pois, embora assumam naturezas jurídicas distintas, visto que veiculadoras por normas jurídicas também distintas, os ilícitos fiscais e correlatas sanções aproximam-se dos ilícitos penais e suas penalidades em decorrência de sua identidade ontológica e teleológica, respectivamente, implicando uma sujeição simultânea dessas entidades a princípios comuns da repressão, construídos a partir da Magna Carta.[22]

E ainda, não havendo diferença estrutural entre a sanção penal e a sanção administrativa tributária, por serem desinentes de normas de conduta, é fundamental que os princípios constitucionais gerais e os comuns ao direito tributário e ao direito penal, sejam vigorosamente respeitados no que diz respeito às sanções tributárias, dentre eles, os princípios da legalidade, da tipicidade, da capacidade contributiva e do não confisco (este tendo por fundamento, os princípios da razoabilidade e da proporcionalidade), da irretroatividade, da isonomia, do devido processo legal, do contraditório e da ampla defesa, da individualização das penas, da vedação ao *bis in idem* e do *in dubio pro reo*.

Entretanto, os princípios da anterioridade e da "noventena" não têm aplicação às sanções tributárias, simplesmente porque não se trata de tributos. Estando determinada obrigação tributária válida e em vigor, a sanção tributária prevista no ordenamento jurídico poderá incidir, quando aquela não for cumprida.

No âmbito das imunidades, as sanções tributárias têm aplicação quando os entes contemplados pela benesse constitucional desatenderem suas condições legais ou quando descumprirem as obrigações administrativas tributárias não pecuniárias previstas no ordenamento jurídico. As pessoas jurídicas que estão imunes à tributação devem cumprir deveres

---

22. PADILHA, Maria Ângela Lopes Paulino. *As sanções no direito tributário*. São Paulo: Noeses, 2015, p. 100.

instrumentais previstos na legislação fiscal, caso contrário, estarão sujeitas ao consequente da norma sancionatória que prevê a relação jurídica sancionatória entre o sujeito ativo e o sujeito passivo.

Os deveres instrumentais, que se caracterizam por obrigações de fazer ou não fazer, é fundamental para que a Administração Tributária tenha condições de verificar, dentro de sua competência e vinculação, se aquele determinado ente jurídico se enquadra ou atende aos requisitos da imunidade tributária.

No que tange à dosimetria da penalidade fiscal, os princípios constitucionais assumem grande importância na solução dos conflitos que o aplicador do direito irá considerar no processo de ponderação. Será aplicado um princípio em detrimento de outro ou será adotado peso maior de alguns princípios em relação a outros postulados.

A legislação infraconstitucional brasileira contém normas que indicam critérios gerais para a calibração da penalidade tributária (arts. 108, inciso II, § 2º e 112 do Código Tributário Nacional e art. 2º da Lei 9.784/99), assim como, o art. 92 da Lei Ordinária Bandeirante 6.374/89 (527-A do Decreto paulista 45.490/2000), estabelece requisitos objetivos e subjetivos para a redução ou relevação da multa fiscal, mas que, por si só, são insuficientes para a "devida graduação da sanção tributária".

Somente pela aplicação dos princípios constitucionais, juntamente com os critérios prescritos na lei, é que a justa pena, de acordo com o caso concreto, poderá ser efetivada na prática.

Tratar dos princípios constitucionais, que são aplicáveis ao direito tributário sancionatório, é indispensável, até porque, remonta à instituição do Estado brasileiro que tem a conformação jurídica definida através da Constituição de 1988, contendo princípios jurídicos implícitos (proposições construídas a partir de vários princípios jurídicos) e explícitos com alta carga axiológica, carregando valores postos pelo legislador, em compatibilidade com os anseios e com a cultura dos cidadãos destinatários, numa determinada época.

Também há regras jurídicas contidas na Constituição que são distintas dos princípios que introduzem valores para orientar a ordem jurídica.

Paulo de Barros Carvalho pontua que: "[...] [princípio] é o nome que se dá às regras do direito positivo que introduzem valores relevantes para o sistema, influindo vigorosamente sobre a orientação de setores da ordem jurídica".[23]

Os princípios são normas jurídicas com forte conotação axiológica, mas também são normas que fixam importantes critérios objetivos e que igualmente são usadas para significar o próprio valor e ainda, o limite objetivo, realizador de outros princípios, sem a consideração da norma.[24]

Portanto, o "princípio" possui função significativa para a aplicação do Direito, vinculando e orientando a aplicação das demais normas jurídicas inseridas no ordenamento, conforme leciona o professor Roque Antonio Carrazza:

> [...] princípio jurídico é um enunciado lógico, implícito ou explícito, que, por sua grande generalidade, ocupa posição de preeminência nos vastos quadrantes do Direito e, por isso mesmo, vincula de modo inexorável, o entendimento e a aplicação das normas jurídicas que com ela se conectam.[25]

A Constituição Federal tem supremacia sobre as demais normas contidas no ordenamento jurídico, de modo que as Leis, Decretos, Portarias, Resoluções, Instruções Normativas, dentre outras, devem estar com ela harmonizadas, dentro de uma relação de subordinação e coordenação, inclusive pelos princípios jurídicos nela inseridos.

---

23. CARVALHO, Paulo de Barros. *Direito tributário, linguagem e método*. 6. ed. São Paulo: Noeses, 2015, p. 270.

24. *Ibidem*, p. 270-275.

25. CARRAZZA, Roque Antonio. *Curso de direito constitucional tributário*. 30. ed. São Paulo: Malheiros, 2015, p. 49.

O professor Roque Antonio Carrazza, ressalta a prevalência da supremacia da Constituição nos seguintes termos:

> III – A Constituição, conforme acenamos, ocupa o nível supremo da ordem jurídica, acima do qual não se reconhece outro patamar de juridicidade positiva. É ela que enumera os princípios fundamentais, organizativos e finalísticos da comunidade estatal, definindo as relações do poder político, dos governantes e governados e – respeitados os direitos e garantias individuais e sociais e o princípio da livre iniciativa – até das pessoas físicas e jurídicas. Lei *máxima*, a Constituição é o *critério último* da existência e validade das demais normas do sistema do Direito, pelo que condiciona o agir – como mais adiante veremos – dos próprios Poderes Legislativo, Executivo e Judiciário. Em suma, a Constituição é o *limite* do Poder Público e o fundamento de todo o sistema jurídico.[26]

Nesse contexto, a "segurança jurídica", a "justiça tributária" e a igualdade tributária, normas estas qualificadas como sobreprincípios, dada sua importância axiológica, assim como os demais princípios jurídicos, são norteadores de todo o ordenamento jurídico, cabendo ao aplicador do direito ponderar os princípios constitucionais na incidência da norma sancionatória ou na sua dosimetria.

## 2.1 Os sobreprincípios constitucionais

Como dissemos alhures, a Constituição de um Estado contém princípios implícitos e explícitos, que são normas que carregam valores com alta carga axiológica, desenhando assim, o perfil de determinada sociedade juridicamente organizada.

Mas, os "sobreprincípios" é que ganham relevância e prevalência na pirâmide hierárquica dentro do nosso ordenamento.

Os sobreprincípios são aqueles que contêm valores que se implementam através da realização de outros valores positivados.

26. CARRAZZA, Roque Antonio. *Curso de direito constitucional tributário*. 30. ed. São Paulo: Malheiros, 2015, p. 38.

Como bem observa Maria Ângela Paulino Padilha: "Os sobreprincípios, para que se confirmem no interior dos ordenamentos, dependem da atuação de outros princípios; em outros dizeres, constituem normas jurídicas que são construídas a partir da conjunção de outros valores positivados pelo legislador".[27]

O preâmbulo da Constituição Federal de 1988, ao revelar o desiderato constitucional do nosso Estado Democrático de Direito, indica como sobrevalores: a garantia ao exercício dos direitos sociais e individuais, a liberdade, a segurança, o bem-estar, o desenvolvimento, a igualdade, justiça, a busca por uma sociedade fraterna e sem preconceitos, a harmonia social, o respeito à ordem interna e internacional e a solução pacífica das controvérsias.

Concordamos com o professor Paulo de Barros Carvalho quando afirma que o texto do Preâmbulo é norma jurídica vinculante, por prescrever direitos e deveres subjetivos constitucionalmente garantidos ao cidadão.[28]

Destarte, as pessoas políticas e, em especial, o intérprete do direito, não poderão se distanciar das diretrizes eleitas pelo legislador constituinte originário. Pelo contrário, os sobrevalores em testilha são cogentes dentro da ordem constitucional e a sua inobservância, à evidência, acarreta inconstitucionalidade.

No sistema jurídico tributário brasileiro, destacam-se os sobreprincípios da segurança jurídica, da igualdade e da justiça, que são realizados pela aplicação de outros princípios constitucionais como o da legalidade, da irretroatividade da norma, da anterioridade, do devido processo legal, da razoabilidade e da proporcionalidade, da capacidade contributiva e do não confisco, que estão ínsitos na Constituição Federal de 1988.

---

27. PADILHA, Maria Ângela Lopes Paulino. *As sanções no direito tributário*. São Paulo: Noeses, 2015, p. 94.

28. CARVALHO, Paulo de Barros. *Direito tributário, linguagem e método*. 6. ed. São Paulo: Noeses, 2015, p. 285.

Assim, haverá violação aos sobreprincípios constitucionais quando forem inobservados outros princípios que os realizem.

Em se tratando de sanção tributária, a estrita observância da lei e o sopesamento dos princípios constitucionais de forma fundamentada pelo aplicador do Direito, mormente na calibração da multa sancionatória, conforme a intensidade do ilícito tributário, irão fazer valer ou implementar, inexoravelmente, os sobreprincípios constitucionais em testilha.

## 2.2 O sobreprincípio da segurança jurídica

A segurança jurídica assume a condição de superprincípio em nosso ordenamento, uma vez que outros princípios constitucionais implícitos e explícitos operam para implementar o sobrevalor da segurança jurídica.

Em verdade, todos os direitos fundamentais e todos os princípios de nosso ordenamento convergem para a segurança jurídica, que assume a condição de um valor supremo, de tal modo que as pessoas políticas devem ter como observância e aspiração.

A segurança jurídica nos dá a ideia do Direito e é a própria razão de ser da Constituição Federal, tanto que, como já anotamos, é referenciada no preâmbulo como um sobrevalor, sendo uma das diretrizes do Estado Democrático de Direito brasileiro.

A segurança jurídica está consagrada no ordenamento de forma explícita e implícita, como aponta Heleno Taveira Torres:

> O princípio da segurança jurídica encontra-se enucleado na Constituição com a força de ser um princípio-síntese, construído a partir do somatório de outros princípios e garantias fundamentais. Apesar de referido na Constituição ('Preâmbulo', *caput* dos artigos 5º e 6º e artigo 103-A da CF) e em leis esparsas, o princípio da segurança jurídica não se reduz aos enunciados normativos assinalados em cada um de seus dispositivos, como "segurança" ou "insegurança". Como regra expressa, tanto se faz presente na condição de "direito fundamental à ordem jurídica segura" quanto à acepção de garantia material aos direitos

> e liberdades protegidos, sobre os quais exerce a função de assegurar efetividade.[29]

A segurança jurídica visa, sobretudo, à estabilidade das relações intersubjetivas, a confiança do cidadão no Poder Público, a previsibilidade em alto grau, das consequências jurídicas das escolhas e atitudes das pessoas, a proteção dos direitos fundamentais, enfim, a "certeza do direito" para tornar segura a vida de todos.

Na lição de Paulo de Barros Carvalho, o "princípio da certeza do direito" traduz as pretensões do primado da segurança jurídica, que é a certeza da mensagem jurídica, afirmando que:

> O princípio da certeza do direito traduz as pretensões do primado da segurança jurídica no momento em que, de um lado, (i) exige do enunciado normativo a especificação do fato e da conduta regrada, bem como, de outro, (ii) requerer previsibilidade do conteúdo da coatividade normativa.[30]

Com efeito, a "segurança jurídica tributária" é direito fundamental do contribuinte que somente é implementada quando outros princípios constitucionais tributários são realizados.

As normas positivadas, isto é, vigentes e válidas, permite que o sujeito passivo conheça as obrigações tributárias a serem cumpridas e que tenham a garantia de que tais obrigações estejam previstas somente por lei, na estrita observância ao princípio da legalidade. Eis aqui, o princípio da legalidade e da tipicidade para implementar a segurança jurídica, inclusive no que diz respeito ao direito sancionatório.

Ainda que previstas em lei, a norma tributária não poderá retroagir para alcançar fatos jurídicos pretéritos, conferindo a segurança de que o contribuinte não seja surpreendido

29. TORRES, Heleno Taveira. *Direito constitucional tributário e segurança jurídica.* São Paulo: Revista dos Tribunais, 2011, p. 188.

30. CARVALHO, Paulo de Barros. *Direito tributário, linguagem e método.* 6. ed. São Paulo: Noeses, 2015, p. 287.

com novas regras ou com penalidades que venham onerar e prejudicar suas atividades econômicas.

Noutro giro, a irretroatividade da lei tributária garante a certeza dos atos já consumados e estabiliza as relações jurídicas praticadas com terceiros e com o próprio Estado.

Já o princípio da igualdade, permite que seja assegurado ao contribuinte que a tributação e as penalidades por ilícitos tributários valham para todos, impedindo assim, arbitrariedades, protecionismos e, portanto, distribuindo uma tributação justa.

Não se olvide que é inerente ao princípio da igualdade, o tratamento desigual para situações particulares para contribuintes que se encontrem em situação diversa, legitimando critérios tributários discriminatórios, na busca da justiça fiscal e em última análise, da segurança jurídica.

O princípio do não confisco tem por escopo a garantia de que o patrimônio do contribuinte não será agredido, quer pela instituição de tributos excessivos, quer pela aplicação de sanções irrazoáveis e desproporcionais. É a segurança de que o contribuinte terá garantido seu direito de propriedade e que a função social da atividade econômica não será afetada, beneficiando o próprio desenvolvimento do País.

Dentre outros princípios jurídicos constitucionais que implementam a segurança jurídica, é oportuno destacarmos ainda o princípio do "devido processo legal".

É através do direito ao devido processo legal sistematizado no âmbito administrativo e judicial que o contribuinte poderá defender seus interesses, para corrigir erros, arbitrariedades e ilegalidades, deduzindo todos os seus argumentos e fundamentos jurídicos, com direito à produção de provas permitidas em direito. É a segurança jurídica do contribuinte de impugnar os atos do Poder Público, na preservação de seus direitos fundamentais.

As decisões administrativas dentro do Contencioso Administrativo Tributário que sejam favoráveis ao contribuinte, segundo as atuais normas de regência, são definitivas, de modo que o Estado não pode contestar, no Poder Judiciário, a revisão do próprio órgão julgador administrativo o que, à evidência, confere segurança jurídica ao contribuinte.

Mas, é no Poder Judiciário que o contribuinte poderá impugnar e contestar atos administrativos e exigências tributárias ilegais e inconstitucionais, mesmo após uma decisão administrativa que lhe seja desfavorável.

Em matéria tributária, na maioria dos casos, a decisão final sobre determinada controvérsia entre o contribuinte e o Estado é do Supremo Tribunal Federal. É raro que uma discussão tributária termine em instâncias inferiores, diante dos grandes impactos econômicos que ocorrem pelas decisões de temas do direito tributário.

Com efeito, pesa sobre o Supremo Tribunal Federal a responsabilidade de assegurar a "segurança jurídica" ao País pela importância de suas decisões, já que a partir delas, as relações jurídicas se estabilizam e os contribuintes podem prever, se organizar e se planejar, adotando condutas de acordo com a orientação sinalizada nas decisões judiciais e nos seus efeitos vinculantes.

Destarte, a "segurança jurídica" confere previsibilidade e estabilidade nas relações jurídicas, tendo como consequência virtuosa a confiança e a paz da sociedade.

Infere-se, por oportuno, que a Lei 13.655/2018 (que alterou a Lei de Introdução às normas do Direito Brasileiro) foi editada com o escopo de conferir maior segurança jurídica na regulamentação, interpretação e aplicação da legislação de Direito Público, e em última análise, também ao Direito Tributário, como se verifica, por exemplo, do disposto no art. 30 do Decreto-lei 4.657/42.

O superprincípio a que nos referimos está contemplado na Constituição Federal e a nível infraconstitucional, de modo que os intérpretes e os operadores do direito devem persegui-lo incansavelmente.

## 2.3 Os sobreprincípios da justiça tributária e da isonomia tributária

É inerente ao princípio republicano que os sujeitos passivos da relação tributária recebam tratamento isonômico, isto é, que a norma tributária seja igual para todos, o que inclui, à evidência, as sanções tributárias.

Conforme veremos nos subitens seguintes, a justiça tributária e a igualdade tributária são princípios que se completam ou pelo menos, estão intimamente ligados.

### 2.3.1 A justiça tributária

Infere-se que a justiça tributária decorre do princípio da igualdade tributária.

O professor José Afonso da Silva, com muita propriedade, observa que o princípio da isonomia tributária está jungido à distribuição da justiça fiscal, escrevendo o seguinte:

> O princípio da igualdade tributária relaciona-se com a justiça distributiva em matéria fiscal do modo mais justo possível. Fora disso a igualdade será puramente formal. Diversas teorias foram constituídas para explicar o princípio, divididas em subjetivas e objetivas. As teorias subjetivas compreendem duas vertentes: a do princípio do benefício e a do princípio do sacrifício igual. O primeiro significa que a carga dos impostos deve ser distribuída entre os indivíduos de acordo com os benefícios que desfrutam da atividade governamental; conduz à exigência da tributação proporcional à propriedade ou à renda; propicia em verdade situações de real injustiça, na medida em agrava ou apenas mantém as desigualdades existentes. O princípio do sacrifício ou do custo implica em *(sic)* que, sempre que o governo incorre em custos em favor de indivíduos particulares, estes custos devem ser suportados por eles. Esse princípio foi defendido por Stuart Mil, segundo o qual a igualdade tributária é o corolário lógico do princípio geral de igualdade e o imposto se reparte segundo este critério de justiça quando cada contribuinte suporta um sacrifício igual ao suportado por qualquer outro, e ninguém sofre mais do que outro como consequência do pagamento do imposto. Esse critério de sacrifício igual redunda, na verdade numa injustiça, porque, numa sociedade dividida em classes,

> não é certo que todos se beneficiem igualmente das atividades governamentais.[31]

A justiça tributária é aquela que atende aos direitos fundamentais do contribuinte, bem como, aos princípios constitucionais tributários, mormente a capacidade contributiva das pessoas e a não confiscatoriedade, pois os tributos e as sanções tributárias devem observar a razoabilidade e a proporcionalidade.

Neste eito, não se pode olvidar da função social das atividades econômicas, consoante previsto no art. 170 e da livre-iniciativa do exercício da profissão, conforme art. 5º, inciso XIII, da Carta Constitucional brasileira. De um lado, consoante observa Roque Antonio Carazza, na igualdade tributária, há de ser levado em conta o princípio da praticabilidade, isto é, que garanta os interesses arrecadatórios do Estado e ao mesmo tempo, permita que os contribuintes atendam seus deveres sem custos adicionais ou desnecessários. De outro lado, a livre-iniciativa das atividades econômicas, o direito de propriedade, o livre exercício da profissão e ainda, a concorrência leal, devem ser preservados para o desenvolvimento econômico e para o progresso do País.[32]

Numa economia capitalista, como adotada no Brasil, a justiça tributária tem por escopo garantir que os indivíduos da sociedade tenham comportamentos e oportunidades dentro das mesmas condições legais e econômicas e que desenvolvam suas atividades de forma equilibrada e saudável.

Não basta que a "norma tributária" seja editada em conformidade com a isonomia, ou seja, prever o tratamento igualitário aos contribuintes em situações econômicas idênticas ou assemelhadas.

---

31. SILVA, José Afonso. *Curso de direito constitucional positivo*. 6. ed. São Paulo: Revista dos Tribunais, 1990, p. 196.

32. CARRAZZA, Roque Antonio. *Curso de direito constitucional tributário*. 30. ed. São Paulo: Malheiros, 2015, p. 94.

À Administração Estatal, na escorreita distribuição da "justiça tributária", compete ainda, a observância dos princípios estatuídos no art. 37 da Constituição Federal, em especial, o "princípio da eficiência", no que diz respeito ao poder fiscalizatório de que está imbuída, conforme prescrito nos arts. 194 a 200 do Código Tributário Nacional e nas miríades de normas fiscais espalhadas pelo ordenamento jurídico.

A regular e eficiente fiscalização da Administração Tributária a todos os contribuintes evita distorções na economia e preserva o desenvolvimento econômico e social do Estado, proporcionando, ao mesmo tempo, a necessária arrecadação monetária ao erário.

A justiça tributária também se verifica na aplicação das penalidades tributárias aos sujeitos passivos infratores, vale dizer, quando ocorrido o fato ilícito tributário, em conformidade com a intensidade da infração e para inibir e reprimir práticas ilegais que possam ser nocivas à economia como um tudo.

A justiça tributária é um sobreprincípio por envolver princípios constitucionais outros. A distribuição de justiça tributária visa, sobretudo, a preservar os direitos fundamentais dos contribuintes, bem como, garantir o equilíbrio da macroeconomia e ainda, inibir a prática de ilícitos tributários.

Em suma, a "justiça da tributação", juntamente com a "segurança jurídica," implementam a isonomia tributária.

### 2.3.2 A isonomia tributária

O princípio da isonomia prescrito no art. 5º, *caput*, da Constituição Federal de 1988 declara que: "todos são iguais perante a lei", de modo que a lei não pode ser editada em desconformidade com a isonomia. Tal preceito é voltado tanto para o legislador, como para o aplicador da lei.

A função precípua da lei é dispensar tratamentos desiguais, discriminando situações para pessoas de categorias ou regimes diferentes (há sempre um elemento diferencial).

Entretanto, certos diferenciais não podem ser eleitos como matriz do discrímen. Assim, as pessoas não podem ser desequiparadas em razão de raça, do sexo, da convicção religiosa, cor dos olhos ou compleição corporal etc.

Alguns caracteres determinantes do discrímen, porém, podem não implicar violação à isonomia. Exemplo: concurso público para compor polícia feminina.

Assim, o princípio da igualdade, por meio da ordem jurídica, pretende firmar a impossibilidade da desiquiparação de forma aleatória ou injustificada.

Segundo Celso Antônio Bandeira de Melo, a isonomia é agredida quando o fator diferencial adotado para qualificar os atingidos pela regra não guardar relação de pertinência lógica com a benesse concedida ou não concedida, ou para se livrar de um gravame.[33]

E, prossegue o jurista, asseverando que existem quatro elementos para que o discrímen conviva com a isonomia: a) que a discriminação não atinja de modo atual e um só indivíduo; b) que as situações ou pessoas desequiparadas pela norma sejam distintas entre si; c) que exista em abstrato uma correlação lógica entre os fatores diferenciais existentes e a distinção do regime jurídico em função deles pela norma jurídica; d) que concretamente, essa correlação lógica entre os fatores diferenciais e a distinção do regime jurídico, seja pertinente em função dos interesses constitucionalmente protegidos, caso contrário haverá incompatibilidade com o preceito igualitário. Exemplo: conceder benefícios fiscais a grandes empresas, em detrimento das médias e pequenas, tendo em vista o disposto no art. 170 e art. 173, § 4º, da Constituição Federal de 1988.[34]

Em matéria tributária, o princípio da isonomia é dirigido, num primeiro momento, ao legislador, isto é, aos órgãos da atividade legislativa propriamente ditos, no sentido de se evitar

33. BANDEIRA DE MELO, Celso Antonio. *Conteúdo jurídico do princípio da igualdade*. 3. ed. 23. tirag. São Paulo: Malheiros, 2014, p. 39-40.

34. Idem, p. 47-48.

normas que violem este princípio. Por isso que na Constituição de 1988, a isonomia aparece como um "superprincípio".

Com efeito, o legislador constituinte inseriu o art. 150, inciso II da Carta Ápice, nos seguintes termos:

> Art. 150. Sem prejuízo de outras garantias asseguradas ao contribuinte, é vedado à União, aos Estados, ao Distrito Federal e aos Municípios:
>
> [...]
>
> II – instituir tratamento desigual entre contribuintes que se encontrem em situação equivalente, proibida qualquer distinção em razão de ocupação profissional ou função por eles exercida, independentemente de denominação jurídica dos rendimentos, títulos ou direitos.

Walter Ceneviva esclarece que a isonomia tributária deve ser respeitada tanto na incidência de determinado tributo, como na dispensa de seu pagamento:

> É vedado ao Poder Público (artigo 150, inciso II) instituir tratamento desigual entre contribuintes que se encontrem em situação equivalente, bem como, criar ou aceitar qualquer distinção em razão de ocupação profissional ou função por eles exercida, independentemente da denominação jurídica dos rendimentos, títulos ou direitos. A igualdade tanto opera no sentido de incidência (princípio da isonomia tributária) quanto na não incidência ou dispensa do pagamento, como se exemplifica como inciso XXXIV do artigo 5º: o direito de petição ou de obter certidão em repartições do Estado independe, para todos os cidadãos, do pagamento, de taxas, desde que destinada à defesa de direito ou a esclarecimento de interesse pessoal.[35]

Portanto, no direito tributário, o critério estimativo da igualdade é objetivo. Se os sujeitos passivos estiverem em idêntica situação econômica, a tributação deverá ser a mesma.

É neste sentido que o professor Paulo de Carvalho leciona, afirmando que ao poder tributante é vedado instituir tratamento desigual a contribuintes em situação equivalente,

35. CENEVIVA, Walter. *Direito constitucional brasileiro*. São Paulo: Saraiva, 1991, p. 247.

tendo em vista a ocupação funcional ou a função exercida, visando assim, a garantir uma tributação justa. E, ao estabelecer desigualdade entre os destinatários da norma em situações jurídico-econômicas semelhantes, é de rigor a observância da proporcionalidade, que é a marca decisiva da "isonomia".[36]

Ainda no campo do direito tributário, o princípio da igualdade também deve ser observado pelo legislador no que tange às normas sancionatórias. As penalidades devem ser justas e adequadas, conforme a gravidade da infração.

Maria Ângela Lopes Paulino Padilha, observa que o princípio da igualdade é empregado no direito tributário sancionador, cujo critério é a gravidade do fato ilícito tributário:

> Quando a igualdade é empregada no direito tributário sancionador, o critério jurídico de sua aplicação tem como ponto referencial o grau de gravidade do ilícito, influenciado pelos circunstanciais objetivos e subjetivos do cometimento e cuja intensidade deverá, impreterivelmente, refletir na relação sancionatória.[37]

Esclarece José Artur Lima Gonçalves, que é no consequente da norma que estará delimitada a dosimetria do dever de sofrer a sanção mais gravosa ou menos gravosa, uma vez identificado o motivo para que haja discriminação, através de técnica legislativa para conferir o tratamento diferenciado, fazendo valer, desta forma, a isonomia e a justiça tributária.[38]

Mas, é num segundo momento que o princípio da isonomia tributária dirige-se ao aplicador do Direito, ou seja, aquele que expede normas dotadas de juridicidade, como é o caso das normas individuais e concretas, gerais e concretas e individuais e abstratas.

---

36. CARVALHO, Paulo de Barros. *Direito tributário, linguagem e método*. 6. ed. São Paulo: Noeses, 2015, p. 292-293.

37. PADILHA, Maria Ângela Lopes Paulino. *As sanções no direito tributário*. São Paulo: Noeses, 2015, p. 121.

38. GONÇALVES, José Artur Lima. *Isonomia na norma tributária*. São Paulo: São Paulo, 1993, p. 49-51.

Celso Ribeiro de Barros assevera que o contribuinte pode alegar a inconstitucionalidade de uma obrigação fiscal, desde que o paradigma esteja pagando impostos de maneira diferenciada:

> Vê-se, assim, que esse dispositivo confere a possibilidade a todos aqueles que estejam em situações parificadas com outros, mas que, no entanto, não estejam pagando impostos na mesma quantidade, de alegar a inconstitucionalidade da situação e consequentemente desobrigar-se desse pagamento desuniforme.[39]

No que se refere às sanções tributárias, a autoridade fiscal competente, uma vez ocorrido o fato ilícito tributário, expede norma individual e concreta, aplicando a penalidade de acordo com as normas de regência, assegurando os seus efeitos uniformemente, porém, levando em consideração a gravidade e as circunstâncias do caso concreto, mormente para as hipóteses de aplicação de multa agravada ou qualificada e para fins de dosimetria sancionatória.

Entretanto, identificada a violação ao princípio da isonomia tributária na correta incidência da norma sancionatória, inclusive no que diz respeito à sua dosimetria, o sujeito passivo da relação tributária poderá questionar a exigência e buscar reparo no Poder Judiciário e até mesmo administrativamente.

Sendo a gravidade do fato ilícito tributário o critério para aplicação ou para a dosimetria da penalidade prevista na norma sancionatória, a individualização da pena é imprescindível para que o tratamento isonômico do caso concreto seja efetivado.

A individualização da pena é direito fundamental previsto no art. 5º, inciso XLVI, da Constituição Federal. Infere-se que as hipóteses das alíneas "b", "c", "d" e "e", da referida norma constitucional, têm perfeita aplicação no campo do direito tributário sancionatório, como em todo poder repressivo que o Estado está investido.

---

39. BARROS, Celso Ribeiro. *Curso de direito constitucional.* São Paulo: Saraiva, 1989, p. 352.

O professor Robson Maia Lins observa, com propriedade, que o princípio da individualização da pena tem aplicação não só no direito penal, mas em qualquer sistema jurídico quando se trata de sanção:

> Este imperativo, no direito, tem razão no chamado princípio da individualização da pena que tem aplicação em nosso sistema jurídico sempre que se esteja a tratar de sanção. Pertence ao grupo de normas que parte da doutrina chama de Direito Sancionador, aplicáveis não só às relações regidas pelo direito penal, mas em todas as estruturas normativas cujo antecedente normativo for um ato ilícito.[40]

Veja-se que o legislador infraconstitucional inseriu no ordenamento a "equidade", através do art. 108, inciso II, com a limitação prevista no § 2º do Código Tributário Nacional nos seguintes termos:

> Art. 108: Na ausência de disposição expressa, a autoridade competente para aplicar a legislação tributária utilizará sucessivamente, na ordem indicada:
>
> [...]
>
> IV – a equidade.
>
> [...]
>
> § 2º – O emprego da equidade não poderá resultar na dispensa do pagamento de tributo devido.

No dizer de Paulo de Barros Carvalho, a magnitude da "equidade", embora previsto no Código Tributário Nacional, teve limitação imposta pelo art. 108, inciso IV, § 2º, daquele *Codex*, para não ocasionar dispensa do pagamento de tributo devido:

> Não quis o legislador do Código Tributário Nacional que a magnanimidade, implícita nesse valor, chegasse a ponto de comprometer a substância dos direitos por ela alcançados, estabelecendo, no §

40. LINS, Robson Maia. A Reiteração e as Normas Jurídicas Tributárias Sancionatórias: a multa qualificada da lei nº 9.430/96. *In*: *VII Congresso de Estudos Tributários – Direito Tributário e Conceitos de Direito Privado*. São Paulo: Noeses, dez. 2010, p. 1115.

> 2º do artigo 108, que o emprego da equidade não poderia ocasionar a dispensa do pagamento de tributo devido.[41]

Assim é que, a positivação da equidade consagra o princípio da individualização da pena, na implementação da isonomia e da justiça tributária.

Miguel Reale, neste sentido pontua: "É o princípio da igualdade ajustada à especificidade do caso concreto que legitima a normas de equidade".[42]

No direito tributário, a equidade pode ser utilizada como critério quando houver falta de norma expressa.

Tendo em vista a limitação imposta pelo § 2º do art. 108 do Código Tributário Nacional, de que a equidade não poderá resultar na dispensa de tributo, o instituto ganha relevância no direito sancionatório tributário.

A norma geral e abstrata não consegue prever a multiplicidade de casos singulares. Assim, na aplicação e dosimetria da penalidade tributária, o "aplicador do Direito" se vale da equidade como instrumento normativo para dar tratamento justo e isonômico, considerando as circunstâncias e peculiaridades do caso concreto.

É pela equidade, mediante o exame dos fatos jurídicos tributários descritos na norma individual e concreta e nas provas embasadoras do caso concreto, portanto, individualizado, que o aplicador do Direito poderá realizar os sobreprincípios da igualdade e da justiça tributária. Será considerado, além dos elementos objetivos da norma sancionatória, a reiteração do infrator, seu histórico, se houve má-fé ou simulação na prática infracional fiscal, danos efetivos ou em potencial ao erário, prejuízo a terceiros, condutas reparadoras, mesmo após a consumação do ilícito, equívoco na interpretação da norma, período em que a conduta infracional persistiu, o porte

---

41. CARVALHO, Paulo de Barros. *Curso de direito tributário.* 25. ed. São Paulo: Saraiva, 2013, p. 111.

42. REALE, Miguel. *Lições preliminares de direito.* 3. ed. São Paulo: Saraiva, 1976, p. 125.

econômico do sujeito passivo, se é pessoa jurídica, o grau de instrução do sujeito passivo se for pessoa física, o nível de complexidade da obrigação tributária, dentre tantos outros aspectos, que chamamos aqui de "elementos subjetivos", que irão influenciar na calibração da penalidade tributária.

Ao lado da equidade, há outros instrumentos normativos que o aplicador do Direito também poderá lançar mão, como a analogia, os princípios gerais de direito tributário e os princípios gerais de direito público, que também estão previstos nos incisos I, II e III do art. 108 do Código Tributário Nacional, a depender das peculiaridades e da complexidade do caso analisado.

Deverá ser considerado ainda o princípio do *in dubio pro reo*, tanto para a tipificação da sanção tributária, como na graduação da penalidade aplicável.

O art. 112, inciso IV, do Código Tributário Nacional, prevê que em caso de dúvida quanto à natureza da penalidade aplicável ou quanto à sua graduação, a interpretação deverá ser feita de modo mais favorável ao sujeito passivo.

A primeira parte do inciso IV, diz respeito à subsunção da norma sancionatória, pois existem normas que prescrevem as chamadas "multas qualificadas" e as "não qualificadas". As multas qualificadas, com previsão de penalidades mais graves, geralmente são decorrentes de fatos ilícitos tributários com emprego de fraude ou simulação (arts. 71, 72 e 73 da Lei 4.502/64), repercutindo, inclusive, no direito penal (Lei 8.137/90). As multas não qualificadas, evidentemente, são mais brandas.

A segunda parte do inciso IV do art. 112 do CTN cuida da graduação da sanção. O aplicador do Direito, não estando convencido da maior intensidade do ilícito tributário praticado, deverá moderar a penalidade, proporcionalmente, de forma mais branda, considerando as circunstâncias do concreto, vale dizer, individualizando a pena.

O "benefício da dúvida", para fins de aplicação da equidade, deverá ser objeto de sopesamento, inclusive na dosimetria da penalidade tributária.

Portanto, os superprincípios da igualdade tributária e da justiça tributária, inclusive no que tange às sanções tributárias, são imprescindíveis para que o desiderato do princípio republicano seja atingido.

## 2.4 O princípio da legalidade

A sociedade brasileira está organizada atualmente pela Constituição Federal de 1988, ou seja, por um Estado Democrático Social de Direito, donde o poder estatal é exercido por meio de lei, consoante se verifica do art. 5º, inciso II, que prescreve: "ninguém será obrigado a fazer ou deixar de fazer algo em virtude de lei".

Essa norma, por si só, revela que o princípio da legalidade em nosso ordenamento se constitui numa "cláusula pétrea" (art. 60, § 4º, IV, da Constituição Federal), alcançando, portanto, o poder estatal no que tange à instituição de obrigações tributárias, bem como, na previsão de sanções tributárias incidentes pela ocorrência de fatos ilícitos tributários.

A legislação tributária determina que sejam observados os princípios da legalidade e da tipicidade no exercício do poder de tributar do Estado, pelo disposto no art. 150, inciso I, da Constituição Federal que declara:

> Art. 150: Sem prejuízo de outras garantias asseguradas ao contribuinte, é vedado à União, aos Estados, ao Distrito Federal e aos Municípios:
>
> I – exigir ou aumentar tributo sem lei que o estabeleça.

Tirante a criação ou majoração de tributos, a Constituição também determina que as mutilações na regra-matriz de incidência, a concessão de benesses tributárias e na atribuição de responsabilidades do sujeito passivo indireto, sejam previstas por "lei específica", segundo preconizado nos §§ 6º e 7º, que assim rezam:

> Art. 150: [...].
>
> [...]
>
> § 6º. Qualquer subsídio ou isenção, redução de base de cálculo, concessão de crédito presumido, anistia ou remissão, relativos a impostos, taxas ou contribuições, só poderá ser concedido mediante lei específica, federal, estadual ou municipal, que regule exclusivamente as matérias acima enumeradas ou o correspondente tributo ou contribuição, sem prejuízo do disposto no art. 155, § 2º, inciso XII, letra "g". (Redação dada pela Emenda Constitucional 03/93).
>
> § 7º. A lei poderá atribuir a sujeito passivo de obrigação tributária a condição de responsável pelo pagamento de imposto ou contribuição, cujo fato gerador deva ocorrer posteriormente, assegurada a imediata e preferencial restituição da quantia paga, caso não se realize o fato gerador presumido. (Incluído pela Emenda Constitucional 03/93).

Em harmonia com o primado da legalidade, o art. 97, inciso I, do Código Tributário Nacional, reafirma que a instituição de tributos ou sua extinção, somente pode de ser feita por meio de lei.

O referido princípio constitucional, preconizado no art. 97, igualmente assegura que apenas a lei, como veículo introdutor, pode inserir regras que venham compor a norma tributária sancionatória (regra-matriz de incidência).

É o que prevê o inciso V da norma, nos seguintes termos:

> Art. 97. Somente a lei pode estabelecer:
>
> [...]
>
> V – a cominação de penalidades para as ações ou omissões contrárias a seus dispositivos, ou para outras infrações nela definidas.

Destarte, é oportuno ressaltar que os decretos regulamentadores e as normas infralegais como instruções normativas, portarias, resoluções e circulares, não se prestam para criar obrigações ou penalidades, nem agravar as coimas já previstas em lei. Aos decretos cumprem a mera regulamentação das prescrições introduzidas por lei. As demais normas infralegais têm o condão de prestar esclarecimentos e apontar diretrizes aos sujeitos passivos da relação tributária para o adequado e salutar cumprimento das obrigações tributárias pecuniárias e não pecuniárias.

Para a preservação do sobreprincípio da segurança jurídica, a lei deverá prescrever de forma clara os elementos da regra-matriz sancionatória, vale dizer, descrever a hipótese do fato ilícito pelo descumprimento de dever previsto na norma de incidência, bem como, indicar precisamente os sujeitos ativo e passivo e o montante da penalidade (elemento quantitativo).

Na constituição do crédito tributário pelo lançamento da autoridade fiscal competente, dentro do mister previsto no art. 142 do Código Tributário Nacional, a figura do ilícito tributário deve estar devidamente enquadrada na ação praticada pelo sujeito passivo, não comportando analogias, assim como ocorre no direito penal tributário, conforme assevera Ângela Maria da Motta Pacheco:

> Tanto direito tributário como o direito penal tributário têm como núcleo o tipo. Descrevem-se os critérios identificadores da figura tributária e figura delituosa. Assim, só a ação que puder rigorosamente ser enquadrada quer em tipo quer noutro será considerada fraudulenta (direito tributário) ou delituosa (direito penal tributário). Não se aplica, pois quer em um ou outro ramo do Direito, a analogia, uma vez que ambos, direito tributário e direito penal tributário, são informados pelos princípios da legalidade estrita e tipologia cerrada.[43]

Infere-se, por todo o exposto, tendo em vista os princípios da legalidade e da tipicidade, somente a lei poderá instituir, revogar, remir ou reduzir as sanções tributárias. A norma geral e abstrata deve especificar, de forma clara e inequívoca, os elementos da regra-matriz sancionatória. Para a legítima expedição de norma individual e concreta sancionatória, os

43. PACHECO, Ângela Maria da Motta. *Sanções tributárias e sanções penais tributárias*. São Paulo: Max Limonad, 1997, p. 149-150.

pressupostos e formalidades do ato administrativo previstos em lei devem estar presentes, bem como, a descrição do fato infracional, a indicação do sujeito passivo, e o *quantum* devido a título de penalidade, com a fundamentação e motivação, para fins da escorreita subsunção.

## 2.5 O princípio da irretroatividade e as normas sancionatórias

A legislação brasileira, não permite a retroatividade da lei em face de atos ou fatos jurídicos já consumados, sendo esse um dos cânones do Direito pátrio.

O art. 5º, inciso XXXVI, da Constituição Federal consagra o direito adquirido, a coisa julgada e o ato jurídico perfeito, sendo essa a razão de ser do princípio da irretroatividade da norma, implementando, assim, o sobreprincípio da segurança jurídica.

A Lei de Introdução às Normas do Direito Brasileiro – Decreto-lei 4.657/42 em combinação com a Lei 12.376/2010 – (anteriormente denominada Lei de Introdução ao Código Civil ou LICC), disciplina a aplicação das normas jurídicas brasileiras de uma maneira geral. Os arts. 2º[44] e 6º[45] da referida norma

44. Art. 2º. Não se destinando à vigência temporária, a lei terá vigor até que outra a modifique ou revogue. (vide Lei 3.991/1961).
§ 1º. A lei posterior revoga a anterior quando expressamente o declare, quando seja com ela incompatível ou quando regule inteiramente a matéria de que tratava a lei anterior.
§ 2º. A lei nova, que estabeleça disposições gerais ou especiais a par das já existentes, não revoga nem modifica a lei anterior.
§ 3º. Salvo disposição em contrário, a lei revogada não se restaura por ter a lei revogadora perdido a vigência.

45. Art. 6º. A Lei em vigor terá efeito imediato e geral, respeitados o ato jurídico perfeito, o direito adquirido e a coisa julgada. (Redação dada pela Lei 3.238/57).
§ 1º. Reputa-se ato jurídico perfeito o já consumado segundo a lei vigente ao tempo em que se efetuou (incluído pela Lei 3.238/57).
§ 2º. Consideram-se adquiridos assim os direitos que o seu titular, ou alguém por êle, possa exercer, como aquêles cujo comêço do exercício tenha têrmo pré-fixo, ou condição pré-estabelecida inalterável, a arbítrio de outrem. (Incluído pela Lei nº 3.238/57).
§ 3º. Chama-se coisa julgada ou caso julgado a decisão judicial de que já não caiba recurso (incluído pela Lei nº 3.238/57).

estabelecem a vigência da lei no espaço e no tempo de modo a preservar a irretroatividade da lei. A regra geral é de que as normas valem para frente. No direito tributário, o art. 105 do Código Tributário Nacional deixa expresso que: "A legislação tributária aplica-se aos fatos geradores futuros [...]".

Eduardo Espinola e Eduardo Espinola Filho esclarecem que a proibição da irretroatividade da lei equivale a um princípio básico do direito, que são observados por praticamente todos os Estados contemporâneos: "Entre nós, porém, como em alguns outros Estados, a irretroatividade das leis fora erigida em regra ou princípio da própria lei básica, delimitando a esfera de ação do legislador ordinário".[46]

Como não poderia deixar de ser, o direito tributário também consagra a irretroatividade da lei na Constituição Federal como um limite-objetivo, de acordo com o art. 150, inciso III, letra "a", que prescreve:

> Art. 150: Sem prejuízo de outras garantias asseguradas ao contribuinte, é vedado à União, aos Estados, ao Distrito Federal e aos Municípios:
>
> [...]
>
> III – cobrar tributos:
>
> a) em relação a fatos geradores ocorridos antes do início da vigência da lei que os houver instituído ou aumentado.

A propósito, o art. 101 do Código Tributário Nacional prescreve que: "A vigência, no espaço e no tempo, da legislação tributária rege-se pelas disposições legais aplicáveis às normas jurídicas em geral, ressalvado o previsto neste Capítulo".

Para a escorreita compreensão da referida regra, é importante a diferenciação entre norma válida e norma em vigor.

Pois bem. Norma válida é aquela que está inserida no ordenamento. Norma em vigor é aquela capaz de produzir

46. ESPINOLA, Eduardo; ESPINOLA, Eduardo Filho. *A Lei de Introdução ao Código Civil Brasileiro*. 3. ed. atual. por Silva Pacheco. Rio de Janeiro: Renovar, 1999, 1 vol., p. 267.

efeitos jurídicos. Assim, uma norma pode ser válida e não ter vigência, como é o caso da *vacacio legis*.

Segundo Paulo de Barros Carvalho:

> [...] "validade", é a relação de pertinência de uma norma "n" com o sistema jurídico "S"; "vigência", é atributo de norma válida (norma jurídica), consistente na prontidão de produzir efeitos para os quais está preordenada, tão logo aconteçam os fatos nela descritos, podendo ser plena ou parcial.[47]

Colocadas essas premissas, infere-se que o princípio da irretroatividade se dirige à hipótese tributária "vigente" da norma geral e abstrata que descreve a obrigação tributária a ser cumprida pelo sujeito passivo. Em se tratando de norma sancionatória, o critério temporal da regra-matriz estabelece o momento em que o fato ilícito ocorre.

Aurora Tomazini de Carvalho esclarece que as normas jurídicas vigentes têm como característica a localização temporal e espacial, observando que:

> As proposições jurídicas têm sua vigência, ou seja, a qualidade de produzirem efeitos jurídicos, propagada no tempo e no espaço. Isto porque apresentam tal atributo a partir de um marco no tempo, durante certo período e dentro de um certo espaço territorial. Falamos, assim, em: (i) vigência no tempo; (ii) vigência no espaço, para referimo-nos à localização temporal e espacial em que a norma possui a característica de ser vigente.[48]

A vigência da norma no espaço e no tempo, como preconizado no art. 101 do Código Tributário Nacional, visa, sobretudo, à "segurança jurídica" dos destinatários das normas jurídicas tributárias. Nenhuma imposição ou exigência de tributo por lei, nem qualquer espécie de norma sancionatória tributária, poderá alcançar fatos jurídicos já consumados.

47. CARVALHO, Paulo de Barros. *Direito tributário:* fundamentos jurídicos da incidência. 9. ed. São Paulo: Saraiva, 2012, p. 103-104.

48. CARVALHO, Aurora Tomazini de. *Curso de teoria geral do direito.* 4. ed. São Paulo: Noeses, 2014, p. 761.

A retroatividade da norma somente é admitida se não houver violação à coisa julgada, ao direito adquirido e ao ato jurídico perfeito.

Com efeito, na constituição do crédito tributário, o aplicador do Direito deverá observar qual a norma que estava em vigor na *data no fato*. Em se tratando de ilícito tributário, deverá ser aplicada a hipótese normativa que estava em vigor na época da ocorrência do evento ilícito.

A exceção ao princípio da irretroatividade está no art. 106 do Código Tributário Nacional, quando a norma posterior tratar de matéria sancionatória mais benigna:

> Art. 106. A lei aplica-se a ato ou fato pretérito:
>
> I – em qualquer caso, quando seja expressamente interpretativa, excluída a aplicação de penalidade à infração dos dispositivos interpretados;
>
> II – tratando-se de ato não definitivamente julgado:
>
> a) quando deixe de defini-lo como infração;
>
> b) quando deixe de tratá-lo como contrário a qualquer exigência de ação ou omissão, desde que não tenha sido fraudulento e não tenha implicado em falta de pagamento de tributo;
>
> c) quando lhe comine penalidade menos severa que a prevista na lei vigente ao tempo da sua prática.

O inciso I dispõe que há exclusão de penalidade em relação à norma interpretada por uma lei interpretativa. No que se refere às letras "a" e "b" do inciso II do art. 106, a norma aplica-se retroativamente quando o fato jurídico tributário deixar de ser tipificado como infração. Na hipótese da letra "c", incide a regra posterior quando esta preveja penalidade menos onerosa em relação à penalidade mais gravosa pela infração praticada na disciplina da vigência da lei na *data no fato*. Como exemplo prático, temos a redução da multa moratória para 20%, diante dos termos da MP 449/2008, que se converteu na Lei 11.941/2009, que deu nova redação ao art. 35 da Lei 8.212/91 e ao art. 61, §§ 1º e 2º da Lei 9.430/96. Antes, a multa moratória era de 60% para débitos previdenciários.

Entretanto, a retroatividade da norma mais benigna está condicionada a que o ato não esteja definitivamente julgado. Em outras palavras, a norma individual e concreta expedida pela autoridade competente, que descreve o fato ilícito tributário e a penalidade aplicável, deve estar pendente de revisão/ recurso administrativo ou na pendência de decisão judicial para que a retroatividade seja aplicável, ou que, pelo menos, não esteja integralmente extinto o crédito tributário (art. 156 do CTN), ao tempo da lei mais benigna.

O Tribunal de Impostos e Taxas tem proferido decisões aplicando a retroatividade da norma sancionatória mais benigna (AIIM 4.013.675-9 – Câmara Superior – Julgamento em 07/12/2017 – Juiz com Vista Dr. Paulo Gonçalves da Costa Junior; AIIM 4.023.709-6 – Câmara Superior – Julgamento em 16/05/2019 – Juiz Relator Dr. Argos Campos Ribeiro Simões; AIIM 4.089.354-6 – 4ª Câmara Julgadora – Julgamento em 1º/02/2018 – Juiz Relator Roberto Biava Junior),[49] inclusive de ofício (AIIM 4.088.760-1 – 13ª Câmara Julgadora – Julgamento em 20/04/2018 – Juiz com Voto Preferência Cacilda Peixoto).[50]

Dir-se-á que a retroatividade da norma mais benigna de que fala o art. 106, inciso II, do Código Tributário Nacional, não pode ser aplicada administrativamente, quando não caiba mais recursos na esfera do Contencioso Administrativo Tributário, máxime quando a matéria controvertida for de "alta indagação", ou seja, aquelas questões que dependem de instrução probatória.

Todavia, em se tratando de matéria de ordem pública, nada impede que a Administração Tributária revise a penalidade aplicada de ofício ou a requerimento do interessado, ainda que após o encerramento da fase administrativa, diante dos direitos fundamentais do contribuinte previstos constitucionalmente e tendo em mira os princípios da Administração

49. Disponível em: https://bit.ly/33Sryza . Acesso em: 25 jul. 2020. [Nota do editorial: necessário digitar número do processo.].

50. Idem.

Pública, insculpidos no art. 37 da Carta Constitucional, pois, assim agindo, evitam-se litígios morosos e custos ao erário.

Ademais, mesmo estando superada a fase do contencioso administrativo, o sujeito passivo poderá buscar socorro no Poder Judiciário para pleitear os benefícios da retroatividade da norma mais benigna, obviamente, desde que dentro do quinquídio decadencial/prescricional do direito do contribuinte (art. 168 do CTN e art. 1º do Decreto 20.910/32).

A jurisprudência do Superior Tribunal de Justiça, como se vê do Recurso Especial nº 1.056.371/SC, DJe de 28 de março de 2011[51] e do AgRg no REsp nº 1.269.018/RS, DJe de 27 de fevereiro de 2012,[52] firmou entendimento de que a concessão de parcelamento fiscal não impede a aplicação retroativa de lei posterior que comine pena menos severa que aquela prevista na lei vigente ao tempo da prática do ato infracional.

Nessa trilha, a Secretaria da Receita Federal do Brasil publicou em 08 de agosto de 2012, a Solução de Consulta Cosit nº 14,[53] consolidando o entendimento de que a nova lei que comine penalidade menos severa, aplica-se aos parcelamentos concedidos, com exceção das parcelas já liquidadas, restando assim ementado:

> ASSUNTO: NORMAS GERAIS DE DIREITO TRIBUTÁRIO. RETROATIVIDADE BENIGNA DA LEI TRIBUTÁRIA. LEI NOVA, PENALIDADES MENOS SEVERA, ACORDO DE PARCELAMENTO DE DÉBITO CELEBRADO ANTES DE SUA EDIÇÃO. APLICABILIDADE, EXCETO EM RELAÇÃO A CRÉDITO EXTINTO PELO PAGAMENTO DE PARCELAS. Lei nova que comine penalidade menos severa do que a aplicada a débito tributário objeto de parcelamento aplica-se a acordos celebrados antes de sua edição, por força do disposto na alínea “c” do inciso II do art. 106 do CTN. Lei nova que comine penalidade menos severa do que a aplicada a débito tributário objeto de parcelamento não se aplica às parcelas já liquidadas, porquanto extinto, ainda que

51. Disponível em: https://bit.ly/3pxJpEJ Acesso em: 16 nov. 2020.

52. Disponível em: https://bit.ly/32PhNRV Acesso em: 16 nov. 2020.

53. Disponível em: https://bit.ly/36iXWeO Acesso em: 09 nov. 2020.

> parcialmente, o crédito tributário a elas correspondente, por força do art. 156, inciso I do CTN. Dispositivos Legais: Lei 5.172, de 25 de outubro de 1966 (Código Tributário Nacional - CTN), arts. 106, inciso II, alínea "c"; 144 e 156, inciso I.

Malgrado não ser o objeto específico deste trabalho, discordamos da segunda parte da referida Solução de Consulta, pois estando o crédito tributário suspenso, a lei posterior benigna retroage para alcançar a totalidade do crédito tributário parcelado, independentemente do seu pagamento parcial. Somente com a extinção total do crédito tributário antes da vigência da lei nova é que o contribuinte estaria impedido de pleitear a benesse.

Em suma, há direito à retroatividade de norma sancionatória mais benigna desde que o contribuinte exerça seu direito dentro do prazo legal ou até o trânsito em julgado da decisão da matéria *sub judice*.

Por tais considerações, podemos concluir que estando presentes os requisitos da lei, a retroatividade de norma sancionatória mais benigna "deve" ter aplicação, com supedâneo nos princípios constitucionais tributários.

## 2.6 O princípio do não confisco em face das normas sancionatórias

A aplicabilidade do princípio do não confisco às sanções tributárias tem sido amplamente debatida nos tribunais pátrios.

Os princípios do não confisco inserto no art. 150, inciso IV,[54] e da capacidade contributiva previsto no art. 145, §1º,[55]

---

54. Art. 150: Sem prejuízo de outras garantias asseguradas ao contribuinte, é vedado à União, aos Estados, ao Distrito Federal e aos Municípios:
[...]
IV – utilizar tributo com efeito de confisco.

55. Art. 145: A União, os Estados, o Distrito Federal e os Municípios poderão instituir os seguintes tributos:
[...]
§ 1º – Sempre que possível, os impostos terão caráter pessoal e serão graduados segundo a capacidade econômica do contribuinte, facultado à administração

ambos da Lei Fundamental, são princípios jurídicos tributários de difícil definição.

Quanto ao princípio da proibição de tributo com efeito de confisco, há grande dificuldade de estabelecer o limite a partir do qual deve incidir a vedação do art. 150, inciso IV, da Constituição Federal de 1988, pois o que para uns tem efeito confiscatório, para outros não há esse efeito.

A identificação desse princípio é encontrada nos tributos que gravam o patrimônio do sujeito passivo. Exemplos: IPTU e o IPVA. O excesso provocará a sensação de confisco.

Paulo de Barros Carvalho esclarece, com muita propriedade, que a tributação com falta de "moderação" é repudiada pelo ordenamento, de modo que o princípio que veda o confisco é aplicável a todas as espécies de tributo. Destaco a seguinte ensinança do jurista:

> Enfim, o princípio que veda o confisco no âmbito tributário encontra aplicação em todas as espécies de tributos, inclusive nas contribuições, as quais, reitero, apresentam indiscutível natureza jurídico-tributária. Considerando que a tributação interfere no patrimônio dos cidadãos, subtraindo parcelas deste, é inadmissível a imposição de ônus insuportáveis, ainda que se vise à arrecadação de recursos para fins específicos, como ocorre com a contribuição destinada ao custeio da seguridade social. Também essa figura tributária deve observância à razoabilidade, sendo vedada sua imposição excessiva, de modo que ultrapasse os limites da capacidade contributiva dos particulares.[56]

Para Roque Antonio Carrazza, "[...] a tributação, máxime por meio de impostos, não pode agredir a propriedade privada, a ponto de colocá-la em risco".[57] Aliomar Baleeiro

---

tributária, especialmente para conferir efetividade a esses objetivos, identificar, respeitados os direitos individuais e nos termos da lei, o patrimônio, os rendimentos e as atividades econômicas do contribuinte.

56. CARVALHO, Paulo de Barros. *Direito tributário, linguagem e método.* 6. ed. São Paulo: Noeses, 2015, p. 330-331.

57. CARRAZZA, Roque Antonio. *Curso de direito constitucional tributário.* 30. ed.

considera tributos confiscatórios "[...] os tributos que absorvem parte considerável do valor da propriedade, aniquilam a empresa ou impedem exercício de atividade lícita e moral".[58]

Em reiteradas decisões do Supremo Tribunal Federal, a identificação do efeito confiscatório é feita em função da totalidade da carga tributária, mediante verificação da capacidade de que dispõe o contribuinte, conforme sua riqueza, uma vez que a atividade estatal está condicionada pelo princípio da razoabilidade.

O princípio da vedação do confisco tem como escopo preservar a propriedade dos contribuintes, ante a voracidade fiscal do Estado. Se a instituição do tributo pode ser considerada confiscatória por não respeitar o mínimo existencial, vale dizer, para a existência digna e produtiva do particular, é evidente que a cobrança de multas fiscais em valores desarrazoados também se subsume à mesma teleologia prevista no princípio, malgrado a positivação referir-se apenas aos tributos.

A jurisprudência de nossos Tribunais e em especial do Supremo Tribunal Federal têm se manifestado contra a exigência de sanções tributárias excessivas sob o fundamento do princípio do não confisco.

Mesmo com a complexidade da legislação fiscal brasileira e a enorme quantidade de deveres instrumentais, graves penalidades estão previstas ao sujeito passivo pelo inadimplemento de normas tributárias que, uma vez aplicadas, podem prejudicar sensivelmente suas atividades econômicas.

Lembramos que os princípios que informam o Estado Democrático Social de Direito concorrem com os princípios do Estado Democrático de Direito. Destacamos o princípio da dignidade humana e o princípio da justiça social. Existem ainda normas pertinentes ao Estado Democrático Social de

---

São Paulo: Malheiros, 2015, p. 121.

58. BALEEIRO, Aliomar. *Limitações constitucionais ao poder de tributar.* 7. ed. Rio de Janeiro: Forense, 1997, p. 564.

Direito como o art. 5º, inciso XXIII, de que toda propriedade privada deve cumprir sua função social, bem como, o art. 170, inserido no Título VII (Ordem Econômica), Capítulo I (Princípios Gerais da Atividade Econômica), estabelecendo que a ordem econômica é fundada na valorização do trabalho humano e na livre-iniciativa, além dos arts. 193 e 203.

Assim, o Estado não pode impor tributos e sanções que asfixiem arbitrariamente a atividade econômica, para que a Constituição Federal não seja violada, isto é, para que a função social da atividade econômica e a livre-iniciativa sejam preservadas. Por isso, no que diz respeito às sanções tributárias, o princípio do não confisco deve ser plenamente respeitado.

A doutrina é assente no sentido de que deve incidir o art. 150, inciso IV, da Constituição Federal quando o valor dos tributos é excessivo ou quando forem fixadas multas tributárias de forma irrazoável e que comprometam o patrimônio do "contribuinte", consoante Roque Antonio Carrazza[59] e Ives Gandra Da Silva Martins.[60]

A sanção tributária, como já vimos, tem por finalidade desestimular as práticas ilícitas. Todavia, as penalidades devem ser adequadas aos fins colimados, bem como devem guardar proporção em relação ao ilícito praticado e à vantagem ilegalmente obtida pelo agente.

Paulo de Barros Carvalho observa que as sanções a serem aplicadas devem ficar dentro dos lindes da razoabilidade e da proporcionalidade:

> A imposição de multas, por conseguinte, devem ficar dentro do limite da razoabilidade e da proporcionalidade, ou seja, precisa guardar adequação como o ilícito praticado, não podendo ser excessivo relativamente ao dano causado e ao benefício obtido com a prática indevida, pois como leciona Odete Medauar, não

59. CARRAZZA, Roque Antonio. *Curso de direito constitucional tributário.* 30. ed. São Paulo: Malheiros, 2015, p. 210.

60. MARTINS, Ives Gandra da Silva. *Comentários à Constituição do Brasil.* São Paulo: Saraiva, 1990, 6 vol., tomo I, p. 161-165.

> podem ser impostas aos indivíduos obrigações, restrições ou sanções em medida superior àquela necessária ao atendimento do interesse público, segundo o critério de razoável adequação dos meios aos fins. Havendo distorção entre a medida exigida e o fim efetivamente nela previsto, *in casu*, entre a multa imposta e a finalidade de sua imposição, haverá inadmissível violação aos mencionados princípios.[61]

Sacha Calmon Navarro Coelho assevera que:

> [...] uma multa excessiva, ultrapassando o razoável para dissuadir ações ilícitas e para punir os transgressores (caracteres punitivo e preventivo da penalidade), caracteriza, de fato, uma maneira indireta de burlar o dispositivo constitucional que proíbe o confisco. Este só poderá se efetivar se e quando atuante a sua hipótese de incidência e exige todo um *processus*. A aplicação de uma medida de confisco é totalmente diferente da aplicação de uma multa. Quando esta é tal que agride violentamente o patrimônio do cidadão contribuinte, caracteriza-se como confisco indireto e, por isso, é inconstitucional.[62]

Na lição de Sampaio Dória, por sua vez, afirma:

> [...] não se admitirá que, a pretexto de castigar infrações, o legislador confisque a propriedade individual [...]. Para que a multa se considere confiscatória, é necessário que inexista qualquer conexão entre a penalidade imposta e a infração cometida, ou que a pena seja imposta e a infração cometida, ou que a pena seja desproporcionada ao delito ou infração tributários praticados.[63]

Neste diapasão, Andréia Minussi Facin, citando julgados do Supremo Tribunal Federal, pontua que: "Desta forma, é forçoso concluir que a Constituição Federal, ao vedar o confisco para as espécies tributárias, também o fez com relação às

61. CARVALHO, Paulo de Barros. *Direito tributário, linguagem e método*. 6. ed. São Paulo: Noeses, 2015, p. 907.

62. COELHO, Sacha Calmon Navarro. *Cadernos de pesquisas tributárias*. São Paulo: CEEU - Resenha Tributária, 1979, p. 445.

63. DÓRIA, Sampaio. *Direito constitucional tributário e due process of law*. 2. ed. Rio de Janeiro: Forense, 1986, p. 195.

penalidades, pois estas são decorrentes do próprio fenômeno jurídico, que é a tributação".[64]

O Supremo Tribunal Federal, de fato, tem entendimento vetusto no sentido da extensão do princípio do não confisco às multas tributárias, conforme se vê do proferido no julgamento do RE nº 80.093/SP (Ministro Bilac Pinto, julgamento em 02 de abril de 1975): "Devemos deixar claro, porém, que não apenas os tributos, mas também as penalidades fiscais, quando excessivas ou confiscatórias, estão sujeitas ao mesmo tipo de controle jurisdicional".[65] No mesmo sentido: AI nº 539.833/MG, Relator Ministro Joaquim Barbosa;[66] AI nº 767.482/PE, Relator Ministro Gilmar Mendes;[67] AI nº 824.924/RS, Relator Ministro Gilmar Mendes;[68] RE nº 455.017/RR, Relatora Ministra Cármen Lúcia;[69] RE AgR/MG nº 472.012, Relator Ministro Cezar Peluso;[70] RE AgR/RS nº 657.372, Relator Ministro Ricardo Lewandowski;[71] MC na ADI nº 1075[72] e ADI nº551.[73]

Decisões recentes do Supremo Tribunal Federal confirmam que a jurisprudência segue firme na aplicabilidade da vedação ao confisco em relação às sanções tributárias. No Ag.Reg. no Recurso Extraordinário nº 754.554-Goiás,[74] foi reconhecida a inconstitucionalidade da multa aplicada prevista na legislação do Estado de Goiás no importe de 25% do valor

64. FACIN, Andréia Minussi. Vedação ao "Confisco Tributário". *In*: *Revisa Dialética de Direito Tributário*, nº 80, p. 19. São Paulo: Revista dos Tribunais, 2013.

65. Disponível em: https://bit.ly/2Lgnbrg Acesso em: 03 dez. 2020.

66. Disponível em: https://bit.ly/3pI5GQv Acesso em: 16 nov. 2020.

67. Disponível em: https://bit.ly/3kH4sRr Acesso em: 16 nov. 2020.

68. Disponível em: https://bit.ly/38Qv7t8 Acesso em: 16 nov. 2020.

69. Disponível em: https://bit.ly/36KPkhd Acesso em: 16 nov. 2020.

70. Disponível em: https://bit.ly/36KPyF5 Acesso em: 16 nov. 2020.

71. Disponível em: https://bit.ly/3pATsZS Acesso em: 16 nov. 2020.

72. Disponível em: https://bit.ly/36AnfZG Acesso em: 16 nov. 2020.

73. Disponível em: https://bit.ly/3pE2m90 Acesso em 16 nov. 2020.

74. *In*: *Revista Dialética de Direito Tributário*, nº 221, p. 183. São Paulo: Dialética, 2014.

da operação, por ultrapassar o valor do débito principal, em violação ao princípio do não confisco (art. 150, inciso IV da Constituição Federal de 1988). No Ag.Reg. no Recurso Extraordinário nº 771.660,[75] em que foi Ministro Celso de Mello, reafirmou o entendimento de que a multa quando ultrapassa o valor do débito principal configura o efeito confiscatório, o que é vedado pela Constituição Federal.

Deste modo, o princípio do não confisco tem perfeita aplicabilidade às normas jurídicas que estabelecem sanções tributárias de forma excessiva e desproporcional, por infrações ou ilícitos praticados.

## 2.7 O princípio da capacidade contributiva e o direito tributário sancionatório

O princípio da capacidade contributiva, previsto no art. 145, §1º, da Constituição Federal, tem a ver com a condição econômica do "contribuinte" e, por isso, é corolário da igualdade tributária.

No dizer de Paulo de Barros Carvalho, é um desafio aos que lidam com esse instrumento, mensurar a capacidade econômica de contribuição ou de pagamento do cidadão, vale dizer, a dosagem (proporção) da carga tributária pelo legislador.

Por esse princípio, o legislador elege fatos descritos no antecedente da norma geral e abstrata, de conteúdo econômico em que o sujeito passivo tenha condições de contribuir.

Sobre o tema, assim diz o jurista:

> Um dos temas que mais atormenta a dogmática é a discussão sobre a natureza da famosa capacidade contributiva, em função do que, na Constituição de 1946 e na atual Constituição de 1988 em seu art. 145, § 1º, as cargas tributárias haveriam de ser dosadas pelo legislador. A capacidade contributiva do sujeito passivo

75. *In: Revista Dialética de Direito Tributário,* nº 231, p. 189-190. São Paulo: Dialética, 2014.

> sempre foi o padrão de referência básico para aferir-se o impacto da carga tributária e o critério comum dos juízos de valor sobre o cabimento e a proporção do expediente impositivo. Mensurar-se a possibilidade econômica de contribuir ao erário com o pagamento de tributos é o grande desafio de todos os que lidam com esse delicado instrumento de satisfação dos interesses públicos, sendo o modo como é avaliado o grau de refinamento dos vários sistemas de direito tributário.[76]

O princípio aqui tratado, portanto, diz respeito às obrigações tributárias, de modo que se exige do legislador quando da "enunciação", além da observância aos princípios jurídicos tributários, a razoabilidade e a proporcionalidade, caso contrário, haverá violação à Constituição Federal.

Com efeito, o princípio da capacidade contributiva não tem aplicação no direito tributário sancionatório, pois não se confunde a relação obrigacional com a relação sancionatória do sujeito passivo.

A capacidade contributiva há de ser calculada conforme as condições econômicas do sujeito passivo, tendo em vista um **fato lícito** ocorrido. Na relação sancionatória, o montante da penalidade é calculado pela intensidade do **fato ilícito** ocorrido.

## 2.8 Os princípios do devido processo legal, da ampla defesa e do contraditório na dosimetria da sanção tributária

Na seara da dosimetria da sanção tributária, o sujeito passivo tem o direito subjetivo de pleitear a justa penalidade tributária através do devido processo legal.

O devido processo legal no âmbito administrativo e judicial, tal como previsto nos incisos LIV e LV do art. 5º da Constituição Federal de 1988, é garantia fundamental do cidadão, corolário do Estado Democrático de Direito e, portanto,

76. CARVALHO, Paulo de Barros. *Direito tributário, linguagem e método*. 6. ed. São Paulo: Noeses, 2015, p. 331.

elevado à condição de cláusula pétrea em nosso ordenamento (art. 60, § 4º, inciso IV da Constituição Federal).

O inciso LIV do art. 5º da Magna Carta prescreve que: "ninguém será privado da liberdade ou de seus bens sem o devido processo legal".

Por sua vez, o inciso LV declara que: "aos litigantes do processo judicial ou administrativo, e aos acusados em geral são assegurados o contraditório e a ampla defesa, com os meios e recursos a ela inerentes".

Na intelecção do inciso LIV do art. 5º da Carta Constitucional, o princípio do devido processo legal é instrumento da Democracia e do Estado de Direito. É através dele que o cidadão poderá fazer valer todos os seus direitos fundamentais, mormente quando desrespeitados. É ínsito do devido processo legal a "segurança jurídica", a igualdade às partes e o sentido de justiça, pois assegura a todos o pleno exercício da cidadania e a defesa de ilegalidades e abusos, mediante o estrito respeito ao ordenamento jurídico.

Esse princípio pressupõe a existência de um procedimento sistematizado por "lei", donde as regras processuais a serem observadas devem garantir, dentre outros direitos, o "contraditório" e a "ampla defesa", consoante o inciso LV do art. 5º da Constituição de 1988.

O contraditório é o direito de a parte ser informada de todos os atos processuais e de ter a oportunidade de se manifestar sobre todo o processado, preservando assim, a igualdade de tratamento das partes.

A ampla defesa, como o próprio nome diz, garante o direito de a parte produzir todas as provas admitidas pelo ordenamento na defesa de seus direitos. No processo judicial, o Capítulo XII, arts. 369 *usque* 484 do Código de Processo Civil, regulam os procedimentos e a linguagem competente das provas a serem produzidas. No processo administrativo tributário federal, o Decreto 70.235/72, nos arts. 15 e 16, inciso IV, prevê o direito do sujeito passivo de solicitar provas e requerer diligências e perícias, desde que justificadamente. No que pertine ao processo administrativo estadual paulista, o art. 18 da Lei 13.457/2009, prescreve que: *todos os meios legais, bem como os moralmente legítimos obtidos de forma lícita, são hábeis para provar a verdade dos fatos controvertidos*, o que à evidência, se inclui a prova pericial que, em geral, é pouco utilizada no Contencioso Administrativo Tributário.

A professora Fabiana Del Padre Tomé adverte que a prova pericial é plenamente compatível com o processo administrativo tributário, nos seguintes termos:

> A realização de prova pericial é inteiramente compatível com os processos administrativos tributários, encontrando expressa previsão no Decreto nº 70.235/72. Nos termos do seu artigo 16, inciso IV, quando o contribuinte tiver interesse na realização de exames periciais, deve, além de requerê-los expressamente em sua peça impugnatória, formular os quesitos pertinentes e, na mesma oportunidade, indicar seu assistente técnico, com a respectiva qualificação e endereço. O pedido, portanto, há de ser específico, não bastando efetuar mera referência ao assunto, de maneira genérica: é preciso indicar, de modo pormenorizado, o elemento fático que se pretende ver examinado.[77]

Com propriedade, Maria Ângela Lopes Paulino Padilha, observa que a partir dos incisos LIV e LV do art. 5º da Constituição, o princípio do devido processo legal é interpretado por duas vertentes axiológicas, quais sejam, o "devido processo legal adjetivo" e o "devido processo legal substantivo":

> Sob a perspectiva semântica adjetiva, referido princípio desmembra-se, essencialmente, nas garantias do contraditório e da ampla defesa previstos expressamente no inciso LV. Já o devido processo legal substantivo, enunciado no inciso LIV, é decorrência lógica da estrutura de todos os direitos e garantias consagrados na Constituição Federal.[78]

---

77. TOMÉ, Fabiana Del Padre. Prova pericial em material tributária: cabimento e relevância. 2016. Disponível em: https://bit.ly/35zHB6g Acesso em: 16 nov. 2020.

78. PADILHA, Maria Ângela Lopes Paulino. *As sanções no direito tributário*. São Paulo: Noeses, 2015, p. 131.

Assim é que, a Constituição Federal garantiu não só o litígio judicial, mas também o contencioso administrativo, sendo inconstitucional qualquer tolhimento ou mitigação do devido processo legal ao cidadão.

O postulado do devido processo legal é imprescindível no direito tributário em face do poder impositivo que o Estado está investido, pois, invariavelmente, o sujeito passivo da relação tributária é obrigado a contestar e se defender de ilegalidades, arbitrariedades e abusos da Fazenda Pública, inclusive em razão da voracidade do Fisco em arrecadar cada vez mais. É no âmbito do Contencioso Administrativo Tributário ou perante o Poder Judiciário que o "devedor" da obrigação tributária irá deduzir todos os seus argumentos e fundamentos sobre a inexistência total ou parcial dos fatos jurídicos tributários descritos no antecedente da norma individual e concreta ou mesmo impugnar questões envolvendo o seu consequente, além da oportunidade de apresentar provas em seu favor.

Em relação ao direito tributário sancionatório, por implicar restrição de direitos e privação de bens, igualmente, ao sujeito passivo deve ser dada oportunidade de impugnar a aplicação de penalidades, com fundamentos jurídicos e provas em sua defesa, visando a corrigir ilegalidades e excessos do Poder Estatal, para preservar os direitos fundamentais do "contribuinte" previstos na Lei Maior e no restante do ordenamento. O devido processo legal proporciona um provimento jurisdicional, tendo por escopo, ainda, a proporcionalidade e a razoabilidade na dosimetria da penalidade fiscal, de acordo com a intensidade do ilícito praticado, dentre outros princípios constitucionais, como no caso de aplicação do art. 92, da Lei 6.374/89 do Estado de São Paulo.

Como já vimos no Capítulo II, subitem 2.1 de nosso estudo, a Constituição Federal contém princípios implícitos e explícitos que devem ser observados pelo legislador, pelo aplicador da lei e pelos seus destinatários, de um modo geral.

Os principais princípios tributários explícitos da Constituição Federal são os seguintes: a) princípio da legalidade; b) princípio da tipicidade; c) princípio da igualdade tributária; d) princípio da irretroatividade tributária, com as exceções previstas no art. 106 do CTN[79] (quando beneficia o contribuinte); e) princípio da anterioridade; f) princípio do não confisco; g) princípio da capacidade contributiva; e, h) e os casos de imunidades tributárias (jornais, revistas, templos de qualquer culto, partidos políticos etc. – art. 150, VI, da Constituição Federal).

Além das normas relativas às Limitações do Poder de Tributar, que estão elencadas no Título VI, Capítulo I, Seção II, nos arts. 150 a 152, a Constituição também prevê o estabelecimento de competências para tributar a cada ente público: Exemplo: IR e Contribuições (União Federal); ICMS (Estados Membros) e ISS (Municípios e Distrito Federal), conforme arts. 153 a 156.

Depois, há o Código Tributário Nacional, as leis ordinárias, leis delegadas, medidas provisórias, decretos legislativos, resoluções, os decretos regulamentares, as instruções normativas ministeriais, circulares, portarias, ordens de serviço e os regulamentos internos, até chegar ao agente fiscal, cujas regras, com as limitações legais pertinentes, devem ser igualmente observadas.

Neste eito, ressaltamos que o Código Tributário Nacional, assim como as demais normas legais tributárias servem para proteger o contribuinte e não uma ferramenta para o Fisco arrecadar.

Mesmo com toda essa limitação para o Estado tributar e da legislação infraconstitucional protetiva do "contribuinte", nossa carga tributária, nos dias de hoje, é a maior da América Latina, se aproximando de países como França e Austrália.

---

79. Art. 106. A lei aplica-se a ato ou fato pretérito:
I – em qualquer caso, quando seja expressamente interpretativa, excluída a aplicação de penalidade à infração dos dispositivos interpretados;
II – tratando-se de ato não definitivamente julgado:
a) quando deixe de defini-lo como infração;
b) quando deixe de tratá-lo como contrário a qualquer exigência de ação ou omissão, desde que não tenha sido fraudulento e não tenha implicado em falta de pagamento de tributo;
c) quando lhe comine penalidade menos severa que a prevista na lei vigente ao tempo da sua prática.

Tudo isso sem contar a grande quantidade de "sistemas jurídicos tributários" esparramados nos âmbitos da União, dos Estados e dos Municípios, e a complexidade de nossa legislação fiscal, impondo, além de tudo, miríades de deveres instrumentais ao "contribuinte" (obrigação de fazer ou não fazer), que ao menor deslize, fica sujeito a pesadas multas fiscais.

Nesse cenário, são inevitáveis as dificuldades para o cumprimento das obrigações tributárias pelo sujeito passivo e a interpretação pelo aplicador do Direito, aproximando perigosamente a linha divisória "do lícito" e "do ilícito", abrindo caminho para equívocos, abusos, arbitrariedades e corrupção que, em última análise, viola o sobreprincípio da segurança jurídica.

Daí a necessidade de instrumentos para a defesa contra abusos e ilegalidades, com o escopo de proteger e dar segurança jurídica ao "contribuinte", seja por meio do processo administrativo, seja através do litígio judicial.

Em se tratando do Contencioso Administrativo Tributário, a Lei Federal 9.784/99, regulando o Rito Geral, que tem aplicação restritiva (art. 69 – exemplo: compensação não homologada) e o Decreto 70.235/72, que regula o Rito Especial (exemplo: Lançamento de Ofício ou Auto de Infração), garantem o devido processo legal, o contraditório e a ampla defesa no âmbito federal. A Lei Estadual paulista 13.457/2009 sistematiza o processo administrativo paulista, declarando, já no art. 1º, que a norma regula a solução de litígios relativos aos tributos e às penalidades. Na seara Municipal, mais precisamente na cidade de São Paulo, há o Conselho Municipal de Tributos do Município de São Paulo, regulado pela Lei Municipal 14.107/2005, que iniciou suas atividades em agosto de 2006. É órgão colegiado paritário, contendo Câmaras Julgadoras e Câmaras Reunidas para decisões em plenário. Contudo, na maioria das cidades, não há órgão julgador administrativo ou processo administrativo sistematizado, restringindo, desta forma, o direito fundamental do devido processo legal do contribuinte. Mas, nem por isso, o contribuinte fica prejudicado ou impedido de reivindicar seu direito de revisão de atos administrativos, podendo se valer do "direito de petição", previsto no art. 5º, inciso XXXIV, letra "a" da Constituição Federal de 1988, de modo que o requerimento ou a insurgência poderão ser dirigidos à autoridade responsável e, em última instância, ao Prefeito Municipal.

Quanto aos litígios judiciais cíveis, a regra geral que implementa o princípio do devido processo legal, do contraditório e da ampla defesa é o Código de Processo Civil em vigor, que foi introduzido no ordenamento jurídico pela Lei 13.105/2015, além de outras normas processuais especiais existentes, como é o caso da Lei das Execuções Fiscais (Lei 6.830/80), dos Regimentos Internos dos Tribunais, dentre tantas outras normas.

É importante destacar que o art. 15, do Código de Processo Civil em vigor, prescreve que suas disposições são aplicáveis de forma supletiva e subsidiariamente ao processo administrativo (tributário). Dentre as normas que podem ser aplicadas de imediato, está o art. 4º (duração razoável do processo); o art. 5° (boa-fé); o art. 6º (dever de cooperação entre as partes); arts. 7º e 10 (a garantia do tratamento isonômico em relação às partes litigantes e a garantia do contraditório, mesmo quanto à matéria que deva ser conhecida e decidida de ofício); art. 489 (requisitos essenciais da sentença, principalmente no que tange ao enfrentamento de todos os argumentos da defesa, sob pena de nulidade, de acordo com o § 1º, inciso IV); art. 926 (perseguir a uniformização da jurisprudência, mantendo sua estabilidade, mediante edição de súmulas que vinculam as decisões dos órgãos administrativos) e art. 927 (a observância e adoção da jurisprudência ou precedentes dos Tribunais Judiciais, como forma de manter a estabilidade e a coerência das decisões administrativas, que posteriormente serão discutidas no Poder Judiciário). No caso de reconhecimento da Repercussão Geral de determinada matéria pelo Supremo Tribunal Federal, por oportunidade e conveniência da Administração Tributária, poderá ser aplicado art. 1.035, § 5º, do Código de Processo Civil, para que os processos administrativos respectivos sejam sobrestados até a decisão final da Corte Suprema.

Podemos afirmar, destarte, que o sistema jurídico brasileiro, consoante normas processuais que regulam o processo administrativo e judicial, inegavelmente, garante ao cidadão o devido processo legal.

# 3. OS PRINCÍPIOS CONSTITUCIONAIS IMPLÍCITOS DA RAZOABILIDADE E DA PROPORCIONALIDADE NA APLICAÇÃO DAS PENALIDADES TRIBUTÁRIAS POR ILÍCITOS FISCAIS

Os princípios da razoabilidade e da proporcionalidade são indispensáveis para limitar o poder e os abusos do Estado, e também para que as políticas públicas sejam adequadamente implementadas, visando à consecução de interesses comuns, como: o bem-estar social, a justiça social e a proteção da dignidade humana; princípios esses que informam o Estado Democrático Social de Direito, que concorrem com o Estado Democrático de Direito. Basta verificar o art. 1º da Constituição Federal.[80]

80. Art. 1º. A República Federativa do Brasil, formada pela união indissolúvel dos Estados e Municípios e do Distrito Federal, constitui-se em Estado Democrático de Direito e tem como fundamentos:
I – a soberania;
II – a cidadania;
III – a dignidade da pessoa humana;
IV – os valores sociais do trabalho e da livre iniciativa;
V – o pluralismo político.
Parágrafo único: Todo o poder emana do povo, que o exerce por meio de representantes eleitos ou diretamente, nos termos desta Constituição.

O art. 37, *caput*, da Constituição Federal prevê que devem ser observados os princípios básicos da Administração Pública, quais sejam: a) princípio da legalidade; b) princípio da moralidade; c) princípio da impessoalidade; d) princípio da publicidade; e, e) princípio da eficiência, que são os elementos para a validade da ação administrativa.[81]

Obviamente que os princípios da razoabilidade e da proporcionalidade estão implícitos na referida norma constitucional e são instrumentos para o aprimoramento da administração pública.

Os princípios em questão, ademais, são imprescindíveis para a aplicação do direito, propriamente dito. O princípio da proporcionalidade, na visão de Paulo Bonavides:

> [...] é um eficaz instrumento de apoio às decisões judiciais que, após submeterem o caso a reflexões prós e contras (*abwägung*), a fim de averiguar se na relação entre meios e fins não houve excesso (Übermassverbot), concretizam assim a necessidade do ato decisório de correção.[82]

Na atividade da dosimetria ou de calibração da penalidade tributária pela autoridade competente, tomando-se por base o art. 527-A do Decreto 45.490/2000 (art. 92 da Lei 6.374/89), que é o cerne do nosso estudo, deverão ser considerados, além dos critérios que estão expressos na norma, outros que estão definidos no ordenamento, como aqueles do art. 108 do CTN, mediante a análise das circunstâncias e particularidades do caso concreto.

O sopesamento pelo julgador competente para a redução ou relevação da multa fiscal terá como componente de

81. Art. 37: A administração pública direta e indireta de qualquer dos Poderes da União, dos Estados, do Distrito Federal e dos Municípios obedecerá aos princípios de legalidade, impessoalidade, moralidade, publicidade e eficiência e, também, ao seguinte: [...].

82. BONAVIDES, Paulo. *Curso de direito constitucional.* 30. ed. São Paulo: Malheiros, 2015, p. 436.

destaque a razoabilidade e a proporcionalidade na busca da justa sanção, tendo em vista a intensidade do ilícito tributário.

É nesse contexto que pretendemos demonstrar que os princípios da razoabilidade e da proporcionalidade são instrumentos de concretude do direito e que a "moderação" e o "meio termo", conforme a teoria aristotélica, estão no cerne dos princípios da razoabilidade e da proporcionalidade, na aplicação do direito, na dosimetria da sanção tributária e para salvaguardar a "segurança jurídica" em sentido lato.

## 3.1 Os princípios da razoabilidade e da proporcionalidade como instrumento de concretude no direito tributário sancionatório

A razoabilidade e a proporcionalidade são princípios fundamentais à concreção do Estado de Direito ou do Estado Social e Democrático de Direito, entendido este como aprimoramento daquele e não como categoria distinta.

O princípio da razoabilidade tem origem nos Estados Unidos da América, em virtude do *due process of law*, em face da estrutura de sua Carta Ápice.

No que tange ao princípio da proporcionalidade, sua origem está nos cânones do direito europeu, em especial no Direito germânico, que remonta aos séculos XII e XVIII, quando na Inglaterra, as teorias jusnaturalistas promulgavam o homem como indivíduo titular de direitos imanentes a sua natureza, insurgindo-se contra o positivismo acentuado dos Estados.

Encontramos o princípio da proporcionalidade positivado na Declaração dos Direitos do Homem e do Cidadão de 1789, passando a estabelecer que "a lei deve cominar penas estritamente necessárias e proporcionais ao delito" (artigo 12).

Considerando a origem dos princípios da razoabilidade e da proporcionalidade, é inegável a existência da diferença de conceitos entre ambos.

Humberto Ávila adverte que a confusão existente entre conceitos de razoabilidade e proporcionalidade "[...] é um problema fenomênico porque, se há dois fenômenos distintos a considerar, porque chamá-los da mesma forma? Não há razão para isso. É banalizar a linguagem, deixando de tirar proveito dela".[83]

Assevera, Humberto Ávila, que "o postulado da razoabilidade" é utilizado na aplicação da igualdade, para exigir uma relação de congruência entre o critério distintivo e a medida discriminatória. O exame da decisão permite verificar que há dois elementos analisados, critério e medida e uma determinada relação de congruência exigida entre eles.[84]

O jurista aponta, por outro lado, que a "proporcionalidade" somente é aplicável nos casos em que exista uma relação de causalidade entre um meio e um fim. Sua aplicabilidade está condicionada à existência de elementos específicos (meio e fim).[85]

Assim é que, tais princípios surgem como instrumentos para se evitar os excessos dos Estados, não podendo praticar ações, ou instituir deveres e obrigações a seu bel prazer, sem que seja por uma justificável razão e na justa medida.

Na seara tributária, a colisão de princípios é muito frequente e, assim, podemos indicar diversas situações em que os princípios da razoabilidade e da proporcionalidade podem exercer papel relevante nas discussões em matéria sancionatória: a) nos debates sobre o conceito de confisco; b) na questão da subsunção dos fatos jurídicos tributários, com reflexos nas penalidades tributárias mais gravosas; e, c) na razoabilidade ou na proporcionalidade da dosimetria das multas fiscais aplicadas.

83. ÁVILA, Humberto. *Teoria dos princípios da definição à aplicação dos princípios jurídicos*. 7. ed. São Paulo: Malheiros, 2007, p. 139.

84. Idem, p. 153.

85. Ibidem.

Com efeito, os princípios da razoabilidade e da proporcionalidade devem estar presentes na fenomenologia da incidência da norma tributária sancionatória.

Correto dizer que para a configuração da infração fiscal e/ou para a responsabilidade pelo ilícito tributário, é irrelevante a intenção do agente, pelo imperativo do art. 136 do CTN:

> Art. 136: Salvo disposição de lei em contrário, a responsabilidade por infrações da legislação tributária independe da intenção do agente ou do responsável e da efetividade, natureza e extensão dos efeitos do ato.

A amplitude semântica do termo "intenção" abrange tanto o "dolo" (vontade livre e consciente de praticar o ato), como o a "culpa" (prática de ato com negligência, imprudência e imperícia), sendo esse o princípio geral, ou seja, de que a responsabilidade é objetiva no campo das infrações tributárias, malgrado o legislador possa criar figuras típicas de infrações subjetivas, como é o caso de fraude, simulação, dissimulação e conluio, para a configuração de ilícitos tributários que causem repúdio ao senso comum e maior dano ao erário. Esse, aliás, é o entendimento de Paulo de Barros Carvalho[86] e Aliomar Baleeiro.[87]

Embora o ordenamento tenha adotado a responsabilidade objetiva para as infrações tributárias (art. 136 do CTN), mesmo assim, a autoridade lançadora está adstrita ao princípio da legalidade estrita, bem como aos demais princípios constitucionais tributários e ao disposto nos arts. 108 e 112 do Código Tributário Nacional, quando da constituição do crédito tributário, para a efetiva e escorreita subsunção do fato jurídico tributário à norma geral e abstrata.

Frise-se que na expedição da norma individual e concreta, não se verifica a intenção do agente, mas a conduta

---

86. CARVALHO, Paulo de Barros. *Curso de direito tributário.* 25. ed. São Paulo: Saraiva, 2013, p. 472.

87. BALEEIRO, Aliomar. *Direito tributário brasileiro.* Rio de Janeiro: Forense, 1990, p. 493.

transgressora tipificada na lei para fins de subsunção do evento ilícito à hipótese tributária prevista no antecedente da norma sancionatória. Contudo, a autoridade fiscal deverá levar em conta as particularidades do caso concreto e as provas coligidas, máxime no que concerne à responsabilidade de terceiros (art. 124 e arts. 128 e seguintes do CTN), às penalidades mais gravosas, ou às multas qualificadas, inclusive para evitar injustiças e outras ilegalidades que possam comprometer o patrimônio e as atividades econômicas do "contribuinte".

A autoridade lançadora, com fundamento no art. 116, parágrafo único c/c o art. 149, incisos IV e VII do Código Tributário Nacional e com amparo no Código Civil, isto é, nos arts. 145 (anulabilidade do ato jurídico por dolo); 166, incisos II e IV (fraude) e 167, § 1°, incisos I, II e III (simulação); arts. 421 (liberdade contratual) e 422 (boa-fé das partes contratantes) – princípios dos contratos –, poderá desconsiderar negócios jurídicos que visem a dissimular ocorrência de fato gerador. De outra parte, as multas qualificadas, em geral, são decorrentes da prática de atos ilícitos com simulação e/ou fraude à lei em que se exige o dolo, de acordo com os conceitos delimitados pelos arts. 71, 72 e 73 da Lei 4.502/64 e, uma vez reconhecido pela autoridade tributária, inexoravelmente, haverá desdobramentos no direito penal tributário (aqui tratado como sub-ramo do direito penal que tutela a ordem tributária – Lei 8.137/90). Em situações como essas, o "contribuinte" se sujeita às penalidades tributárias mais gravosas e, também, às penas restritivas de liberdade, após se submeter a um processo judicial criminal, lembrando que a Lei 13.964/2019, introduziu o acordo de não persecução penal (ANPP), que pode ser aplicada para contribuintes investigados ou acusados de crimes tributários ou previdenciários, sem violência ou grave ameaça e com penas mínimas que não ultrapassem 04 (quatro) anos, desde que o agente admita os fatos e repare os danos. O acordo poderá ser celebrado para evitar um processo criminal, vale dizer, a pena de prisão, mas para tanto, o sujeito passivo deverá admitir o fato delituoso e reparar o dano, não podendo ser exigido, neste caso, o pagamento do tributo, que deverá ser cobrado pelo fisco pelas vias próprias, com aplicação de imediato da pena de prestação de serviços à comunidade.

Daí afirmar que os princípios constitucionais tributários e os critérios dos arts. 108 e 112 do Código Tributário Nacional também devem ser observados para a adequada e escorreita subsunção do fato ilícito tributário à hipótese normativa, que terá reflexos para fins de incidência de normas sancionatórias e até no direito penal.

De outra parte, o Poder Judiciário, com base nos princípios da razoabilidade e da proporcionalidade, no princípio do não confisco, dentre outros, visando a corrigir excessos e incongruências normativas da atividade Estatal, tem reconhecido inconstitucionalidades e reduzido o montante das sanções tributárias a patamares considerados mais adequados.

Podemos constatar que em muitos julgados dessa natureza, a decisão jurisdicional está diretamente fundada nos referidos princípios. Em outros julgados, os princípios da razoabilidade e da proporcionalidade estão sob o pálio do princípio do não confisco, para fundamentar a confiscatoriedade da sanção tributária.

Em 2003, o Ministro Celso de Mello, na ADI nº 2551 MC-QO / MG, traçou os contornos do princípio da proporcionalidade e sua aplicação no direito tributário, em julgado que apreciava a abusividade de Taxa de Expediente de seguradoras para o DPVAT:

> TRIBUTAÇÃO E OFENSA AO PRINCÍPIO DA PROPORCIONALIDADE. O Poder Público, especialmente em sede de tributação, não pode agir imoderadamente, pois a atividade estatal acha-se essencialmente condicionada pelo princípio da razoabilidade, que traduz limitação material à ação normativa do Poder Legislativo. O Estado não pode legislar abusivamente. A atividade legislativa está necessariamente sujeita à rígida observância de diretriz fundamental, que, encontrando suporte teórico no princípio da proporcionalidade, veda os excessos normativos e as prescrições irrazoáveis do Poder Público. O princípio da proporcionalidade, nesse contexto, acha-se vocacionado a inibir e a neutralizar os abusos do Poder Público no exercício de suas

> funções, qualificando-se como parâmetro de aferição da própria constitucionalidade material dos atos estatais. A prerrogativa institucional de tributar, que o ordenamento positivo reconhece ao Estado, não lhe outorga o poder de suprimir (ou de inviabilizar) direitos de caráter fundamental constitucionalmente assegurados ao contribuinte. É que este dispõe, nos termos da própria Carta Política, de um sistema de proteção destinado a ampará-lo contra eventuais excessos cometidos pelo poder tributante ou, ainda, contra exigências irrazoáveis veiculadas em diplomas normativos editados pelo Estado.[88]

O Supremo Tribunal Federal tem utilizado a razoabilidade como diretriz de suas decisões em matéria tributária. No RE nº 403.205/RS, em 2006 (Relatora Ministra Ellen Grace), decidiu-se que, segundo critérios de razoabilidade, careceria "[...] de congruência lógica exigir-se o comprometimento da Administração Estadual em conceder benefício fiscal presumido, quando a requerente encontra-se inadimplente com suas obrigações tributárias".[89]

O Tribunal de Justiça do Estado de São Paulo, na Apelação 1006100-38.2013.8.26.0053, considerou expressamente os princípios da razoabilidade e da proporcionalidade para reduzir a multa fiscal, à luz do art. 527-A do RICMS.[90]

Há decisões admitindo a gradação das sanções pecuniárias em função da análise do caso concreto ou em face de uma determinada situação individual ocorrente, que sejam irrazoáveis e desproporcionais, mediante análise dos fatos e das provas produzidas. Neste sentido, veja-se a ADI-MC nº 1.075/DF (1998), quando reconheceu a abusividade da multa sancionatória de 300%:

> O Poder Público, especialmente em sede de tributação (mesmo tratando-se da definição do *quantum* pertinente ao valor das multas fiscais), não pode agir imoderadamente, pois a atividade

---

88. Disponível em: https://bit.ly/2GKss8q Acesso em: 10 nov. 2020.

89. Disponível em: https://bit.ly/32tuGAK Acesso em: 10 nov. 2020.

90. Disponível em: https://esaj.tjsp.jus.br/cposg/open.do Acesso em: 20 out. 2020.

> governamental acha-se essencialmente condicionada pelo princípio da razoabilidade que se qualifica como verdadeiro parâmetro de aferição da constitucionalidade material dos atos estatais.[91]

Ainda no que tange ao princípio do não confisco, o Supremo Tribunal Federal, no Ag.Reg. no Recurso Extraordinário nº 646.120/DF,[92] em que foi Relatora a Ministra Rosa Weber, entendeu que é legítima a aplicação do referido postulado às sanções tributárias, envolvendo juízo de proporcionalidade entre o ilícito e a penalidade.

O Supremo Tribunal Federal, no Ag.Reg. no Recurso Extraordinário nº 754.554/GO, reconheceu a inconstitucionalidade da multa aplicada de 25% do valor da operação, conforme previsto na legislação do ICMS do Estado de Goiás, dado o seu caráter confiscatório, por ultrapassar o valor do débito principal, cuja ementa é a seguinte:

> Recurso Extraordinário – Alegada violação ao preceito inscrito no artigo 150, inciso IV da Constituição Federal - Caráter supostamente confiscatório da multa tributária cominada em lei - Considerações em torno da proibição constitucional de confiscatoriedade do tributo - cláusula vedatória que traduz limitação material ao exercício da competência tributária e que também se estende às multas de natureza fiscal – Precedentes – Indeterminação conceitual da noção de efeito confiscatório – Doutrina – Percentual de 25% sobre o valor da operação – *Quantum* da multa tributária que ultrapassa, no caso, o valor do débito principal – Efeito confiscatório configurado – Ofensa às cláusulas constitucionais que impõem ao Poder Público o dever de proteção à propriedade privada, de respeito à liberdade econômica e profissional e de observância do critério da razoabilidade – Agravo improvido.[93]

A Corte Suprema, no Ag.Reg. no Recurso Extraordinário nº 771.660,[94] em que foi relator o Ministro Celso de Mello, rea-

91. Disponível em: https://bit.ly/3kjhgxn Acesso em: 10 nov. 2020.

92. *In*: *Revista Dialética de Direito Tributário*, nº 221, p. 196. São Paulo: Dialética, 2014.

93. *In*: *Revista Dialética de Direito Tributário*, nº 221, p. 183. São Paulo: Dialética, 2014.

94. *In*: *Revista Dialética de Direito Tributário*, nº 231, p. 189-190. São Paulo: Dialética, 2014.

firmou o entendimento de que a multa quando ultrapassa o valor do débito principal configura o efeito confiscatório, que é vedado pela Constituição Federal.

A 2ª Câmara de Direito Público do Tribunal de Justiça do Estado de São Paulo, seguindo a atual orientação da Corte Suprema, reconheceu o caráter confiscatório da multa punitiva de 50% do valor da operação, com a seguinte ementa:

> Apelação e remessa necessária – Ação declaratória – ICMS – AIIM – Juros moratórios – Possibilidade de utilização da taxa SELIC para fins de correção do crédito tributário – Afastamento, contudo, dos critérios estabelecidos pela Lei Estadual nº 13.918/09 – Questão já decida pelo C. Órgão Especial desta Corte em arguição de inconstitucionalidade, declarando a inconstitucionalidade da interpretação dada pelo Fisco Estadual – Multa punitiva – Reconhecido o caráter confiscatório da multa imposta em valor superior a 100% do valor do tributo – Precedentes do Excelso Pretório – Sentença mantida – Recursos desprovidos (Apelação e Reexame Necessário nº 1.015 931-42.2015.8.26.0053 – TJ/SP – Relator Renato Delbianco – Órgão Julgador: 2ª Câmara de Direito Público – Data do Julgamento: 17.06.2016).[95]

Em 2015, o Supremo Tribunal Federal reconheceu a Repercussão Geral de disputa relativa à discussão da multa de mora do ISS – Imposto Sobre Serviços, imposta pelo Município de Contagem/MG, no importe de 30%, no RE nº 882.461.[96] E, também com Repercussão Geral Reconhecida, há a discussão sobre multa isolada de obrigação acessória descumprida que varia de 05% a 40% quando a alíquota incide sobre o valor da operação que não gerou débito tributário (RE nº 640.452).[97]

Porém, o Supremo Tribunal Federal entendeu não haver caráter confiscatório em multa de mora no patamar de 20%, no RE nº 582.461.[98] Tanto é que a 1ª Turma no Supremo Tri-

95. Disponível em: tjsp.jus.br/Processos Acesso em: 07 jul. 2020. [Nota do editorial: necessário digitar número do processo.].

96. Disponível em: https://bit.ly/33UF05z Acesso em: 10 nov. 2020.

97. Disponível em: https://bit.ly/3pi9uYb Acesso em: 10 nov. 2020.

98. Disponível: em: https://bit.ly/3lghlmU Acesso em: 10 nov. 2020.

bunal Federal reconheceu a violação à Constituição Federal ao reconhecer o caráter confiscatório da multa moratória acima 20%, no AI nº 727.872 AgR/RS, Relator Ministro Roberto Barroso, publicado no Diário Oficial de 18 de junho de 2015.[99]

Em matéria de contribuição social, o Supremo Tribunal Federal, no ADC-MC nº 08/DF, embora aceitando a incidência do princípio da razoabilidade, asseverou que o questionamento de majorações de tributos pelo contribuinte somente é cabível quando transgredidas as limitações do poder de tributar:

> A contribuição de seguridade social, como qualquer outro tributo, é passível de majoração, desde que o aumento dessa exação tributária observe padrões de razoabilidade e seja estabelecido em bases moderadas. Não assiste ao contribuinte o direito de opor, ao Poder Público, pretensão que vise a obstar o aumento dos tributos – a cujo conceito se subsumem as contribuições de seguridade social (RTJ nº 143/684 – RTJ nº 149/654) –, desde que respeitadas, pelo Estado, as diretrizes constitucionais que regem, formal e materialmente, o exercício da competência impositiva. Assiste, ao contribuinte, quando transgredidas as limitações constitucionais ao poder de tributar, o direito de contestar, judicialmente, a tributação que tenha sentido discriminatório ou que revele caráter confiscatório.[100]

Sem a razoabilidade e sem a proporcionalidade, a implementação dos princípios jurídicos constitucionais na solução dos litígios envolvendo a justa aplicação de penalidades tributárias, restaria plenamente impossível, como se deduz dos julgados indicados.

O mesmo se diga quanto ao Contencioso Administrativo Tributário, na aplicação do art. 527-A do Decreto 45.490/2000 pelo órgão julgador paulista. Na apreciação do caso concreto, ainda que se considerem os critérios ou requisitos subjetivos explícitos dos antecedentes fiscais e do porte econômico do sujeito passivo, é inexorável a ponderação da razoabilidade e

99. Disponível: em: https://bit.ly/3llc6SI Acesso em: 10 nov. 2020.

100. Disponível em: https://bit.ly/3lRMZqk Acesso em: 03 dez. 2020.

da proporcionalidade na gradação das multas fiscais, de modo a efetivar o direito posto.

## 3.2 A teoria aristotélica e o direito tributário sancionatório

A moderação ou o "termo médio", segundo a teoria de Aristóteles, é o âmago dos princípios da razoabilidade e da proporcionalidade, com o qual são desenvolvidas pela doutrina muitas das teorias hoje conhecidas.

A observância de tais princípios, como já foi dito, evita e impede a prática de excessos do Poder Estatal, mormente na elaboração e na aplicação de normas jurídicas, bem como, no que tange à dosimetria das sanções tributárias, propiciando a desejada segurança jurídica.

No campo do direito tributário, a despeito das normas constitucionais limitadoras do poder de tributar, a Fazenda Pública deve zelar pela razoabilidade e pela proporcionalidade na interpretação e na aplicação do Direito, sem perder de vista a função social da atividade econômica dos "contribuintes".

Não se pode, por outro lado, reconhecer que há efetiva aplicabilidade de princípios jurídicos sem a técnica da ponderação, por meio do princípio da proporcionalidade, máxime quando se está diante da individualização das penas, na busca da justa penalidade.

Somente assim e sem perder de vista o pensamento de Aristóteles, é que podemos alcançar a finalidade suprema, através da virtude, consistente em fazer bem feito, na justa medida, a cada ato que nos é conferido.

É inegável a influência aristotélica para o surgimento e aplicação hodierna dos princípios da razoabilidade e da proporcionalidade em todos os ramos do Direito, inclusive no direito tributário sancionatório, como mais adiante teremos a oportunidade de constatar.

## 3.3 "Termo médio" e a ética de Aristóteles na dosimetria das penalidades tributárias

Entender o pensamento aristotélico permite a compreensão adequada da essência do que atualmente conhecemos como princípios da razoabilidade e da proporcionalidade, que é de grande utilidade no exercício da atividade jurisdicional administrativa e judicial pelo aplicador do direito e na dosimetria da multa fiscal.

Para a redução ou relevação da penalidade tributária no Contencioso Administrativo Tributário paulista, o órgão julgador poderá adotar incontáveis critérios eminentemente subjetivos para a calibração ou moderação da sanção tributária, além daqueles expressamente previstos na norma, para se chegar a uma decisão definitiva com equidade.

O sentido do que é justo, de bom senso, mediano, adequado, ponderado, razoável, proporcional, encontramos em *Ética a Nicômaco*, principal obra de Aristóteles sobre Ética. Por ela, o grande filósofo expõe sua concepção da virtude como mediania, no sentido de "termo médio" e suas considerações acerca do papel do hábito e da prudência.

Em Aristóteles, toda racionalidade prática é orientada para um *fim*. À Ética cabe determinar a finalidade suprema, ou seja, a felicidade que, segundo sua teoria, não se encontra nos prazeres, nas riquezas, nem nas honras, mas numa vida virtuosa.

A virtude, por sua vez, se encontra no "justo meio" entre os extremos e será encontrada por aquele dotado de *prudência* e educado pelo *hábito* no seu exercício.

A ideia de virtude na Grécia Antiga não tem o mesmo conceito do atual. Virtude, segundo Aristóteles, tinha o sentido da excelência de cada ação, ou seja, de fazer bem feito, na justa medida, cada pequeno ato.

Aristóteles, em sua teoria, aborda diversos aspectos da virtude, do excesso e do defeito.

Inicialmente, destacamos os comportamentos do corajoso e do covarde:

> Dos comportamentos por excesso, um é o que resulta da excessiva falta de medo (foi dito por nós nas primeiras análises, que muitos comportamentos não tinham designação). Poder-se-á dizer que, caso alguém nada tema, nem um tremor de terra, nem as cheias, como se diz dos Celtas, comporta-se como um louco ou é incapaz de sentir dor. Quem tem excesso de confiança, é audaz em situações terríveis o audaz pode, no entanto, ser também um impostor e fazer alarde da coragem [que não tem]. Este finge comportar-se em face de situações terríveis tal como o corajoso de fato se comporta. Só que aquele faz teatro nas situações em que não é capaz de se comportar corajosamente. Por isto que a maior parte destes tipos são (sic) cobardes disfarçados de audazes. Nestes casos, os audazes não conseguem suportar as coisas terríveis. Quem tem medo em excesso é, assim, cobarde. De fato, tem medo a respeito do que não se deve ter medo, ao modo como não deve ter medo, e o mesmo a respeito das restantes determinações da sequência [categorial]. Quem é deste gênero tem também falta de confiança, mas isso torna-se mais evidente quando se encontra em situações de dor e sofre excessivamente. O cobarde está, com efeito, desesperado com medo de tudo. O corajoso comporta-se, por outro lado, de modo contrário. É que confiar é ter uma boa esperança. O cobarde, o audaz, como o corajoso, definem os seus comportamentos face a situações do mesmo gênero, embora relativamente a elas constituam disposições diferentes. Uns, por excesso, outros, por defeito, outros, contudo, constituem a disposição do caráter e comportam-se como deve ser. Finalmente, os audazes são precipitados. Pois, quando estão em situações de perigo querem afastar-se delas; os corajosos, contudo, são rápidos e eficazes na ação, mas primeiro aguardam o decorrer dos acontecimentos serenamente.[101]

Destacamos, ainda, o pensamento de Aristóteles ao tratar da generosidade e do excesso do esbanjamento e do defeito da avareza:

> Falemos a seguir da generosidade. Esta parece ser a disposição do meio relativamente à riqueza. O generoso não é louvado nas

---

101. ARISTÓTELES. *Ética a Nicômaco*. Tradução de Grego de António de Castro Caeiro. São Paulo: Atlas, 2009, p. 71.

> situações de guerra, nem naquelas em que é louvado o temperado, nem sequer nas decisões judiciais, mas a respeito do dar e receber riquezas, mas ainda a respeito do dar. Nós entendemos por riquezas todas aquelas coisas cujo o valor pode ser avaliado em dinheiro. O esbanjamento e a avareza a respeito da riqueza são respectivamente as disposições do excesso e do defeito atribuímos a disposição da avareza àqueles que zelam sempre pela riqueza mais do que devem; empregamos o termo "esbanjamento" por vezes numa rede de acepções mais complexa. Dizemos que os que não têm autodomínio e se consomem na devassidão são esbanjadores. É por isso que parecem ser do tipo mais ordinário que há. São portadores de muitas perversões em simultâneo. Não são, portanto, assim chamados de acordo com uma disposição peculiar para o mal. Esbanjador quer dizer aquele que tem uma perversão específica, o destruir as suas posses. O que se destrói pelos seus próprios meios é esbanjador, e parece ser a sua própria ruína, isto é, a destruição das suas posses e meios, na medida em que estes são meios de assegurar a subsistência. É neste sentido que entendemos o termo "esbanjamento".[102]

> A generosidade é entendida de acordo com a posse de cada um. O ato generoso não consiste no montante ou na quantidade das doações, mas na disposição que constitui o caráter do doador [...]. O generoso não dará a quem não deve nem quando não deve, nem fará nenhuma das coisas que não deve [...]. Uma vez que a generosidade é a disposição intermédia no dar e receber de riquezas, o generoso é quem dará e gastará em vista do que deve, e quanto deve, de modo semelhante nas pequenas e nas grandes coisas, e assim, voluntariamente.[103]

Sobre a gentileza, Aristóteles aponta que se trata de uma posição meio:

> A gentileza é a posição do meio relativamente ao acesso de ira. Sendo a disposição do meio anônima – tal como também são anônimas as disposições extremas –, empregamos a denominação 'gentileza' à posição intermédia, embora tenda mais a ser uma disposição de defeito. A posição de excesso poderá referir-se aqui como uma certa irascibilidade. Porque a afecção a que diz respeito a ira, embora as suas causa produtoras sejam numerosas e de

102. ARISTÓTELES. *Ética a Nicômaco.* Tradução de Grego de António de Castro Caeiro. São Paulo: Atlas, 2009, p. 81.

103. Idem, p. 83.

> diversas proveniências. O que se irrita justificadamente, mas situações em que se deve irritar ou com as pessoas com as quais se deve irritar, e ainda da maneira como deve ser, quando deve ser e durante o tempo em que deve ser, é geralmente louvado. Quem assim for é gentil, se é que a gentileza é uma disposição louvada. Porque o gentil quer permanecer imperturbável e não quer ser levado pela emoção, e apenas o sentido orientador lhe poderá prescrever as situações em que deve irritar-se e durante quanto tempo. Ou seja, o gentil parece pecar mais por defeito, porque não é do tipo vingativo, mas mais do gênero que perdoa.[104]

No Livro V, Aristóteles diz que o "justo" é algo como "meio":

> Acerca da justiça e da injustiça temos de apurar primeiramente qual é o seu âmbito de ação, de que espécie de disposição intermédia é a justiça e de que extremos é o justo meio termo. O nosso exame tem de ser levado a cabo de acordo com o mesmo método aplicado nas análises precedentes.[105]

> O justo é pois qualquer coisa como o meio, caso o juiz também o seja. O juiz é capaz de restabelecer a igualdade. Tudo se passa como se o diferindo fosse uma linha que foi dividida em dois seguimentos desiguais, dos quais o segmento maior ultrapassa a metade. O juiz subtrairá este excesso, acrescentando-o ao segmento menor. E quando o todo é dividido em duas partes iguais, as partes em conflito dizem ter o que é seu, quando obtêm uma parte igual. A igualdade é o meio entre a parte maior e a parte menor de acordo com a proporção aritmética. É por esta razão que também se chama justiça, porque se trata de uma divisão em dois, como se alguém dissesse o que é dividido em duas partes, e o juiz é do divisor em duas partes. Porque quando de duas grandezas iguais a uma é retirada uma parte para ser acrescentada à outra, esta última excede a primeira em duas partes. Contudo, se tivesse sido retirada uma parte à primeira, mas não tivesse sido acrescentada à segunda, esta última, então, excederia a primeira apenas nessa única parte. Esta é, portanto, maior do que o meio pela quantidade acrescentada e o meio será maior do que a parte reduzida, precisamente nessa quantidade. Deste modo, por conseguinte, saberemos o que é que se deve retirar à grandeza que tem a mais e o que é que se deve acrescentar à que

104. ARISTÓTELES. *Ética a Nicômaco.* Tradução de Grego de António de Castro Caeiro. São Paulo: Atlas, 2009, p. 95.

105. Idem, p. 103.

> tem a menos. Àquela grandeza que o meio ultrapassa, tendo-se tornado menor, deve ser acrescentado o que falta; à grandeza, porém, pela qual o meio é ultrapassado, tendo-se torando maior, deve ser retirado o excesso.[106]

Não obstante, Aristóteles, no século IV a.C., já afirmava que malgrado as normas devessem ser gerais e abstratas, era imprescindível que fossem aplicadas com equidade, atentando-se para as peculiaridades de cada caso concreto.[107]

Ainda em termos filosóficos, na Grécia antiga, Sócrates trazia postulados que se assemelhariam ao que hoje os juristas chamam de *princípio da razoabilidade*.

Na parábola chamada *As Três Peneiras*, Sócrates apresenta, analogamente aos postulados de necessidade, adequação e proporcionalidade em sentido estrito, as "três peneiras", as quais chamou de *verdade*, *bondade* (equivalente à adequação) e *necessidade*, de modo que todo discurso deveria passar por tais "peneiras".

Seja como for, a Filosofia Clássica dos Gregos, em especial, a teoria de Aristóteles sobre Ética, inegavelmente, influenciou o surgimento dos princípios da razoabilidade e da proporcionalidade, os quais tiveram concretude no Direito, segundo Guerra Filho, nos séculos XVII e XVIII, através das teorias jusnaturalistas e o Estado de Direito na Europa.[108]

Até mesmo para o positivismo de Kelsen, a ponderação poderia ser utilizada na colisão de normas. Assim, segundo o jusfilósofo, a colisão seria resolvida pela interpretação, entre duas normas do mesmo nível hierárquico por instituições diferentes, as duas sobrevivem, mas cabe ao Tribunal a escolha de qual lei aplicar.

---

106. ARISTÓTELES. *Ética a Nicômaco*. Tradução de Grego de António de Castro Caeiro. São Paulo: Atlas, 2009, p. 111.

107. DEL VECCIO, Giorgio. *Lições de filosofia do direito*. 5. ed. Tradução de Antônio José Brandão. Coimbra: Armênio Amado Editor, 1979, p. 47.

108. GUERRA FILHO, Willis Santiago. Hermenêutica Constitucional, Direitos Fundamentais e Princípio da Proporcionalidade. *In*: BOUCAULT, Carlos E. de Abreu; RODRIGUEZ, José Rodrigo (orgs.). *Hermenêutica plural*. São Paulo: Martins Fontes, 2005, p. 405.

Ou ainda, se as normas são parcialmente conflitantes, ao Tribunal caberá dizer que uma norma limita a validade da outra.[109]

Com o pós-positivismo, o princípio da razoabilidade ganhou importância com os vetores de interpretação, tais como: a supremacia da Constituição; a unidade da Constituição; a não contradição de suas normas; a harmonização; a presunção de constitucionalidade das leis; e os próprios princípios da razoabilidade e da proporcionalidade.

Veja-se, a propósito, que a "ponderação" é utilizada para o conflito entre princípios, que se resolve pelo método de colisão, segundo a teoria de Alexy.[110]

Pela teoria do referido pós-positivista, se dois princípios (constitucionais) colidem no caso concreto – resguardam interesses opostos – um deles deve ceder. Isso não significa a invalidação do princípio relegado no caso concreto, mas somente a prevalência momentânea do outro naquela situação. Referido método de colisão deve levar em consideração se ambos os princípios conflitantes estão no mesmo nível de valoração.

Seja como for, a teoria Aristotélica consistente no "termo médio" foi essencial para a evolução e maturação dos princípios da razoabilidade e da proporcionalidade, ínsitos em nossa Constituição Federal, tendo plena aplicabilidade no direito tributário sancionatório.

## 3.4 Algumas teorias pós-positivistas e os princípios da razoabilidade e da proporcionalidade sob a influência aristotélica no direito tributário sancionatório

Com o fracasso filosófico do jusnaturalismo e do colapso do positivismo que era apoiado pela Alemanha nazista e pela Itália facista após a Segunda Guerra Mundial, surge uma nova teoria,

109. KELSEN, Hans. *Teoria pura do direito*. 6. ed. Tradução de João Batista Machado. Coimbra: Armênio Amado, 1984, p. 463-473.

110. ALEXY, Robert. *Teoria dos direitos fundamentais*. São Paulo: Malheiros, 2008, p. 92, 93 e 167.

o "pós-positivismo", que visa a dar caráter normativo aos princípios, estabelecendo uma relação entre valores, princípios e regras.

Assim, por essa teoria, o aplicador do Direito tem a função de dar efetividade aos direitos fundamentais e não ficar limitado a uma atividade meramente silogística.

Tendo em vista que os princípios implícitos e explícitos constitucionais permeiam o direito tributário sancionatório, a proposta pós-positivista ganha relevância, tanto para a constituição da infração, como para a gradação da respectiva multa fiscal.

Elegemos três jusfilósofos pós-positivistas para reforçar que os princípios da razoabilidade e da proporcionalidade, pela influência aristotélica, devem estar presentes tanto no processo de enunciação, como na aplicação do Direito e para a formação da jurisprudência.

Alf Ross se preocupa com a política jurídica, visando sempre ao bem comum, dentro do processo legislativo. Theodor Viehweg e sua teoria *Tópica* tem em mira a solução dos problemas de forma mais adequada, aplicando-se a equidade, ainda que se admitam outras formas de solução, conforme o caso individualizado, na concretização do Direito. Chaïm Perelman, por sua teoria, ressalta a importância da técnica argumentativa para influenciar na formação da jurisprudência, objetivando uma solução mais razoável, equitativa e justa, sem ficar restrito ao silogismo.

Inegavelmente que tais teorias interessam, em certa medida, ao direito tributário sancionatório, quer na criação de normas sancionatórias, quer para o aplicador do Direito, assim como, para os operadores do Direito.

### 3.4.1 A razoabilidade na política legislativa na visão de Alf Ross

Alf Ross, um dos fundadores do racionalismo jurídico escandinavo, cuja corrente doutrinária é voltada para os conceitos jurídicos fundamentais e do conjunto de comportamentos e posturas emocionais dos destinatários do Direito, dedica boa parte de sua obra *Direito e Justiça* ao legislador, quando do processo legislativo de criação das "leis", mormente entre os Capítulos XI a XVII da referida obra.[111]

Em outras palavras, o jurista se preocupa com os fatores que o legislador deve considerar na elaboração das leis. Ele trata, principalmente, da política jurídica como política legislativa.

Segundo Alf Ross, para que seja possível decidir o que é "na maior extensão possível", para promover o bem-estar social, é necessário considerar a soma de liberdade, alimentação, moradia, boa música etc. Exemplo: programa de habitação para satisfazer da melhor forma possível essa necessidade comum, a despeito da desarmonia de interesses.

Assim, o bem-estar social nunca será atingido, apenas a desarmonia será contornada para atingir um interesse único.

Por isso que, na visão do jurista, não existe um objetivo correspondente simples em política. A tentativa de elaborar um objetivo unívoco – sob a forma de bem-estar social da comunidade, saúde social e assemelhados – é ilusória, pois a "tarefa" da política, terá sempre uma multiplicidade de atitudes que não constitui um sistema, mas um conglomerado, em face da diversidade de desejos, de grupos, de necessidades.

Ele aponta que a ação política é um problema relacionado com a discussão política para determinar "qual a ação correta".

Neste eito, Alf Ross sintetiza o seguinte:

> [...] a política é possível porque o legislador não é impotente. As possibilidades da política jurídica são limitadas porque o legislador não é todo-poderoso. Ele se defronta com forças sociais (consciência jurídica, interesses econômicos e as relações de poder que são produtos da evolução).[112]

---

111. ROSS, Alf. *Direito e Justiça*. 2. ed. São Paulo: Edipro, 2007, p. 301-430.

112. Idem, p. 406.

Como se percebe, o jurista tem especial preocupação com a razoabilidade do legislador na elaboração das leis, máxime para que o interesse comum da sociedade seja atingido adequadamente, o que evidentemente se aplica na edição de normas sancionatórias e de instrumentos e mecanismos legais para a individualização da penalidade tributária.

### 3.4.2 A teoria tópica (topoi) de Viehweg inspirada em Aristóteles

O pensamento já mencionado de Aristóteles, no que tange à preocupação de aplicar as normas gerais e abstratas ao caso concreto com equidade, foi fonte de inspiração da Theodor Viehweg para a teoria Tópica e Jurisprudência.[113]

Objetiva o referido jurista resgatar da antiguidade clássica o modelo jurídico utilizado pelos romanos – especialmente pretores e jurisconsultos – atribuindo-lhe uma dimensão atual. A forma de pensar tópica da jurisprudência romana, que construía sua justiça a partir de decisões concretas, para então extrair princípios como fundamento de validade, não se perdeu, apesar das investidas das teorias lógicas.

A Tópica seria uma técnica de pensamento orientada para o problema, aporética (dúvida), segundo Viehweg, conforme teria assinalado Aristóteles. O problema constitui o centro da órbita em que giram os raciocínios, servindo-lhes de atração e guia.

Um problema comportaria mais de uma solução, mas espera-se para ele algo mais adequado. Seria uma técnica de pensamento voltada para o problema, para exploração de uma invenção que pudesse solucioná-lo, mas que não nega, totalmente, um parâmetro de sistema. Neste sentido, é explorado o conceito de zetética e dogmática, sendo que a primeira admite a negação dos pontos de partida e a segunda necessita de um ponto de partida para que o raciocínio seja formulado.

---

113. VIEHWEG, Theodor. *Tópica e Jurisprudência*. Porto Alegre: SAFE, 2008, p. 17-108.

A tópica difere de um sistema em que as interpretações decorrem da lógica, mas admite conexões sem fim, estabelecendo o consenso como limitador da decisão. Não existem respostas verdadeiras, mas argumentos que se impõem pela força do convencimento.

A disputa de pontos de vista que ensejam um consenso torna este consenso premissa para outros raciocínios de ordem dialética. Neste caso, a nossa jurisprudência seria uma importante premissa a ser respeitada pela tópica. Para civilística romana, que serve como base para Viehweg, a opinião dos jurisconsultos é importante pela credibilidade da qual desfrutam.

O papel da tópica, principalmente no momento crítico pós-positivista, concede maior importância à concretização do Direito e à solução de problema em detrimento dos valores que o ensejam, do que um pretenso sistema de valores postos, estáticos.

A Tópica permite ao jurista construir o Direito de uma maneira responsável, não aceitando dogmas impostos.

Com relação à unidade da ordem jurídica, o autor pondera que esta harmonia só seria alcançada por meio de uma atividade hermenêutica, que também é tópica. Haveria que se criar conexões por meio de interpretações adequadas.

A técnica tópica deveria perseguir a busca do justo, respeitado o consenso, adquirido a partir da dialética dos *topoi*.

O sistema jurídico seria aberto e não fechado, concedendo mais espaço para que prevaleçam as ideologias do intérprete, ao invés da predominância da letra da lei.

Assim, por essa teoria, está ínsita a razoabilidade, a fim de que, pela equidade ou pela ponderação, se buscaria a melhor solução do litígio e, obviamente, no que diz respeito à dosimetria das penalidades tributárias.

### 3.4.3 A razoabilidade e a nova retórica por Chaïm Perelman

Em sua teoria, Chaïm Perelman, parte do conceito de Retórica definido por Aristóteles, concluindo que o objeto da retórica é o estudo das técnicas discursivas que visam a provocar ou aumentar a adesão das mentes às teses a elas apresentadas.[114]

Desta forma, surge a Nova Retórica como o estudo das técnicas discursivas que visam a provocar ou intensificar a adesão de certo auditório às teses apresentadas.

O autor enfatiza a importância da técnica argumentativa para atingir um auditório específico, ou seja, as Cortes Jurisdicionais, visando às soluções "razoáveis do litígio" para construir o Direito, de modo que o julgador não fique adstrito à lógica formal e à literalidade do texto da "lei".

Dito isto, nos parece oportuno ressaltar algumas das principais características da Nova Retórica, para melhor compreensão da teoria:

a) encontrará na língua o ponto comum para se manifestar;

b) verá a linguagem formal como uma adaptação da linguagem comum;

c) a adesão do auditório à tese não ocorrerá porque esta última é verdadeira, mas porque seria mais equitativa, mais oportuna, como no caso de se preterir o uso da prova obtida por meio ilícito;

d) em oposição ao método da lógica formal – lastreado em axiomas –, que não abre espaço para manifestação do auditório, a argumentação parte de teses que têm adesão daqueles que busca convencer;

e) caso o orador parta de teses que o auditório não aceita, cometerá uma petição de princípio, o que é um erro de argumentação e não um erro de lógica formal;

f) para evitar a petição de princípio (argumento falacioso), importante que o orador conheça o seu auditório.

114. PERELMAN, Chaïm. *Lógica Jurídica*. 2. ed. São Paulo: Martins Fontes, 2013, p. 141-243.

Para tanto pode lançar mão do método socrático – maiêutica –, iniciando com perguntas a um pequeno auditório, para ter uma ideia de sua opinião sobre o tema. Caso não seja possível utilizar este método, deve ser partir de um catálogo de opiniões. Ainda se este último método não for possível, deve se partir de argumentos aceitos universalmente;

g) conceito de lugar comum – Aristóteles: parte de um ponto de vista, um valor, que redundará numa regra, numa máxima, que o orador utilizará em seu favor no seu esforço de persuasão. Os lugares comuns desempenham na argumentação um papel análogo ao dos axiomas num sistema formal. Exemplo: o pagamento é a forma comum de extinção das obrigações, sendo as demais atípicas; o contrato existe para ser cumprido, se não houver causa que justifique o seu descumprimento;

h) a concordância do auditório e do orador com o lugar comum não garante que no caso concreto uma tese ou outra será aplicada;

i) a noção de presença se refere ao fato de o orador conferir destaque aos lugares comuns, fatos e valores que guardam conexão com o auditório;

j) o conflito entre valores se resolve de duas formas: j.1) sacrifica-se um dos dois valores; e, j.2) procede-se à sua redefinição como aparente;

k) a melhor solução para um conflito é questão de interpretação e será alcançada no caso concreto, não em abstrato;

l) auditório, para teoria da argumentação, não são aqueles que ouvem um discurso, mas os que se pretende persuadir a partir deste discurso;

m) por isso deve se falar para todos no auditório e não somente para aqueles que guardam conexão inicial com o orador;

n) a argumentação deve levar em consideração o contexto psicossocial, que não separa as forças subjacentes: militares, econômicas etc. Neste sentido, não seria possível uma Teoria Pura, que desconsiderasse estes fatores;

o) noção de intenção: relação entre uma pessoa e seus atos. O ato é considerado a expressão da pessoa, que é responsável pelos seus atos. Conforme se relaciona o agente e os atos, chegaremos a argumentações diferentes em termos de determinismo ou de liberdade;

p) a eficácia dos argumentos depende dos argumentos dados e da totalidade do discurso (interação entre os argumentos);

q) o efeito do discurso está condicionado com a ideia que o auditório faz do orador;

r) não há ordem de argumentos, mas argumentos que guardam conexão com o auditório, no entanto, no processo judiciário, algumas destas questões podem ser regulamentadas de forma precisa. Exemplo: preliminares no Direito. No Brasil – Justificativa da Repercussão Geral no RE – art. 1.035, §2º do Código de Processo Civil de 2015,[115] como preliminar; e,

s) a argumentação não jurídica dependerá do costume, do bom senso e do tato.

No que tange ao tema da *lógica jurídica*, que é tratado no Capítulo II da referida obra, Perelman destaca que a *lógica*

---

115. Art. 1.035. O Supremo Tribunal Federal, em decisão irrecorrível, não conhecerá do recurso extraordinário quando a questão constitucional nele versada não tiver repercussão geral, nos termos deste artigo.
§ 1º. Para efeito de repercussão geral, será considerada a existência ou não de questões relevantes do ponto de vista econômico, político, social ou jurídico que ultrapassem os interesses subjetivos do processo.
§ 2º. O recorrente deverá demonstrar a existência de repercussão geral para apreciação exclusiva pelo Supremo Tribunal Federal.

*jurídica* se apresenta não como uma lógica formal, mas como uma argumentação que depende do modo como os legisladores e os juízes concebem sua missão e da ideia que têm do Direito e de seu funcionamento na sociedade.

Assim é que, o autor identifica três fases na ideologia judiciária:

a) primeira fase anterior à Revolução Francesa, em que o caráter justo da solução era enfatizado, não concedendo grande importância à motivação, com base, inclusive, no direito natural;

b) período a partir da Revolução Francesa, em que se verifica um respeito à legalidade e ao aspecto dedutivo desta legalidade, como forma de decidir – processo silogístico; e,

c) fase posterior ao segundo pós-guerra, no qual se verifica a necessidade de o juiz buscar para cada caso uma solução equitativa, razoável e aceitável, sem retornar ao direito natural, considerando também a lei, princípios e precedentes.

Para Perelman, no que se refere a esta fase da ideológica judiciária, os textos de lei deveriam ser interpretados, de forma a fazer prevalecer o que é Direito levando em consideração as variáveis do caso concreto, o que é equitativo, razoável e aceitável, aproximando os textos de lei ao que se entende por realidade.

Quando, por razões de bom senso, equidade e interesse geral uma única situação deve prevalecer, é ela também que deve se impor em termos de direito, ainda que seja necessário se recorrer a uma argumentação complexa para demonstrar sua conformidade com as normas em vigor.

O Estado Democrático de Direito pressupõe respeito à lei – não estrito – e ao devido processo legal. A decisão judicial deve conciliar valores e leis, a partir de uma argumentação que possa fundamentar esta decisão. Assim, para Perelman, não basta que a decisão seja equitativa e aceitável, mas também deve estar de acordo com o Direito em vigor. Exemplo: a decisão que concede direito ao locatário inadimplente a permanecer num imóvel porque é idoso e pobre pode ser equitativa e na ocasião aceitável, mas é contra o Direito em vigor.

A aplicação do Direito, por exigir aceitação e razoabilidade não pode ser reduzida ao procedimento lógico silogístico, como na lógica clássica. As regras que não são razoáveis ou aceitáveis devem ser preteridas em detrimento de valores ou princípios, mesmo que este procedimento requeira uma enorme justificativa argumentativa, aceitável pelo auditório a que se destina – partes, profissionais do Direito, opinião pública.

A construção do que é Direito levará em consideração: a) não à verdade, mas soluções razoáveis e equitativas; b) que levem em consideração a legislação; c) a jurisprudência orientada pela doutrina; e, d) enfim, um método não arbitrário, como um médico que segue alguns procedimentos notórios no meio para fazer uma cirurgia, isso em detrimento de suas próprias crenças.

Como se verifica, a teoria de Chaïm Perelman, que está em sintonia com os arts. 15 e 927 do Código de Processo Civil de 2015,[116] tem como essência a razoabilidade e a proporcio-

---

116. Art. 15. Na ausência de normas que regulem processos eleitorais, trabalhistas ou administrativos, as disposições deste Código lhes serão aplicadas supletiva e subsidiariamente.
Art. 927. Os juízes e os tribunais observarão:
I – as decisões do Supremo Tribunal Federal em controle concentrado de constitucionalidade;
II – os enunciados de súmula vinculante;
III – os acórdãos em incidente de assunção de competência ou de resolução de demandas repetitivas e em julgamento de recursos extraordinário e especial repetitivos;
IV – os enunciados das súmulas do Supremo Tribunal Federal em matéria constitucional e do Superior Tribunal de Justiça em matéria infraconstitucional;
V – a orientação do plenário ou do órgão especial aos quais estiverem vinculados.
§ 1º. Os juízes e os tribunais observarão o disposto no art. 10 e no art. 489, § 1º, quando decidirem com fundamento neste artigo.
§ 2º. A alteração de tese jurídica adotada em enunciado de súmula ou em julgamento de casos repetitivos poderá ser precedida de audiências públicas e da participação de pessoas, órgãos ou entidades que possam contribuir para a rediscussão da tese.
§ 3º. Na hipótese de alteração de jurisprudência dominante do Supremo Tribunal

nalidade, sendo a técnica argumentativa imprescindível para a formação da jurisprudência e para a construção do Direito.

Pelas teorias até aqui apresentadas, é de concluir-se que a razoabilidade e a proporcionalidade são imprescindíveis, seja na elaboração das leis, seja para a aplicação do direito, ou ainda, para promover a evolução da jurisprudência, pois sem esses institutos o "ideal de justiça" jamais será alcançado, impactando diretamente o direito tributário sancionatório, que tem por objetivo principal a justa penalização do infrator de acordo com o nível de culpabilidade.

Federal e dos tribunais superiores ou daquela oriunda de julgamento de casos repetitivos, pode haver modulação dos efeitos da alteração no interesse social e no da segurança jurídica.
§ 4º. A modificação de enunciado de súmula, de jurisprudência pacificada ou de tese adotada em julgamento de casos repetitivos observará a necessidade de fundamentação adequada e específica, considerando os princípios da segurança jurídica, da proteção da confiança e da isonomia.
§ 5º. Os tribunais darão publicidade a seus precedentes, organizando-os por questão jurídica decidida e divulgando-os, preferencialmente, na rede mundial de computadores.

# 4. CRÍTICA À CARÊNCIA DE NORMAS DE ESTRUTURA PARA A GRADAÇÃO DAS SANÇÕES TRIBUTÁRIAS

A legislação em vigor indica critérios gerais para a calibração das sanções tributárias, mas que na prática, tem restrita aplicabilidade, à míngua de normas jurídicas que estabeleçam competência, requisitos e critérios objetivos para a efetiva dosimetria das penalidades incidentes.

Por conta disso, a grande maioria das sanções tributárias previstas em nosso ordenamento jurídico não pode ser submetida a uma graduação pela autoridade lançadora, ou no bojo do devido processo legal administrativo, circunscrevendo a individualização da pena a alguns ilícitos tributários, como previsto, por exemplo, no art. 527-A do Regulamento do ICMS do Estado de São Paulo ou na legislação aduaneira, conforme arts. 675 e seguintes do Decreto 6.759/2009.

*É uma preocupação relegar* apenas ao Poder Judiciário a dosimetria da penalidade tributária, dada a morosidade e a onerosidade do processo judicial, sem olvidar que as discussões judiciais dessa natureza, diante dos pronunciamentos do Supremo Tribunal Federal, do Superior Tribunal de Justiça e dos Tribunais fracionários, naturalmente, fomentam a busca do adequado e justo coima pelos jurisdicionados, sobrecarregando ainda mais a estrutura judiciária.

Há outro aspecto relevante que é a disparidade de decisões judiciais no que diz respeito aos múltiplos critérios a serem adotados diante dos infindáveis eventos jurídicos ilícitos que se apresentam para fins de reconhecimento do caráter confiscatório de determinada sanção tributária ou do seu excesso, dificultando sobremaneira a uniformização da jurisprudência.

Interessa ao sujeito passivo, à Administração Tributária, ao Poder Judiciário e, em última análise, a toda sociedade, a individualização da pena, de acordo com a intensidade do ilícito tributário, mediante a observância dos pressupostos e critérios que estejam claramente definidos nas normas de regência, que deverão ser aplicados desde logo no âmbito administrativo, com a possibilidade de revisão no Judiciário.

A graduação da penalidade tributária pela autoridade fiscal competente ou pelo órgão julgador administrativo é de bom alvitre, pois a expedição da norma individual e concreta é feita, geralmente, por aqueles que têm familiaridade com o direito tributário e com a legislação a ser aplicada, bem como, haverá maior agilidade na solução de eventual controvérsia no Contencioso Administrativo Tributário e sem custos para o sujeito passivo.

Dito isto, trataremos de duas questões relevantes para o direito tributário sancionatório que decorrem da ausência ou da precariedade de normas que regulem a dosimetria das penalidades tributárias. A primeira refere-se à violação do postulado da Separação de Poderes, quando o Poder Judiciário interfere na regra-matriz sancionatória ao reduzir a multa fiscal; e a segunda, diz respeito à necessidade de normas de estrutura que estabeleçam pressupostos para a moderação da sanção tributária, viabilizando a realização dos princípios constitucionais aplicáveis, já que em outros sistemas jurídicos, há normas dessa natureza.

Com efeito, toda essa problemática desemboca na falta de estabilização das relações entre o Estado e o "contribuinte", que necessitam de segurança jurídica na consecução de suas atividades e na tomada de decisões para seus desígnios.

Nossa inquietação acaba por justificar a escolha do tema deste trabalho, que é o estudo do art. 527-A do Decreto 45.490/2000, pela sua importância ao direito tributário, tendo como compromisso, proporcionar a melhor compreensão do alcance, finalidade e efeitos jurídicos da norma.

## 4.1 A separação de poderes e as decisões jurisdicionais que constroem um ou mais critérios da regra-matriz de incidência tributária

Como vimos, além dos demais princípios constitucionais implícitos e explícitos, o princípio do não confisco tem perfeita aplicabilidade às sanções tributárias, cabendo ao Poder Judiciário reconhecer a inconstitucionalidade de norma sancionatória, pela irrazoabilidade ou desproporcionalidade da penalidade.

Entretanto, a dúvida que se coloca é a competência do Poder Judiciário construir ou mutilar, por decisão jurisdicional, um ou mais critérios da Regra-Matriz de Incidência Tributária Sancionatória, tendo por base a Constituição Federal. Mais precisamente, indaga-se sobre a possibilidade jurídica de, ao reconhecer a inconstitucionalidade de determinada norma sancionatória ou o excesso da reprimenda diante do caso concreto, reduzir o valor ou a alíquota prevista no consequente normativo, sob o argumento da aplicabilidade dos princípios da razoabilidade e da proporcionalidade.

Pois bem; a Separação dos Poderes é criação datada da antiga Grécia. A essência dessa teoria consiste nos três poderes que formam o Estado (Legislativo, Executivo e Judiciário), para que atuem em separado, independente e harmonicamente, sendo suas características: uno, indivisível, indelegável.[117]

Destarte, o objetivo dessa separação é evitar que o poder concentre-se nas mãos de uma única pessoa, para que não haja abuso, como tipicamente ocorre nos Estados Absolutistas. Como é cediço, a passagem do Estado Absolutista para o

117. COUCEIRO, Julio Cezar. *Princípio da separação de poderes em corrente tripartite.* São Paulo: Âmbito Jurídico, 2015.

Estado Liberal caracterizou-se justamente pela separação de Poderes, denominado *tripartição dos Poderes Políticos*.

A Constituição Federal de 1988 dispõe no art. 2º que: "São Poderes da União, independentes e harmônicos entre si, o Legislativo, o Executivo e o Judiciário".

Trata-se de um princípio fundamental do ordenamento jurídico brasileiro que o legislador constituinte originário consagrou expressamente como cláusula pétrea na Carta Ápice, conforme o art. 60, § 4º, inciso III, que estabelece:

> Art. 60: [...]
>
> [...]
>
> § 4º – Não será objeto de deliberação a proposta de emenda tendente a abolir:
>
> [...]
>
> III – a separação de poderes.

A separação de Poderes como cláusula pétrea deixa patente a importância e o cuidado que o legislador constituinte originário teve ao estabelecer os fundamentos deste princípio na Constituição.

Essa observação, aliás, é feita por Paulo Bonavides, nos seguintes termos:

> A presença, pois, de autores contemporâneos que continuam vendo no princípio uma das mais excelsas garantias constitucionais do Estado de Direito não diminuiu na literatura jurídica deste século. Não diminuiu provavelmente em razão da virtude que tem ele – conforme Montesquieu já assinalara, com a clarividência de um pensamento meridianamente lógico – de limitar o controlar poderes, refreando assim a concentração de sua titularidade num único órgão ativo da soberania. A concentração seria, sem dúvida, lesiva ao exercício social da liberdade humana em qualquer gênero de organização do Estado. Titular exclusivo dos poderes da soberania na esfera formal da legitimidade é tão somente a Nação politicamente organizada, sob a égide de um Estado de Direito.[118]

118. BONAVIDES, Paulo. *Curso de direito constitucional*. 30. ed. São Paulo: Malheiros, 2015, p. 568-569.

Ressaltamos que as normas jurídicas que estabelecem sanções tributárias devem ser introduzidas por lei, produzidas pelo Poder Legislativo, após o devido processo de criação normativa, com a observância aos princípios constitucionais de nosso ordenamento e as regras limitadoras do poder impositivo estatal, expressamente consignadas na Constituição Federal.

Quando esses princípios ou as regras constitucionais não forem respeitados, a norma sancionatória será inconstitucional, podendo ser assim reconhecido pelo Poder Judiciário e, em última análise, pelo Supremo Tribunal Federal, dentro da sua competência de controle de constitucionalidade concentrado ou difuso (art. 102, inciso I, alínea "a" e inciso III, alínea "b" da Constituição Federal de 1988), máxime quando se tratar de aplicação do princípio do não confisco, justamente porque é um limitador do poder de tributar do Estado.

Os princípios da razoabilidade e da proporcionalidade é que fundamentam o caráter confiscatório de determinada norma sancionatória, mas nem por isso o Poder Judiciário poderá reduzir a penalidade tida por excessiva ao importe que entenda ser equitativo.

Dizer que o ativismo judicial faz parte da ascensão do Poder Judiciário a partir da Constituição de 1988 que instituiu novo modelo constitucional, não é justificativa para enfraquecer ou relativizar o princípio da separação de Poderes, que vale novamente a lembrança, é cláusula pétrea expressamente reconhecida na intelecção dos arts. 2º e 60, § 4º, inciso III, da Constituição Federal de 1988.

De outra parte, poder-se-ia defender a possibilidade jurídica de redução das multas e de penalidades, argumentando como corolário justificador outro princípio de cunho constitucional, qual seja, o princípio da individualização da pena, ínsito no art. 5º, inciso XLVI da Carta Magna, o qual prescreve que "a lei regulará a individualização da pena". Mas, o argumento não se sustenta, na medida em que a referida norma constitucional prescreve que a "lei" regulará a individualização da pena. Ora, é o Poder Legislativo que tem competência de regulamentar a individualização da pena, *ex vi* do art. 22, inciso I, da Constituição Federal de 1988.

Efetivamente, o Poder Judiciário, ao reconhecer a inconstitucionalidade de norma sancionatória por sua excessividade e que também reduz equitativamente a multa pecuniária, construindo um ou até mais critérios da regra-matriz de incidência tributária, imprime postura ativa e deveras criadora.

Em diversas decisões proferidas sobre o tema, o Poder Judiciário, ao reconhecer o caráter confiscatório das multas, normalmente interfere no critério quantitativo da regra-matriz ao proceder à redução equitativa da alíquota prevista na norma jurídica, quiçá por pragmatismo (Tribunal Regional Federal da 2ª Região – 4ª Turma Especializada – Apelação Cível nº 199751010168706/RJ 1997.51.01.016870-6 – DJ de 22/12/2010 – redução de 60% para 30%;[119] STF – 1ª Turma – Ag.Reg. no RE nº 777.574/PE – Ministro Roberto Barroso – DJU de 28/04/2015 – redução da multa de 75% para 20% confirmando aresto do TRF da 5ª Região).[120]

Dentro da linha de argumentação de que o Judiciário pode reduzir as multas tributárias confiscatórias, nada impede que, por decisão jurisdicional, haja uma intervenção na base de cálculo ou de qualquer outro critério, inclusive do antecedente da norma sancionatória, como por exemplo, o critério material, tendo por arrimo os princípios da razoabilidade e da proporcionalidade, o que soaria mais invasivo no que diz respeito à competência do Poder Legislativo.

Admitir que o Judiciário possa, a seu nuto, construir um ou mais critérios da regra-matriz de incidência, concede excessiva competência a um dos Poderes Políticos desequilibrando sua tripartição, isto é, sua independência e sua harmonia.

---

119. Disponível em: https://bit.ly/2UabK5y Acesso em: 10 nov. 2020.

120. Disponível em: https://bit.ly/32tRK2i Acesso em: 10 nov. 2020.

Com efeito, a postura proativa do Poder Judiciário que interfere na competência e nas opções políticas dos demais Poderes, que designamos aqui de "ativismo judicial", viola a cláusula pétrea da separação de Poderes prevista no art. 2º da Carta Constitucional.

Cabe ao Poder Judiciário, ao reconhecer o caráter confiscatório de determinada norma sancionatória, apenas declarar sua inconstitucionalidade, retirando-a do sistema jurídico e ainda, sinalizando ao legislador os critérios, os elementos e outros aspectos para disciplinar as condutas de modo razoável e proporcional, evitando-se futuras violações à Constituição Federal.

De fato, o Supremo Tribunal Federal tem indicado que as sanções tributárias assumem caráter confiscatório quando o *quantum* ultrapassar o valor do débito principal.

Em reiteradas decisões, tem afirmado ainda o entendimento de que nada impede que seja verificado no caso concreto o caráter confiscatório da penalidade quando o valor seja inferior a 100% do tributo devido, consoante o conjunto fático-probatório constante dos autos processuais. Destacamos, por oportuno, os seguintes julgados: RE nº 583.516-AgR, 2ª Turma, Relator Ministro Ricardo Lewandowski, DJ de 29/05/2012;[121] AI nº 505.908-AgR, 2ª Turma, Relator Ministro Joaquim Barbosa, DJ de 14/08/2009;[122] AI nº 769.089-AgR, 1ª Turma, Relatora Ministra Rosa Weber, DJ de 14/03/2013;[123] ARE nº 730.128-AgR, 2ª Turma, Relator Ministro Celso de Mello, DJ de 26/03/2013.[124]

Todavia, nossa mais alta Corte ainda não deixou claro se o Poder Judiciário tem ou não competência para reduzir por equidade a multa aplicada, seja nos casos em que ela é

121. Disponível em: https://bit.ly/2IsKBIg Acesso em: 10 nov. 2020.

122. Disponível em: https://bit.ly/3eIAPhz Acesso em: 10 nov. 2020.

123. Disponível em: https://bit.ly/2ImqJXO Acesso em: 10 nov. 2020.

124. Disponível em: https://bit.ly/3nab8JB Acesso em: 10 nov. 2020.

superior a 100% do tributo devido, seja quando inferior ao *quantum* da obrigação principal.

A decisão judicial que reduz o valor da multa, em qualquer das situações acima indicadas, por construir um ou mais critérios da regra-matriz de incidência tributária, viola a cláusula pétrea da separação de Poderes, prevista no art. 2º da Constituição Federal.

Por mais esse motivo, é que o ordenamento jurídico necessita de normas de competência para estabelecer critérios bem definidos para que as penalidades tributárias sejam regularmente individualizadas.

## 4.2 A regulamentação no plano infraconstitucional para a gradação das sanções tributárias – uma necessidade

É cediço que a lei, no plano da norma geral e abstrata, nunca terá critérios suficientes para atender a multiplicidades de eventos jurídicos do mundo real.

Não obstante, é inegável a carência de regras próprias de dosimetria das multas fiscais no que tange aos ilícitos tributários, sobre as quais as normas sancionatórias deverão incidir, a despeito dos princípios constitucionais da individualização da pena, da razoabilidade e da proporcionalidade, do devido processo legal e dos critérios gerais previstos no ordenamento, que são inerentes ao direito tributário sancionatório.

O art. 108 do Código Tributário Nacional aponta diretrizes que podem ser perfeitamente aplicadas na dosimetria da penalidade tributária, com destaque para a "equidade", desde que não implique dispensa do pagamento do tributo, nos seguintes termos:

> Art. 108. Na ausência de disposição expressa, a autoridade competente para aplicar a legislação tributária utilizará sucessivamente, na ordem indicada:
>
> I – a analogia;

> II – os princípios gerais de direito tributário;
>
> III – os princípios gerais de direito público;
>
> IV – a equidade.
>
> § 1º. O emprego da analogia não poderá resultar na exigência de tributo não previsto em lei.
>
> § 2º. O emprego da equidade não poderá resultar na dispensa do pagamento de tributo devido.

Já art. 112 do Código Tributário Nacional contempla o princípio do *in dubio pro reo*, não só para a subsunção do evento ilícito à hipótese normativa, mas também, para fins da graduação da penalidade tributária:

> Art. 112: A lei tributária que define infrações, ou lhe comina penalidades, interpreta-se da maneira mais favorável ao acusado, em caso de dúvida quanto:
>
> I – à capitulação legal do fato;
>
> II – à natureza ou às circunstâncias materiais do fato, ou à natureza ou extensão dos seus efeitos;
>
> III – à autoria, imputabilidade, ou punibilidade;
>
> IV – à natureza da penalidade aplicável, ou à sua graduação.

Noutro giro, a Lei Federal 9.784/99, que regula o processo administrativo federal, prescreve no art. 2º a "obediência" aos princípios constitucionais tributários e, no seu parágrafo único, especifica os critérios que o julgador tributário deverá adotar quando do julgamento do caso concreto, dentro do Contencioso Administrativo Tributário.

Dentre esses critérios, está aquele especificado no inciso VI do art. 2º, estabelecendo a observância da: "adequação entre meios e fins, vedada a imposição de obrigações, restrições e sanções em medida superior àquelas estritamente necessárias ao atendimento do interesse público".

Ocorre que essas diretrizes e critérios previstos nos arts. 108 e 112 do Código Tributário Nacional e no art. 2º da Lei 9.784/99 são de pouca aplicabilidade no direito tributário sancionatório pela escassa legislação que permita a efetiva gradação da penalidade tributária pela autoridade fiscal, ou no mister da revisão do lançamento do crédito tributário no processo âmbito administrativo, pelo julgador tributário, para fins de controle da legalidade.

Eduardo Perez Salusse alerta que existem normas proibitivas ou que simplesmente excluem a competência do órgão julgador administrativo, qualquer atividade de gradação da penalidade tributária, como é o caso da União e dos Estados do Acre, Alagoas, Amazonas, Ceará, Distrito Federal, Maranhão, Mato Grosso, Pará, Paraná, Pernambuco, Piauí, Rio de Janeiro, Rio Grande do Norte, Rio Grande do Sul, Rondônia, Roraima, Santa Catarina, Sergipe e Tocantins. Nos demais Estados da Federação, há normas permissivas abertas, fechadas e as semiabertas (norma que expressa uma liberdade mitigada de ação), como é o caso do Estado de São Paulo, para que os órgãos julgadores revisem as sanções tributárias fixadas na constituição do crédito tributário.[125]

Em outros sistemas jurídicos, há previsão legal de gradação de penalidades, de modo a melhor atender aos desígnios dos princípios constitucionais em vigor.

No direito público, no art. 156 da Lei de Licitações e Contratos (Lei 14.133/2021), as sanções administrativas por inexecução de contratos públicos, prevê a gradação de penalidades conforme o grau do inadimplemento contratual pelo contratado, nos seguintes termos:

> Art. 156. Serão aplicadas ao responsável pelas infrações administrativas previstas nesta Lei as seguintes sanções:
>
> I - advertência;
>
> II - multa;
>
> III - impedimento de licitar e contratar;
>
> IV - declaração de inidoneidade para licitar ou contratar.
>
> [...]

---

125. SALUSSE, Eduardo Perez. *Moderação sancionatória no processo administrativo tributário paulista:* uma análise empírica e teórica. São Paulo: Quartier Latin, 2016, p. 114.

A Lei 12.846/2013 que dispõe sobre a responsabilização administrativa e civil de pessoas jurídicas pela prática de atos contra a administração pública, nacional ou estrangeira, prevê no art. 7º critérios subjetivos para a dosimetria das multas administrativas incidentes:

> Art. 7º. Serão levados em consideração na aplicação das sanções:
>
> I - a gravidade da infração;
>
> II - a vantagem auferida ou pretendida pelo infrator;
>
> III - a consumação ou não da infração;
>
> IV - o grau de lesão ou perigo de lesão;
>
> V - o efeito negativo produzido pela infração;
>
> VI - a situação econômica do infrator;
>
> VII - a cooperação da pessoa jurídica para a apuração das infrações;
>
> VIII - a existência de mecanismos e procedimentos internos de integridade, auditoria e incentivo à denúncia de irregularidades e a aplicação efetiva de códigos de ética e de conduta no âmbito da pessoa jurídica;
>
> IX - o valor dos contratos mantidos pela pessoa jurídica com o órgão ou entidade pública lesados; e
>
> X - (VETADO).
>
> Parágrafo único. Os parâmetros de avaliação de mecanismos e procedimentos previstos no inciso VIII do caput serão estabelecidos em regulamento do Poder Executivo federal.

Por outro lado, a legislação federal ambiental prescreve nos arts. 6º, 14, 15 e 18 da Lei 9.605/98, quais os critérios que deverão ser considerados para a fixação da penalidade pecuniária, *in verbis*:

> Art. 6º. Para imposição e gradação da penalidade, a autoridade competente observará:
>
> I – a gravidade do fato, tendo em vista os motivos da infração e suas consequências para a saúde pública e para o meio ambiente;

II – os antecedentes do infrator quanto ao cumprimento da legislação de interesse ambiental;

III – a situação econômica do infrator, no caso de multa.

Art. 14. São circunstâncias que atenuam a pena:

I – baixo grau de instrução ou escolaridade do agente;

II – arrependimento do infrator, manifestado pela espontânea reparação do dano, ou limitação significativa da degradação ambiental causada;

III – comunicação prévia pelo agente do perigo iminente de degradação ambiental;

IV – colaboração com os agentes encarregados da vigilância e do controle ambiental.

Art. 15. São circunstâncias que agravam a pena, quando não constituem ou qualificam o crime:

I – reincidência nos crimes de natureza ambiental;

II – ter o agente cometido a infração:

a) para obter vantagem pecuniária;

b) coagindo outrem para a execução material da infração;

c) afetando ou expondo a perigo, de maneira grave, a saúde pública ou o meio ambiente;

d) concorrendo para danos à propriedade alheia;

e) atingindo áreas de unidades de conservação ou áreas sujeitas, por ato do Poder Público, a regime especial de uso;

f) atingindo áreas urbanas ou quaisquer assentamentos humanos;

g) em período de defeso à fauna;

h) em domingos ou feriados;

i) à noite;

j) em épocas de seca ou inundações;

l) no interior do espaço territorial especialmente protegido;

m) com o emprego de métodos cruéis para abate ou captura de animais;

n) mediante fraude ou abuso de confiança;

> o) mediante abuso do direito de licença, permissão ou autorização ambiental;
>
> p) no interesse de pessoa jurídica mantida, total ou parcialmente, por verbas públicas ou beneficiada por incentivos fiscais;
>
> q) atingindo espécies ameaçadas, listadas em relatórios oficiais das autoridades competentes;
>
> r) facilitada por funcionário público no exercício de suas funções.
>
> Art. 18: A multa será calculada segundo os critérios do Código Penal; se revelar-se ineficaz, ainda que aplicada no valor máximo, poderá ser aumentada até três vezes, tendo em vista o valor da vantagem econômica auferida.

Ainda no âmbito do direito ambiental, o art. 68 do Decreto Estadual Mineiro 44.844/2008 combinado com o Decreto 47.383/2018, estabelece alguns casos em que, a pedido do autuado, poderá haver a redução do valor da multa ambiental aplicada, cabendo ao interessado comprovar a existência de uma dessas situações, quais sejam:

a) a efetividade das medidas adotadas pelo infrator para a correção dos danos causados ao meio ambiente e recursos hídricos, incluídas medidas de reparação ou de limitação da degradação causada, se realizadas de modo imediato, hipóteses em que ocorrerá a redução da multa em trinta por cento;

b) comunicação imediata do dano ou perigo à autoridade ambiental hipótese em que ocorrerá a redução da multa em quinze por cento;

c) menor gravidade dos fatos tendo em vista os motivos e suas consequências para a saúde pública e para o meio ambiente e recursos hídricos, hipótese em que ocorrerá a redução da multa em trinta por cento;

d) tratar-se o infrator de entidade sem fins lucrativos, microempresa, microprodutor rural ou unidade produtiva em regime de agricultura familiar, mediante apresentação de documentos comprobatórios atualizados emitidos pelo órgão competente, ou ainda tratar-se de infrator de baixo nível socioeconômico com hipóteses em que ocorrerá a redução da multa em trinta por cento;

e) a colaboração do infrator com os órgãos ambientais na solução dos problemas advindos de sua conduta, hipótese em que ocorrerá a redução da multa em até trinta por cento;

f) tratar-se de infração cometida por produtor rural em propriedade rural que possua reserva legal devidamente averbada e preservada, hipótese em que ocorrerá a redução da multa em até trinta por cento;

g) tratar-se de utilização de recursos hídricos para fins exclusivos de consumo humano, hipótese em que ocorrerá redução de trinta por cento;

h) tratar-se de utilização de recursos hídricos para fins de dessedentação de animais em propriedades rurais de pequeno porte, hipótese em que ocorrerá redução de trinta por cento;

i) a existência de matas ciliares e nascentes preservadas, hipótese em que ocorrerá a redução da multa em trinta por cento; e,

j) tratar-se de infrator que detenha certificação ambiental válida, de adesão voluntária, devidamente aprovada pela instituição certificadora, hipótese em que ocorrerá redução de trinta por cento. E, o Decreto 44.844/2008 MG também prevê no art. 66, que deverão ser considerados ainda, os antecedentes do infrator.

O art. 5º da Lei 7.855 de 1989 prevê que o valor das multas administrativas, por descumprimento de obrigações trabalhistas, será fixado observando-se o critério da adequação:

> Art. 5º. As multas previstas na legislação trabalhista serão, quando for o caso, e sem prejuízo das demais cominações legais, agravadas até o grau máximo, nos casos de artifício, ardil, simulação, desacato, embaraço ou resistência a ação fiscal, levando-se em conta, além das circunstâncias atenuantes ou agravantes, a situação econômico-financeira do infrator e os meios a seu alcance para cumprir a lei.

Já o art. 201 da Consolidação das Leis do Trabalho prescreve os parâmetros máximo e mínimo das penalidades pecuniárias administrativas por infrações relativas ao descumprimento de normas da medicina e segurança do trabalho, que a autoridade competente deverá observar, nos seguintes termos:

> Art. 201. As infrações ao disposto neste Capítulo relativas à medicina do trabalho serão punidas com multa de 03 (três) a 30 (trinta) vezes o valor de referência previsto no art. 2º, parágrafo único, da Lei nº 6.205, de 29 de abril de 1975, e as concernentes à segurança do trabalho com multa de 05 (cinco) a 50 (cinquenta) vezes o mesmo valor (redação dada pela Lei nº 6.514/77).

Na fiscalização do segmento das atividades de combustíveis, o art. 3º da Lei 9.847/99 prevê os limites para a aplicação de multas pecuniárias administrativas, variando conforme o tipo da operação ou de acordo com a conduta do infrator.

O art. 4º, da mesma lei, estabelece que a intensidade da infração, além de outros critérios deverão ser levados em consideração na dosimetria da penalidade, nos seguintes termos: "A pena de multa será graduada de acordo com a gravidade da infração, a vantagem auferida, a condição econômica do infrator e os seus antecedentes".

Para não alongar demasiadamente, finalizamos os exemplos citando os arts. 59, *caput*, até 68 do Código Penal, que estabelecem critérios para a fixação da pena privativa de liberdade e para a pena de multa, respectivamente:

> Art. 59. O juiz, atendendo à culpabilidade, aos antecedentes, à conduta social, à personalidade do agente, aos motivos, às circunstâncias e consequências do crime, bem como ao comportamento da

vítima, estabelecerá, conforme seja necessário e suficiente para reprovação e prevenção do crime: [...].

Art. 60. Na fixação da pena de multa o juiz deve atender, principalmente, à situação econômica do réu (redação dada pela Lei 7.209/84).

§ 1º. A multa pode ser aumentada até o triplo, se o juiz considerar que, em virtude da situação econômica do réu, é ineficaz, embora aplicada no máximo. (Redação dada pela Lei 7.209/84).

§ 2º. A pena privativa de liberdade aplicada, não superior a 06 (seis) meses, pode ser substituída pela de multa, observados os critérios dos incisos II e III do art. 44 deste Código. (Redação dada pela Lei 7.209/84).

Art. 61. São circunstâncias que sempre agravam a pena, quando não constituem ou qualificam o crime: (Redação dada pela Lei 7.209, de 11.7.1984)

I - a reincidência; (Redação dada pela Lei 7.209/1984)

II - ter o agente cometido o crime: (Redação dada pela Lei 7.209/84)

a) por motivo fútil ou torpe;

b) para facilitar ou assegurar a execução, a ocultação, a impunidade ou vantagem de outro crime;

c) à traição, de emboscada, ou mediante dissimulação, ou outro recurso que dificultou ou tornou impossível a defesa do ofendido;

d) com emprego de veneno, fogo, explosivo, tortura ou outro meio insidioso ou cruel, ou de que podia resultar perigo comum;

e) contra ascendente, descendente, irmão ou cônjuge;

f) com abuso de autoridade ou prevalecendo-se de relações domésticas, de coabitação ou de hospitalidade, ou com violência contra a mulher na forma da lei específica; (Redação dada pela Lei 11.340/2006)

g) com abuso de poder ou violação de dever inerente a cargo, ofício, ministério ou profissão;

h) contra criança, maior de 60 (sessenta) anos, enfermo ou mulher grávida; (Redação dada pela Lei 10.741/2003)

i) quando o ofendido estava sob a imediata proteção da autoridade;

j) em ocasião de incêndio, naufrágio, inundação ou qualquer calamidade pública, ou de desgraça particular do ofendido;

l) em estado de embriaguez preordenada.

*Agravantes no caso de concurso de pessoas*

Art. 62. A pena será ainda agravada em relação ao agente que: (Redação dada pela Lei 7.209/84)

I - promove, ou organiza a cooperação no crime ou dirige a atividade dos demais agentes; (Redação dada pela Lei 7.209/84)

II - coage ou induz outrem à execução material do crime; (Redação dada pela Lei 7.209/84)

III - instiga ou determina a cometer o crime alguém sujeito à sua autoridade ou não punível em virtude de condição ou qualidade pessoal; (Redação dada pela Lei 7.209/84)

IV - executa o crime, ou nele participa, mediante paga ou promessa de recompensa. (Redação dada pela Lei 7.209/84)

*Reincidência*

Art. 63. Verifica-se a reincidência quando o agente comete novo crime, depois de transitar em julgado a sentença que, no País ou no estrangeiro, o tenha condenado por crime anterior. (Redação dada pela Lei 7.209/84).

Art. 64. Para efeito de reincidência: (Redação dada pela Lei 7.209/84)

I - não prevalece a condenação anterior, se entre a data do cumprimento ou extinção da pena e a infração posterior tiver decorrido período de tempo superior a 5 (cinco) anos, computado o período de prova da suspensão ou do livramento condicional, se não ocorrer revogação; (Redação dada pela Lei 7.209/84)

II - não se consideram os crimes militares próprios e políticos. (Redação dada pela Lei 7.209/84).

*Circunstâncias atenuantes*

Art. 65. São circunstâncias que sempre atenuam a pena: (Redação dada pela Lei 7.209/84)

I - ser o agente menor de 21 (vinte e um), na data do fato, ou maior de 70 (setenta) anos, na data da sentença; (Redação dada pela Lei 7.209/84)

II - o desconhecimento da lei; (Redação dada pela Lei 7.209/84)

III - ter o agente: (Redação dada pela Lei 7.209/84)

a) cometido o crime por motivo de relevante valor social ou moral;

b) procurado, por sua espontânea vontade e com eficiência, logo após o crime, evitar-lhe ou minorar-lhe as consequências, ou ter, antes do julgamento, reparado o dano;

c) cometido o crime sob coação a que podia resistir, ou em cumprimento de ordem de autoridade superior, ou sob a influência de violenta emoção, provocada por ato injusto da vítima;

d) confessado espontaneamente, perante a autoridade, a autoria do crime;

e) cometido o crime sob a influência de multidão em tumulto, se não o provocou.

Art. 66. A pena poderá ser ainda atenuada em razão de circunstância relevante, anterior ou posterior ao crime, embora não prevista expressamente em lei. (Redação dada pela Lei 7.209/84)

*Concurso de circunstâncias agravantes e atenuantes*

Art. 67. No concurso de agravantes e atenuantes, a pena deve aproximar-se do limite indicado pelas circunstâncias preponderantes, entendendo-se como tais as que resultam dos motivos determinantes do crime, da personalidade do agente e da reincidência. (Redação dada pela Lei 7.209/84)

Cálculo da pena

Art. 68. A pena-base será fixada atendendo-se ao critério do art. 59 deste Código; em seguida serão consideradas as circunstâncias atenuantes e agravantes; por último, as causas de diminuição e de aumento. (Redação dada pela Lei 7.209/84)

Seja num caso ou noutro, as sanções serão aplicadas pelos critérios especificados, considerando-se as circunstâncias e as peculiaridades do caso concreto, em consonância com os princípios constitucionais aplicáveis.

No direito tributário há previsão de gradação de penalidades na legislação aduaneira (Decreto 6.759/2009), como se vê dos seguintes dispositivos legais:

Art. 675. As infrações estão sujeitas às seguintes penalidades, aplicáveis separada ou cumulativamente (Decreto-Lei 37, de 1966, artigo 96; Decreto-Lei 1.455, de 1976, artigo 23, § 1º, com a redação dada pela Lei 10.637, de 2002 e artigos 59 e 24; Lei 9.069, de 1995, art. 65, § 3º; e, Lei 10.833, de 2003, artigo 76):

I – perdimento do veículo;

II – perdimento da mercadoria;

III – perdimento de moeda;

IV – multa; e

V – sanção administrativa.

SEÇÃO II

Da Aplicação e da Graduação das Penalidades

Art. 676. A aplicação das penalidades a que se refere o artigo 675 será proposta por Auditor-Fiscal da Receita Federal do Brasil. (Redação dada pelo Decreto 7.213/2010).

Art. 677. Compete à autoridade julgadora (Decreto-Lei 37, de 1966, artigo 97):

I – determinar a pena ou as penas aplicáveis ao infrator ou a quem deva responder pela infração; e,

II – fixar a quantidade da pena, respeitados os limites legais.

Art. 678. Quando a multa for expressa em faixa variável de quantidade, a autoridade fixará a pena mínima prevista para a infração, só a majorando em razão de circunstância que demonstre a existência de artifício doloso na prática da infração, ou que importe agravar suas consequências ou retardar seu conhecimento pela autoridade aduaneira (Decreto-Lei 37, de 1966, artigo 98).

Ao tratar do IPI (Imposto sobre Produtos Industrializados), as normas da Lei 4.502/64, indicam critérios para o agravamento das multas fiscais e não para sua efetiva graduação, como se denota dos arts. 67 e 68. Haverá um desconto de 30% para o pagamento do débito da multa fiscal dentro do prazo do recurso administrativo, conforme preconizado no art. 79.

Art. 67. Compete à autoridade julgadora, atendendo aos antecedentes do infrator, aos motivos determinantes da infração e à gravidade de suas consequências efetivas ou potenciais:

I – determinar a pena ou as penas aplicáveis ao infrator; e,

II – fixar, dentro dos limites legais, a quantidade da pena aplicável.

Art. 68. A autoridade fixará a pena de multa partindo da pena básica estabelecida para a infração, como se atenuantes houvesse, só a majorando em razão das circunstâncias agravantes ou qualificativas provadas no processo. (Redação dada pelo Decreto-Lei 34/66).

> § 1º. São circunstâncias agravantes: (Redação dada pelo Decreto-Lei 34/1966):
>
> I – a reincidência (redação dada pelo Decreto-Lei 34/66);
>
> II – o fato de o imposto, não lançado ou lançado a menos, referir-se a produto cuja tributação e classificação fiscal já tenham sido objeto de decisão passada em julgado, proferida em consulta formulada pelo infrator (redação dada pelo Decreto-Lei 34/66);
>
> III – a inobservância de instruções dos agentes fiscalizadores sobre a obrigação violada, anotada nos livros e documentos fiscais do sujeito passivo (redação dada pelo Decreto-Lei 34/66);
>
> IV – qualquer circunstância que demonstre a existência de artifício doloso na prática da infração, ou que importe em agravar as suas consequências ou em retardar o seu conhecimento pela autoridade fazendária. (Redação dada pelo Decreto-Lei 34/66).
>
> § 2º. São circunstâncias qualificativas a sonegação, a fraude e o conluio (redação dada pelo Decreto-Lei 34/66).

Ao que se vê, a legislação do IPI estabelece uma dosimetria *in pejus*, típica do período do governo autoritário, que nada tem a ver com o princípio da individualização da pena da Constituição Federal de 1988.

Na legislação tributária paulista, o art. 92 da Lei 6.374/89 prevê a possibilidade de redução ou relevação de multas pecuniárias, desde que atendidos os requisitos previstos e dentro de critérios que o órgão julgador administrativo deverá observar, no momento da revisão da constituição do crédito tributário.

A redação da norma é a seguinte:

> Art. 92. Salvo disposição em contrário, as multas aplicadas nos termos do art. 85 podem ser reduzidas ou relevadas pelos órgãos julgadores administrativos, desde que as infrações tenham sido praticadas sem dolo, fraude ou simulação e não impliquem falta de pagamento do imposto.
>
> § 1º. Na hipótese de redução, deve ser observado o limite mínimo previsto no § 7º do art. 85.
>
> § 2º. Não poderão ser relevadas, na reincidência, as penalidades previstas na alínea "a" do inciso VII e na alínea "x" do inciso VIII do artigo 85. (Redação dada pela Lei 10.619/2000).

> § 3º. Para efeitos deste artigo, serão, também, examinados o porte econômico e os antecedentes fiscais do contribuinte.

A norma permite a implementação dos princípios constitucionais aplicáveis ao direito tributário sancionatório, através do processo administrativo regulado pela Lei Ordinária bandeirante 13.457/2009, mas não é debalde assinalar que uma evolução legislativa do art. 92 da Lei 6.374/89 seria oportuna no sentido de estabelecer graus ou níveis de redução da penalidade tributária conforme a gravidade da infração fiscal, em combinação com o critério da reincidência, a ser devidamente conceituada para a definição do seu alcance e de que forma deverá ser praticada, de modo a proporcionar parâmetros mais claros e objetivos na dosimetria da sanção tributária incidente, a fim de reduzir o nível de subjetividade, elevando a segurança jurídica aos sujeitos ativo e passivo da relação tributária.

Denota-se que são raras, no direito tributário, mormente na legislação tributária federal, normas de estrutura que estabeleçam critérios para a gradação das multas fiscais.

Ora, o direito tributário sancionatório exige a individualização da pena (art. 5º, inciso XLVI) e a aplicação com equidade (art. 108, inciso IV, do CTN), para que os demais princípios constitucionais tributários se realizem, tendo em vista as miríades e complexas obrigações tributárias e deveres instrumentais que estão distribuídos pelo ordenamento jurídico, e que o sujeito passivo deve observar e cumprir, sob pena de se sujeitar às sanções tributárias incidentes.

No momento da tipificação do ilícito tributário ou do enquadramento da infração fiscal, não há que se falar em gradação da penalidade, mas sim, poder-se-ia num segundo momento, onde a autoridade fiscal lançadora deverá considerar as peculiaridades e circunstâncias do caso individualizado e sopesar os princípios constitucionais aplicáveis na dosimetria da sanção tributária.

Entretanto, sem que haja previsão legal, não é possível a gradação da penalidade pela autoridade tributária, uma vez que os atos administrativos são vinculados (arts. 7º e 142 do CTN e art. 37 da Constituição Federal de 1988) e tendo em vista o princípio da legalidade estrita (art. 150, inciso I, da Constituição Federal de 1988 e art. 97 do CTN), restando apenas a aplicação da penalidade específica prevista no consequente normativo sancionatório.

Para que os princípios e sobreprincípios constitucionais sejam realizados no campo do direito tributário sancionatório, são imprescindíveis normas que estabeleçam requisitos para a gradação das penalidades tributárias, objetivando, em última análise, a "segurança jurídica", o "tratamento isonômico" e a "justiça tributária".

É inegável o papel fundamental do Poder Judiciário no controle da constitucionalidade das penalidades tributárias. Porém, a "calibração" ou "recalibração" da penalidade aplicada tida como inconstitucional ou pela sua mera desproporcionalidade, por decisão judicial que constrói (inovando, portanto) um ou mais critérios da regra-matriz de incidência, invade a competência de outros poderes, mais precisamente do Poder Legislativo (art. 22, I, da Constituição Federal), com violação ao art. 2º da Constituição Federal, como vimos no subitem anterior 4.1, deste Capítulo.

O ativismo judicial somente pode ser admitido em casos excepcionalíssimos, máxime para garantir e preservar as diretrizes prescritas no preâmbulo da Constituição Federal de 1988.

Ainda que se admita que o Poder Judiciário, por decisão jurisdicional, possa reduzir a penalidade tributária considerada inconstitucional prevista no consequente normativo, subsiste a necessidade de normas prescrevendo critérios específicos para a redução e para relevação de sanções tributárias.

O Supremo Tribunal Federal, além de outros Tribunais fracionários têm se manifestado reiteradamente reconhecendo a inconstitucionalidade de determinadas multas fiscais. A jurisprudência evoluiu de forma iterativa no sentido de que a penalidade pecuniária não pode ultrapassar o montante de

100% do tributo devido e em caso de multa moratória, o percentual não pode ser superior a 20%.

Mas, o Superior Tribunal de Justiça, no AI nº 830.300 Ag.R-segundo/SC, em que foi Relator o atual Ministro do Supremo Tribunal Federal, Luiz Fux observou a possibilidade da multa fiscal ser superior ao valor do tributo, conforme a gravidade da conduta praticada, o que mostra que o tema dificilmente poderá ser definido pela jurisprudência em todos os seus contornos, conforme se verifica da Ementa do julgado abaixo transcrito:

> SEGUNDO AGRAVO REGIMENTAL NO AGRAVO DE INSTRUMENTO. ISS SOBRE ARRENDAMENTO MERCANTIL. VALOR DA MULTA. INTERPRETAÇÃO DE NORMA LOCAL. IMPOSSIBILIDADE. SÚMULA Nº 280/STF. MATÉRIA INFRACONSTITUCIONAL. OFENSA REFLEXA. 1. A violação indireta ou reflexa das regras constitucionais não enseja recurso extraordinário. Precedentes: AI nº 738.145-AgR, Rel. Min. CELSO DE MELLO, 2ª Turma, DJ 25/02/2011; AI nº 482.317-AgR, Rel. Min. ELLEN GRACIE, 2ª Turma, DJ 15/03/2011; AI nº 646.103-AgR, Rel. Min. CÁRMEN LÚCIA, 1ª Turma, DJ 18/03/2011. 2. A ofensa ao direito local não viabiliza o apelo extremo. 3. Os princípios da legalidade, do devido processo legal, da ampla defesa e do contraditório, da motivação das decisões judiciais, bem como os limites da coisa julgada, quando a verificação de sua ofensa dependa do reexame prévio de normas infraconstitucionais, revelam ofensa indireta ou reflexa à Constituição Federal, o que, por si só, não desafia a abertura da instância extraordinária. 4. A jurisprudência do Supremo Tribunal Federal firmou-se no sentido de que é aplicável a proibição constitucional do confisco em matéria tributária, ainda que se trate de multa fiscal resultante do inadimplemento pelo contribuinte de suas obrigações tributárias. Assentou, ainda, que tem natureza confiscatória a multa fiscal superior a duas vezes o valor do débito tributário. (AI nº 482.281-AgR, Rel. Min. RICARDO LEWANDOWSKI, 1ª Turma, DJe 21/08/2009). 5. A decisão judicial tem que ser fundamentada (artigo 93, inciso IX), ainda que sucintamente, mas, sendo prescindível que a mesma se funde na tese suscitada pela parte. Precedente: AI-QO-RG nº 791.292, Rel. Min. GILMAR MENDES, Tribunal Pleno, DJe 13/08/2010. 6. *In casu*, o acórdão recorrido assentou: PROCESSUAL CIVIL – PROVA PERICIAL – DESNECESSIDADE. "Como o destinatário natural da prova é o juiz, tem ele o poder de decidir acerca da conveniência e da oportunidade de sua produção, visando obstar a prática de atos inúteis ou protelatórios (artigo 130 do CPC), desnecessários à solução da causa. Não há que se falar em cerceamento de defesa pelo

> indeferimento de prova pericial, vês que, a par de oportunizados outros meios de prova, aquela não se mostre imprescindível ao deslinde do litígio" (AI nº 2003.010696-0, Desembargador Alcides Aguiar). TRIBUTÁRIO – ISS – OPERAÇÃO DE LEASING SOBRE BENS MÓVEIS – LEASING FINANCEIRO – INCIDÊNCIA – SÚMULA Nº 18 DO TJ/SC. A ter da Súmula nº 18 deste Pretório, restou pacificado o entendimento de que 'o ISS incide na operação de arrendamento mercantil de coisas móveis'. ISS – *LEASING* – BASE DE CÁLCULO – VALOR EXPRESSO NO CONTRATO ACRESCIDO DE ENCARGOS PRESUMIDOS – IRREGULARIDADE. 'A base de cálculo do ISS é o valor da prestação de serviços. Em se tratando de leasing, é o quantitativo expresso no contrato' (Edcl. nos Edcl. no AgRg. no Ag. nº 756212, Min. JOSÉ DELGADO), motivo pelo qual há que se reconhecer a manifesta irregularidade da inclusão de encargos 'presumivelmente contratados' no quantum arbitrado pelo Fisco municipal. CONSTITUIÇÃO DO CRÉDITO TRIBUTÁRIO – MUNICIPIO – LOCAL DA PRESTAÇÃO DO SERVIÇO. Em relação à questão do local competente para o lançamento e recolhimento do ISS, está pacificado nos tribunais pátrios o entendimento de que "competente para a instituição e arrecadação do ISS é o Município em que ocorre a efetiva prestação do serviço, e não o local da sede do estabelecimento da empresa contribuinte". MULTA FICAL – NÃO PAGAMENTO DO DÉBITO – PRINCÍPIO DA VEDAÇÃO DE CONFISCO – INAPLICABILIDADE. 1. A imposição da multa pelo Fisco visa à punição da infração cometida pelo contribuinte, sendo a graduação da penalidade determinada pela gravidade da conduta praticada. Desse modo, afigura-se possível em razão da intensidade da violação, a imposição da multa em valor superior ao da obrigação principal. 2. Na ausência de critérios legais objetivos para fixação da pena de multa, a aplicação desta no patamar máximo deverá necessariamente vir acompanhada dos fundamentos e da motivação que a justifique. 7. Agravo regimental desprovido. Decisão. Por maioria de votos, a Turma negou provimento ao segundo agravo regimental no agravo de instrumento, nos termos do voto do Relator, vencido o Senhor Ministro Marco Aurélio. Presidência da Senhora Ministra Cármen Lúcia. 1ª Turma, em 06.12.2011.[126]

Há também deveres instrumentais ou formais prescritos que muitas vezes não têm qualquer correlação com a incidência do tributo devido, sendo impossível para a jurisprudência estabelecer critérios e limites gerais para todos os fatos ilícitos tributários dessa natureza, salvo mediante análise caso a

126. Disponível em: https://bit.ly/3naZj63 Acesso em: 11 nov. 2020.

caso, vale dizer, individualizando a pena e aplicando a equidade, conforme o caso concreto.

Atribuir apenas ao Poder Judiciário a revisão das penalidades aplicadas pela autoridade fiscal é deveras oneroso e moroso para o "contribuinte" e, naturalmente, com soluções imprevisíveis à míngua de critérios específicos estabelecidos em normas infraconstitucionais, o que, à evidência, não confere "segurança jurídica".

Não se pode olvidar que a partir das decisões proferidas pela Corte Suprema, reconhecendo a aplicabilidade do princípio do não confisco às sanções tributárias, um número crescente de "contribuintes" baterá às portas do Poder Judiciário, recrudescendo a "máquina judiciária" visando a questionar as multas fiscais aplicadas.

Com efeito, reafirmamos que há necessidade de normas que estipulem requisitos e critérios para a gradação das sanções tributárias, seja pela autoridade tributária, seja pelo Poder Judiciário. Somente assim, as penalidades tributárias serão mais justas e adequadas, mediante a aplicação de regras claras, permitindo que o sujeito passivo possa melhor se defender de abusos e arbitrariedades do Poder Tributante.

Cumpre ao legislador estar atento aos anseios e às necessidades do "contribuinte", visando, sobretudo, à implementação dos princípios e sobreprincípios constitucionais.

Por essas razões é que na sequência deste estudo, faremos um corte metodológico, a fim de analisar criteriosamente os requisitos e os critérios do art. 527-A do Decreto paulista 45.490/2000, que regulamentou o art. 92 da Lei Ordinária bandeirante 6.374/89, dada a sua relevância para o direito tributário sancionatório e em reforço à assertiva de que o ordenamento jurídico necessita de normas que regulem a gradação das penalidades tributárias.

# 5. A REVISÃO DAS PENALIDADES TRIBUTÁRIAS À LUZ DO ART. 527-A DO REGULAMENTO DO ICMS DO ESTADO DE SÃO PAULO (DECRETO 45.490/2000)

Dentre os princípios preconizados pelo art. 37 da Constituição Federal de 1988, está o princípio da legalidade que é totalmente inerente aos atos da atividade administrativa, tanto que o art. 1º da Carta Constitucional declara que a República Federativa do Brasil é um Estado Democrático de Direito, regido, portanto, sob o império da lei.

Na seara do direito tributário, o princípio da vinculação tem prescrição no art. 3º e no parágrafo único do art. 142 do Código Tributário Nacional.[127]

---

127. Art. 3º. Tributo é toda prestação pecuniária compulsória, em moeda ou cujo valor nela se possa exprimir, que não constitua sanção de ato ilícito, instituída em lei e cobrada mediante atividade administrativa plenamente vinculada.
Art. 142. Compete privativamente à autoridade administrativa constituir o crédito tributário pelo lançamento, assim entendido o procedimento administrativo tendente a verificar a ocorrência do fato gerador da obrigação correspondente, determinar a matéria tributável, calcular o montante do tributo devido, identificar o sujeito passivo e, sendo caso, propor a aplicação da penalidade cabível. Parágrafo único. A atividade administrativa de lançamento é vinculada e obrigatória, sob pena de responsabilidade funcional.

Com efeito, verificada qualquer ilegalidade, é direito do "contribuinte" a revisão do lançamento fiscal, como está previsto nos arts. 145 e 149, inciso I, do Código Tributário Nacional:

> Art. 145. O lançamento regularmente notificado ao sujeito passivo só pode ser alterado em virtude de:
>
> I – impugnação do sujeito passivo;
>
> II – recurso de ofício;
>
> III – iniciativa de ofício da autoridade administrativa, nos casos previstos no artigo 149.
>
> Art. 149. O lançamento é efetuado e revisto de ofício pela autoridade administrativa nos seguintes casos:
>
> I – quando a lei assim o determine.
>
> [...]

Na legislação do Estado de São Paulo, uma vez constituído de ofício o crédito tributário pela prática de infrações fiscais, pode o sujeito passivo apresentar impugnação através de Defesa, quando então se inicia o Contencioso Administrativo Tributário ou por meio de recurso cabível ao Tribunal de Impostos e Taxas.

Em se tratando de penalidade tributária aplicada, estando presentes os pressupostos legais do art. 527-A do Regulamento do ICMS do Estado de São Paulo, o julgador administrativo tributário monocrático de primeira instância ou o Tribunal colegiado, em segunda instância, uma vez instados, irão apreciar o cabimento ou não da redução ou da relevação da sanção tributária aplicada, de acordo com as particularidades do caso concreto de modo a individualizar a pena, revendo a multa fiscal sob a ótica da adequação e da proporcionalidade.

Portanto, a atividade de dosimetria, diante da controvérsia instaurada quanto à redução ou relevação da multa fiscal, nada mais é do que uma revisão do lançamento tributário.

O art. 527-A do Regulamento do ICMS do Estado de São Paulo (Decreto 45.490/2000), como veremos nos subitens seguintes deste Capítulo, é regra de estrutura, ao outorgar competência e por estabelecer requisitos e critérios para a dosimetria da multa fiscal. Por consequência, é norma cogente, ou seja, estando presentes os requisitos legais e uma vez controvertida a questão pelo sujeito passivo, ao órgão julgador não é dada a faculdade de calibração da penalidade tributária, nem tampouco há um poder discricionário, mas sim, um poder/dever de ponderação sobre sua manutenção, redução ou relevação, por decisão fundamentada, de forma justificada e suficiente, sob pena de nulidade.

## 5.1 O art. 527-A do Regulamento do ICMS do Estado de São Paulo como Regra de Estrutura e como Norma de Competência

O art. 527-A do Regulamento do ICMS do Estado de São Paulo (Decreto 45.490/2000) contém regras e elementos para que a penalidade tributária seja graduada em conformidade com os princípios jurídicos constitucionais tributários.

Desse modo, o órgão competente, ao verificar que estão presentes os requisitos legais para a redução ou para a relevação da multa fiscal, expedirá norma individual e concreta, por decisão fundamentada, para surtir todos os efeitos jurídicos desinentes, em sede de revisão do lançamento do crédito tributário.

Logo, a norma do art. 527-A do Regulamento do ICMS do Estado de São Paulo (Decreto 45.490/2000) é qualificada como regra de estrutura e não como norma de conduta.

As típicas regras de estrutura são aquelas que outorgam competências, isenções, procedimentos administrativos e judiciais, pressupostos, incluindo-se, ainda, as regras de imunidades tributárias.[128]

---

128. CARVALHO, Paulo de Barros. *Direito tributário:* fundamentos jurídicos da incidência. 9. ed. São Paulo: Saraiva, 2012, p. 64-65.

Aurora Tomazini de Carvalho adverte que as normas de estrutura também estão voltadas para os comportamentos de produção, modificação e extinção de novas unidades jurídicas. Cita o seguinte exemplo: Antecedente: se o Município exercer seu direito de legislar sobre o IPTU; Consequente: deve ter obrigação de observar o procedimento estabelecido para a criação de lei municipal e o direito subjetivo da comunidade de ser observada tal disposição.[129]

Como regra de estrutura, o art. 527-A do Regulamento do ICMS do Estado de São Paulo também outorga competência para o mister de sua aplicação. A competência para reduzir ou relevar as penalidades tributárias previstas na legislação paulista foi atribuída apenas aos órgãos julgadores administrativos, privilegiando o princípio do devido processo legal.

Essa competência é reafirmada pelo art. 27 pela Lei Ordinária paulista 13.457/2009, que sistematiza o Contencioso Administrativo Tributário do Estado de São Paulo, nos seguintes termos: "Somente nos casos expressamente previstos em lei poderá o órgão de julgamento relevar ou reduzir multas".

São órgãos de julgamento, as Delegacias Tributárias de Julgamento, em sede de primeira instância administrativa, que julgam monocraticamente a Defesa apresentada pelo sujeito passivo (art. 53 da Lei 13.457/2009) e o Tribunal de Impostos e Taxas, em segunda instância administrativa, órgão colegiado paritário, que julga os recursos cabíveis das decisões de primeira instância (arts. 54 *usque* 71 da Lei 13.457/2009).

É importante destacar que a autoridade tributária do Estado de São Paulo, que constitui o crédito tributário, como dissemos alhures, não tem competência para graduar a multa fiscal por falta de previsão legal. A penalidade fiscal prevista em lei, na sua integralidade (100%), é aplicada pela conduta transgressora praticada pelo agente infrator, prevalecendo a responsabilidade objetiva do sujeito passivo (art. 136 do

129. CARVALHO, Aurora Tomazini de. *Curso de teoria geral do direito*. 4. ed. São Paulo: Noeses, 2014, p. 358.

CTN), ainda que *prima facie* os requisitos e condições para a redução ou relevação da multa fiscal estejam presentes. Sem que o "contribuinte" apresente defesa ou recursos inerentes ao processo administrativo tributário paulista, a penalidade fiscal não poderá ser revisada administrativamente *ex officio*.

Foi tratado no subitem 4.2 do Capítulo 4 deste trabalho, que em outros sistemas do ordenamento, há previsão para a autoridade autuante graduar a sanção prevista. Mas, preferiu o legislador paulista, no que tange à moderação da sanção tributária, outorgar competência apenas para os órgãos de julgamento, o que não merece total censura, na medida em que é garantido, ao sujeito passivo, o devido processo legal, a ampla defesa e o contraditório.

Como se vê, o art. 527-A do Decreto 45.490/2000 (art. 92 da Lei 6.374/89) está jungido ao Contencioso Administrativo Tributário disciplinado pela Lei Estadual bandeirante 13.457/09, sem o que, a penalidade tributária não poderá ser graduada.

## 5.2 A norma cogente do art. 527-A do Decreto 45.490/2000

O Sistema Tributário Nacional brasileiro é reconhecidamente um dos mais complexos do mundo, provocando efeitos nocivos para a economia nacional. Sem contar a alta carga tributária, há o exacerbamento do chamado "custo Brasil" pela necessidade do "contribuinte" alocar recursos (financeiros ou não), para atender a todas as obrigações e deveres instrumentais da legislação tributária, influindo na perda de competitividade no mercado externo, inibição de investimentos, aumento de preços dos produtos, desaceleração da economia, insegurança jurídica.

Destacamos que o ICMS, de competência dos Estados da Federação, é um dos mais complexos tributos existentes na legislação tributária brasileira e, como não poderia deixar de ser, há previsão de uma gama de deveres formais a serem cumpridos, com penalidades tributárias correspondentes em caso de desobediência. As penalidades decorrentes dos ilícitos fiscais por descumprimento de deveres instrumentais prescritos na legislação estadual, em sua grande parte, são mais gravosas.

O Regulamento do ICMS do Estado de São Paulo, no art. 527, incisos II, III, IV, V, VI, VII, VIII, e XI do Regulamento do ICMS do Estado de São Paulo (Decreto 45.490/2000), prevê multas fiscais sobre o valor das operações, das mercadorias ou da prestação dos serviços (ressalvados alguns caso em que o valor é fixo), o que na prática, acarreta sanções de valores muito superiores ao montante do imposto incidente numa operação regular, ainda que o sujeito passivo tenha efetuado o pagamento da respectiva obrigação principal.

No âmbito da legislação estadual paulista, o art. 92 da Lei 6.374/89 foi inserido no ordenamento jurídico, que é de grande valia para o "contribuinte", tendo em vista que a norma estabelece condições e critérios jurídicos para que determinadas multas fiscais sejam revistas, a fim de que possam ser relevadas ou reduzidas, quando tais valores forem irrazoáveis e inadequados à vista do caso concreto.

O art. 527-A do Decreto 45.490/2000 (Regulamento do ICMS do Estado de São Paulo), que regulamentou o referido art. 92 da Lei 6.374/89, diz o seguinte:

> Art. 527-A. A multa aplicada nos termos do art. 527 poderá ser reduzida ou relevada por órgão julgador administrativo, desde que a infração tenha sido praticada sem dolo, fraude ou simulação, e não implique falta de pagamento do imposto (Lei nº 6.374/89, art. 92 e § 2º, na redação da Lei 10.619/00, art. 1º, inciso XXXI e Lei 10.941/01, art. 44) (acrescentado o art. 527-A pelo inciso I do art. 2º do Decreto 46.676, de 09/04/2002 – DOE 10/04/2002, com efeitos a partir de 01/05/2002).
>
> § 1º. Na hipótese de redução, observar-se-á o disposto no § 7º do art. 527.
>
> § 2º. Não poderão ser relevadas, na reincidência, as penalidades previstas na alínea "a" do inciso VII e na alínea "x" do inciso VIII do art. 527.
>
> § 3º. Para aplicação deste artigo, serão levados em consideração, também, o porte econômico e os antecedentes fiscais do contribuinte.

Trata-se de norma cogente, pois, de um lado, há um poder/dever do órgão julgador administrativo exercer a atividade da dosimetria da multa fiscal, em observância aos princípios da legalidade e da vinculação dos atos administrativos, como aliás, já decidiu o Tribunal de Justiça do Estado de São Paulo, na Apelação 0040249-57.2013.8.26.0053.[130] De outra banda, possibilita a individualização da pena, aplicando-se a sanção tributária mais adequada à vista das particularidades e circunstâncias do ilícito fiscal examinado, à luz dos princípios da razoabilidade, da proporcionalidade, da isonomia e da equidade.

A expressão "poderá", contida no *caput* do art. 527-A do Decreto 45.490/2000, não significa uma faculdade ou prerrogativa, nem mesmo mera discricionariedade.[131] Presentes os pressupostos legais objetivos, a gradação da sanção tributária é de rigor, mediante análise dos critérios estabelecidos, o que não significa que o órgão julgador deverá necessariamente reduzir ou relevar a penalidade. Em verdade, a atividade jurisdicional administrativa de moderação, desde que devidamente fundamentada, também implica a manutenção da penalidade tributária aplicada pela autoridade lançadora, em detrimento da redução ou da relevação.

James Marins adverte que não há discricionariedade nos atos administrativo-fiscais de fiscalização, lançamento e de julgamento, pois são plenamente vinculados para a aplicação da lei e do Direito:

> Nenhum ato administrativo-fiscal, seja de formalização seja de julgamento, pode ser discricionário, pois, as atividades administrativo-fiscais de fiscalização, apuração, lançamento e julgamento são *atividades administrativas plenamente vinculadas* (artigo 3º do CTN) que devem atender às normas jurídicas de procedimento e processo com a finalidade de aplicar a lei e o Direito (artigo 2º, inciso I da LGPAF) na exata medida da *inteireza constitucional e infraconstitucional do sistema jurídico que rege a relação jurídica tributária*, e desse modo preserva a distribuição da justiça, sob o

130. Disponível em: tj.sp.jus.br . Acesso em 09 ago. 2019. Nota do editorial: necessário digitar número de processo.

131. MEDAUAR, Odete. *Direito administrativo moderno.* 11. ed. rev. e atual. São Paulo: Revista dos Tribunais, 2007, p. 146. Assim, os atos discricionários são aqueles resultantes de alguma escolha efetuada pela autoridade administrativa. A escolha pode implicar em editar ou não editar, nesse ou naquele conteúdo, no momento de editar, por exemplo.

ponto de vista do Direito (sobre o princípio da justiça e o processo tributário, *vide* Título I, Capítulo 2, Subitem 5.f e Capítulo 4).[132]

Portanto, o órgão competente, dentro do mister que lhe foi outorgado por lei, "tem o dever" de graduar a sanção tributária para o fato jurídico tributário posto em análise, pois a regra do art. 527-A do Regulamento do ICMS do Estado de São Paulo estabelece pressupostos objetivos específicos, que, uma vez atendidos de forma cumulativa, vincula a atividade jurisdicional administrativa. Somente é afastada a aplicação da norma se os requisitos objetivos não estiverem presentes.

Pertine relembrar que a multa fiscal tem natureza sancionatória, com o escopo de penalizar o contribuinte pelo não cumprimento de uma obrigação tributária, seja principal ou acessória (dever instrumental), bem como, para inibir o contribuinte de inadimplir o tributo ou de deixar de cumprir deveres formais (instrumentais), evitando que se destrua a distribuição da carga tributária dentre os contribuintes de determinada localidade, necessária ao sustento de um Estado forte. Mas, o art. 527-A do Decreto 45.490/2000 prevê a possibilidade de moderação da multa fiscal, a fim de que sejam implementados os princípios constitucionais tributários já mencionados.

Em suma, a redução da multa ou a sua relevação dependerão da presença dos requisitos objetivos e subjetivos, dentro dos parâmetros da razoabilidade e da proporcionalidade entre a falta cometida pelo contribuinte (intensidade) e a sanção aplicável.

Assim é que, doravante, faremos referência apenas ao art. 527-A do Decreto 45.490/2000, para melhor análise do tema quanto à sua aplicabilidade, bem como, quanto aos requisitos objetivos e critérios subjetivos, explícitos e implícitos, até porque, consuetudinariamente, a jurisprudência do Contencioso Administrativo Tributário paulista aponta este dispositivo do Regulamento do ICMS.

---

132. MARINS, James. *Direito processual tributário brasileiro* (administrativo e judicial). 6. ed. São Paulo: Dialética, 2012, p. 152.

# 6. OS REQUISITOS OBJETIVOS E OS CRITÉRIOS SUBJETIVOS ESTABELECIDOS PELO ART. 527-A DO DECRETO 45.490/2000

No subitem 5.1 do Capítulo 5, registramos que o art. 527-A do Regulamento do ICMS do Estado de São Paulo (Decreto 45.490/2000) é norma de estrutura, por estabelecer pressupostos e competência para sua aplicação.

Com efeito, estudaremos através de uma análise criteriosa, cada uma dessas condições para melhor compreensão do alcance e aplicabilidade da regra jurídica, que contém requisitos objetivos e subjetivos, implícitos e explícitos.

São requisitos objetivos para a relevação ou redução da multa fiscal: a) que a infração, ensejadora da multa fiscal, não implique a falta de pagamento do imposto; b) que a infração não seja praticada com dolo, fraude ou simulação (que deve estar descrita e provada pela acusação fiscal); c) a observância do limite mínimo de redução (art. 85, § 7º, da Lei 6.374/89 c/c o art. 527, § 7º, do RICMS); d) a não reincidência do contribuinte na hipótese da alínea "a" do inciso VII do art. 85, da alínea "a" do inciso VII e da alínea "x" do inciso VIII do art. 527, apenas para fins de relevação; e, e) requerimento expresso e fundamentado do sujeito passivo.

Os critérios da norma que chamamos de requisitos subjetivos são os seguintes: a) a verificação do porte econômico do contribuinte; b) seus antecedentes fiscais; e, c) as circunstâncias do caso concreto.

É requisito objetivo implícito, o requerimento expresso e fundamentado por parte do sujeito passivo. O requisito subjetivo implícito diz respeito às circunstâncias do caso concreto, que deverão ser consideradas pelo órgão julgador administrativo tributário, mas que também poderão ser melhormente demonstradas por provas a serem produzidas pelo "contribuinte", na busca da verdade jurídica. Os demais requisitos são explícitos, pois, obviamente, estão expressos na norma.

O órgão julgador tributário, que é o competente para reduzir ou relevar a multa fiscal, está adstrito aos requisitos previstos, de modo que nenhum deles poderá ser desconsiderado para fins de incidência da regra do art. 527-A do RICMS.

Em outras palavras, quando da aplicação da norma, todos os requisitos objetivos deverão estar presentes e, a partir daí, todos os requisitos subjetivos deverão ser considerados pelo órgão julgador administrativo, para que, de forma fundamentada, proceda à graduação da penalidade tributária, sem perder de vista a *trajetória da interpretação* proposta pelo Professor de PAULO DE BARROS CARVALHO,[133] que realiza esse processo partindo de uma decomposição do sistema do direito positivo em quatro subsistemas (S1 ao S4), aprofundando o conhecimento à medida que a interpretação evolui, estes seriam os critérios objetivos da interpretação e tendo como elementos subjetivos os horizontes culturais do indivíduo, como sendo suas experiências.

## 6.1 Os requisitos objetivos do art. 527-A do Decreto 45.490/2000

Os requisitos objetivos são as condições mínimas que o legislador elegeu para permitir a gradação da sanção tributária de determinados ilícitos tributários praticados pelo sujeito passivo.

133. CARVALHO, Paulo de Barros. *Direito tributário, linguagem e método*. 6. ed. São Paulo: Noeses, 2015, p. 194/195.

Deste modo, infere-se que os requisitos objetivos são cumulativos, de forma que, na falta de quaisquer deles, fica vedada a moderação da penalidade tributária aplicada pela autoridade lançadora do crédito tributário, consoante intelecção do art. 527-A do RICMS e do art. 27 da Lei 13.457/2009.

Somente depois de verificado que todos os requisitos objetivos estão presentes, passa-se à atividade jurisdicional administrativa da dosimetria da sanção tributária propriamente dita, de acordo com os critérios estabelecidos na norma, além de outros que são gerais, os quais serão objeto de análise mais adiante.

Trataremos a partir de agora dos requisitos objetivos previstos no ordenamento pátrio.

### 6.1.1 O requisito implícito do requerimento específico e fundamentado

Iniciaremos o estudo dos requisitos objetivos pelo requisito implícito do requerimento específico e fundamentado do sujeito passivo para a redução ou relevação da penalidade tributária, que deverá ser feito quando da apresentação da Defesa e na interposição dos recursos cabíveis no âmbito do Contencioso Administrativo Tributário paulista.

A imprescindibilidade do requerimento expresso decorre da interpretação sistemática do art. 527-A do RICMS, com a Lei 13.457/2009, que disciplina o processo administrativo tributário do Estado de São Paulo.

Adiantamos que a ausência de pedido de redução ou de relevação da multa fiscal ou pedido meramente genérico (por equivaler à ausência de pedido), não autoriza o órgão julgador a exercer a atividade jurisdicional da dosimetria da sanção tributária *ex officio*.

O processo administrativo paulista preconiza os limites para o conhecimento das matérias que serão submetidas a julgamento.

O art. 33 da Lei 13.457/2009 prevê que o Contencioso Administrativo Tributário tem início com a Defesa do "contribuinte", com todas as suas razões, fundamentos e provas (art. 37), o que inclui demonstrar, minimamente, o atendimento aos requisitos e condições do art. 527-A do RICMS, para que a sanção tributária seja graduada de acordo com o caso concreto. Quedando-se inerte, nada há para ser sopesado pelo julgador tributário, tanto que o art. 35, § 4º da Lei 13.457/2009, considera que a "defesa é parcial" quando o sujeito passivo não impugna todos os itens do lançamento fiscal.

Na fase recursal, o art. 47, § 5º, da Lei 13.457/2009, também veda expressamente o julgamento *extra petita* ao prescrever que somente as questões impugnadas poderão ser apreciadas pela instância superior, o que é confirmado pelo art. 112, § 4º do Decreto 54.486/2009, ao considerar parcial o recurso ordinário quando a irresignação não contemplar todos os aspectos da acusação fiscal.

> Art. 47. Da decisão favorável à Fazenda Pública do Estado no julgamento da defesa, em que o débito fiscal exigido na data da lavratura do auto de infração seja superior a 20.000 (vinte mil) Unidades Fiscais do Estado de São Paulo – UFESPs, poderá o autuado, no prazo de 30 (trinta) dias, interpor recurso ordinário para o Tribunal de Impostos e Taxas.
>
> [...]
>
> § 5º – O recurso ordinário devolverá ao Tribunal de Impostos e Taxas o conhecimento da matéria de fato e de direito impugnada.
>
> Art. 112. Da decisão favorável à Fazenda Pública do Estado no julgamento da defesa, em que o débito fiscal exigido na data da lavratura do auto de infração seja superior a 20.000 (vinte mil) Unidades Fiscais do Estado de São Paulo – UFESPs, poderá o autuado, no prazo de 30 (trinta) dias, interpor recurso ordinário para o Tribunal de Impostos e Taxas (art. 47, *caput*, da Lei 13.457/2009).
>
> [...]
>
> § 4º. Considera-se parcial o recurso ordinário no qual o interessado não recorra, de forma expressa, de um ou mais itens de acusação.

Pode ocorrer que o sujeito passivo tenha pleiteado adequadamente em sua defesa a aplicação do art. 527-A do RICMS/2000, mas em sede de apreciação de recurso de ofício (arts. 39, § 1º e 46, § 1º, ambos da Lei 13.457/2009), em virtude do cancelamento da acusação fiscal (crédito tributário), a instância superior restabeleça o lançamento fiscal. Neste caso, órgão julgador está vinculado à apreciação do pedido de revisão ou de relevação da multa fiscal, pois não se trata de apreciação de ofício da matéria, mas de garantir ao "contribuinte" o devido processo legal, a legalidade, a justiça tributária, a isonomia e a segurança jurídica, que não pode ser prejudicado por aquilo que não deu causa. Neste sentido, decidiu a 11ª Câmara Julgadora no DRT nº 13-4.034.647-0/2013.[134]

De qualquer forma, pela intelecção das referidas normas, é vedado ao órgão julgador apreciar questões não deduzidas pelo sujeito passivo, salvo aquelas de ordem pública.

Cabe registrar, todavia, que a redução ou relevação da penalidade tributária não é matéria de ordem pública a permitir a apreciação *ex officio* pelo órgão julgador administrativo.

As questões de ordem pública, sejam elas de cunho material ou de natureza processual, são aquelas matérias em que há supremacia do interesse público sobre o particular, cujos direitos envolvidos são indisponíveis e que não podem deixar de ser reconhecidos, caso contrário, os atos administrativos ou as relações entre particulares estarão viciados.

Leciona Marçal Justen Filho, que o interesse público, embora seja um conceito de natureza indeterminado, isto é, de difícil definição, seguramente é um direito que se sobrepõe ao privado por ser indisponível, e que seu titular é a comunidade, comum a todos os cidadãos:

> A supremacia do interesse público significa sua superioridade sobre os demais interesses existentes na sociedade. Os interesses privados não podem prevalecer sobre o interesse público. A indisponibilidade indica a impossibilidade de sacrifício ou transigência quanto ao interesse público, e é uma decorrência de sua supremacia. Para os defensores desse entendimento, a

134. Disponível em: https://bit.ly/33Sryza >. Acesso em: 30 set. 2020. [Nota do editorial: necessário digitar número do processo].

> supremacia e a indisponibilidade do interesse público vinculam-se diretamente ao princípio da República, que impõe a dissociação entre a titularidade e exercício do interesse público. Juridicamente, o efetivo titular do interesse público é a comunidade, o povo. O direito não faculta ao agente público o poder para escolher entre o cumprir ou não cumprir o interesse público. O agente é servo do interesse público – nessa acepção, o interesse púbico é *indisponível*.[135]

Encontramos as questões de ordem pública no controle de constitucionalidade concreto, difuso e incidentalmente, tal como previsto nos arts. 97; 102, inciso III, alíneas "a" e "c"; 105, inciso II, alíneas "a" e "b" da Constituição Federal de 1988; quando expressamente previsto na lei, como é o caso do art. 1º, do Código de Defesa do Consumidor[136] e no art. 426 do Código Civil, que proíbe o contrato que tenha por objeto herança de pessoa viva (pacto corvina); nos casos de decadência e prescrição (arts. 150, § 4º; 173 e 174 do CTN); quando verificada a coisa julgada, o ato jurídico perfeito e o direito adquirido; ou ainda, em normas processuais como nas questões que envolvam carência da ação (ilegitimidade de parte e falta de interesse de agir - art. 485, inciso VI, do Código de Processo Civil de 2015), inépcia da inicial (art. 485, inciso I do Código de Processo Civil de 2015), nulidades absolutas, dentre outras.

As matérias de ordem pública podem ser conhecidas de ofício pelo órgão jurisdicional administrativo ou judicial, ou ainda, serem alegadas em qualquer grau de jurisdição, não se submetendo aos efeitos da preclusão.

Destarte, não nos parece que a dosimetria da sanção tributária no Contencioso Administrativo paulista seja matéria de ordem pública. Primeiro, porque não há previsão expressa na lei. Segundo, porque a verificação da intensidade da

---

135. JUSTEN FILHO, Marçal. *Curso de direito administrativo*. 2. ed. São Paulo: Saraiva, 2006, p. 36.

136. Art. 1º. O presente Código estabelece normas de proteção e defesa do consumidor, de ordem pública e interesse social, nos termos dos arts. 5°, inciso XXXII e 170, inciso V da Constituição Federal e art. 48 de suas Disposições Transitórias.

infração, para fins de individualização da pena, vai depender de uma série de alegações das partes, elementos e provas a serem providenciadas no processo administrativo e ainda, pela análise das circunstâncias do caso concreto. Não havendo componentes justificadores para a redução ou relevação da multa penal, se infere que a sanção tributária aplicada foi proporcional ao ilícito praticado pelo sujeito passivo. Logo, claramente, não se trata de direito indisponível.

Poder-se-ia alegar que em se tratando de multa confiscatória, a matéria é de índole constitucional, se enquadrando no conceito de "questão de ordem pública". Ocorre que no âmbito do Contencioso Administrativo Tributário, o argumento não prevalece, pois há vedação legal do órgão julgador de afastar norma tributária por inconstitucionalidade, a teor do art. 28 da Lei 13.457/2009. Além do mais, se o "contribuinte" não propugna a dosimetria da multa fiscal, presume-se que a norma sancionatória é constitucional, legal e adequada, posto que inserida regularmente no ordenamento jurídico, gozando de validade, vigência e eficácia jurídica.

Frise-se que não estamos defendendo um rigorismo processual quanto ao tema. Ao contrário, deve ser privilegiado o "princípio do formalismo moderado",[137] que está consagrado pelo art. 3º da Lei 13.457/2009,[138] mas que não exime o sujeito passivo de exercer minimamente seu direito de petição (art. 5º, inciso XXXIV, alínea "a", da Constituição Federal de 1988), para que o papel do julgador tributário não seja invertido com aquele do "defendente".

De acordo com a jurisprudência do Tribunal de Impostos e Taxas, há decisões reconhecendo a possibilidade da aplicação de ofício do art. 527-A do RICMS (DRTC-II-777.279/2010 e

---

137. ATALIBA, Geraldo. Princípios Constitucionais do Processo e Procedimento em Matéria Tributária. *In*: *Revista de Direito Tributário,* nº 46, p. 118. São Paulo: Revista dos Tribunais, 2014.

138. Art. 3º. Os atos processuais não dependem de forma determinada, a não ser quando a legislação tributária expressamente a exigir, considerando-se válidos os atos que, realizados de outro modo, alcancem sua finalidade.

DRT-54.006.043-3/2012).[139] Mas também, majoritariamente, há decisões em sentido contrário (DRT-15783.060/2009 e DRT 03-4.030.686-0 – Câmara Superior, julgamento em 25 de outubro de 2016, DRT-5 AIIM 4063393-7/2015 - Câmara Superior, Julgamento em 21/02/2017, AIIM 4011557-4 – Câmara Superior, julgamento em 27/02.2018, AIIM 4008586-7, Câmara Superior, julgamento em 19/06.2018, AIIM 4079447-7, Câmara Superior, julgamento em 03/07.2018).[140]

Entretanto, reconhecemos que no Contencioso Administrativo Tributário, assim como está disciplinado, não se admite o julgamento *extra petita*, nem se pode conhecer de pedido meramente genérico, na medida em que o contribuinte deve apresentar justificativas suficientes e eventualmente provas de que atende aos requisitos objetivos e subjetivos previstos em lei, para fazer jus à mitigação ou à exoneração da sanção tributária.

### 6.1.2 O requisito explícito de que a infração, ensejadora da multa fiscal, não implique falta de pagamento do ICMS

O primeiro requisito explícito contido no art. 527-A do RICMS estabelece que a sanção tributária aplicada não pode decorrer de infração que implique falta de pagamento do imposto.

Embora a norma se refira apenas a "imposto", obviamente que se trata apenas do Imposto Sobre Circulação de Mercadorias e Serviços – ICMS, tendo em vista que a regra jurídica está contida no art. 92 da Lei 6.374/89 e no próprio Decreto 45.490/2000, que aprova o Regulamento do Imposto sobre Operações Relativas à Circulação de Mercadorias e sobre Prestações de Serviços de Transporte Interestadual e Intermunicipal e Comunicação – RICMS. Logo, em relação às

139. Disponível em: https://bit.ly/33Sryza Acesso em: 30 set. 2020. [Nota do editorial: necessário digitar número do processo].

140. Disponível em: https://bit.ly/33Sryza Acesso em: 22 de out. 2020. [Nota do editorial: necessário digitar número do processo].

penalidades tributárias por ilícitos tributários decorrentes de outros impostos como o IPVA e o ITCMD, não incide o art. 92 da Lei 6.374/89, nem muito menos art. 527-A do RICMS/2000, posto que estes tributos foram instituídos por "leis" próprias.

Quanto aos deveres instrumentais, são as condutas consistentes numa obrigação de fazer ou não fazer, insuscetíveis de expressão em termos pecuniários, de modo que, as multas por descumprimento de "obrigações acessórias" são sempre isoladas, não havendo dúvidas a respeito do cabimento do art. 527-A do RICMS, desde que satisfeitos os demais requisitos legais. São exemplos de deveres instrumentais a prestação de informações ao fisco, a entrega de documentos fiscais, a emissão de documentos fiscais regulares, dentre tantas outras condutas que estão previstas na legislação tributária paulista, cujas infrações pelo descumprimento e penalidades correspondentes estão prescritas nos incisos III a XI do art. 527 do RICMS.

Importante ressaltar que a sanção tributária aplicável ao ilícito fiscal correspondente deve resultar "diretamente" em falta do pagamento do imposto exigido. Significa dizer que o art. 527-A do RICMS não pode deixar de ser aplicado, ainda que a infração formal praticada impossibilite o fisco de verificar se houve ou não falta de pagamento de imposto. Se no lançamento fiscal, através do Auto de Infração lavrado, está sendo exigida apenas a multa isolada por descumprimento de dever instrumental, o requisito objetivo em análise considera-se atendido.

Não procede qualquer argumento de que uma determinada infração por descumprimento de "obrigação acessória" potencialmente implica ou poderia implicar falta de pagamento, sem que haja efetiva comprovação pelo fisco, cuja obrigação lhe incumbe, por força do art. 34 e seu §1º da Lei 13.457/2009.

Inadmissível, entrementes, inverter a obrigação da prova. Não é do contribuinte o dever de provar que a infração não implicou falta de pagamento, mas sim, é do fisco o mister de provar o ilícito fiscal e cobrar o imposto não pago, pelo princípio da vinculação, nos termos do art. 142 do CTN.

Neste sentido, a Câmara Superior do TIT, nos processos AIIM 4.025305-3, julgado em 14.03.2019 e AIIM 4.020.279, julgado em 28.02.2019, assim decidiu:

> ICMS 1. ENTREGA DE ARQUIVO DIGITAL COM DADOS INCOMPLETOS E INCONSISTENTES. A infração de entrega de arquivo digital com dados incompletos e inconsistentes, em que o particular obsta a comprovação da natureza das operações (se tributadas ou não) obsta a aplicação do art. 527-A do RICMS/00. RECURSO ESPECIAL DA FAZENDA. CONHECIDO. PROVIDO (AIIM 4.025305-3).[141]
>
> Entregou à Secretaria da Fazenda arquivo digital previsto na Portaria CAT-32/96, contendo as operações e prestações com dados incompletos, conforme se comprova pelos documentos juntados ao presente AIIM. Decisão recorrida examinou a presença dos requisitos do art. 527-A do RICMS/00, para aplicar a redução das penalidades. Recurso Especial da Fazenda Estadual conhecido e desprovido.
>
> [...]
>
> Ao constatar o cumprimento de todos os requisitos do art. 527-A do RICMS/00, inclusive a ausência de falta de pagamento do imposto, a r. decisão reduziu a multa cominada, aplicando a dosimetria que entendeu cabível, ao considerar todos os elementos presentes nos autos.
>
> Entendo não prosperar o argumento de que a falta de apresentação de arquivos magnéticos exigidos pelo Fisco pressupõe a falta de pagamento do imposto, o que consequentemente impede a aplicação do art. 527-A do RICMS/00. À Fazenda Estadual não é conferido o direito de dispor do crédito tributário. Penso que se houver indício de falta de pagamento do imposto, o Fisco tem a obrigação de fiscalizar e, identificando a infração, autuar o contribuinte, para exigir o tributo mediante a lavratura de AIIM.
>
> Ademais, salienta-se que o art. 527-A do RICMS/00, em seu § 2º, dispõe que não poderão ser relevadas as penalidades previstas na alínea "x", do inc. VIII, do art. 527, penalidade cominada nos itens I.1 e II.2 do presente Auto, na reincidência. Ou seja, em caso de reincidência de infração com penalidade prevista na alínea "x", do inc. VIII, do art. 527. No presente caso, conforme se constata na decisão recorrida, não há notícia nos autos de antecedentes da Autuada.

141. Disponível em: https://bit.ly/33Sryza Acesso em: 26 jul. 2020. [Nota do editorial: necessário digitar número do processo.].

> Não procede, portanto, o pleito apresentado pela d. DRF em seu Recurso Especial.
>
> (AIIM 4.020.279).[142]

De outra parte, não se trata de qualquer multa fiscal isoladamente exigida. A subespécie da sanção tributária denominada multa isolada, pode ser a multa que deixou de ser paga, a despeito do pagamento da obrigação principal, ou aquela multa de dever instrumental descumprido.

Assim, a multa fiscal exigida isoladamente por Auto de Infração, mas que decorra do não pagamento do imposto, não poderá ser objeto de redução ou relevação da penalidade pelo órgão julgador tributário, pois pode ocorrer que a obrigação principal já tenha sido paga pelo sujeito passivo.

Outra questão que envolve o requisito "falta de pagamento" do imposto, é a interpretação *lato sensu* e *stricto sensu,* que foi objeto de estudo no "Repertório Analítico de Jurisprudência do TIT, Volume II, Tema 09, denominado Moderação Sancionatória (Redução e Relevação da Multa Fiscal),[143] donde tive a honra de participar do grupo de pesquisa juntamente com o eminente advogado Juliano Di Pietro e com o professor Roberto Biava Jr.

Em decisões proferidas pelo Tribunal de Impostos e Taxas - TIT-SP, foram adotados critérios diferentes de interpretação do requisito de "falta de pagamento do imposto". Parte das decisões analisa o termo "falta de pagamento do imposto" pelo critério *lato sensu,* isto é, por não haver qualquer prejuízo financeiro (imposto devido) e/ou econômico aos cofres do Erário.

Por esta interpretação, é admissível a relevação ou redução da multa fiscal, na forma prevista pelo art. 527-A do RICMS/SP, quando a infração não envolve "falta de pagamento do imposto" pela pessoa jurídica como um todo, por exemplo, nos casos em

142. Disponível em: https://bit.ly/33Sryza Acesso em: 26 jul. 2020. [Nota do editorial: necessário digitar número do processo.].

143. *Repertório Analítico de Jurisprudência do TIT*, Volume II, p. 1054 *usque* 1056, Max Limonad, 2018.

que há a falta do débito em um estabelecimento e o não creditamento em outro estabelecimento nas transferências dentro do Estado, e que o valor do imposto pago pelo sujeito passivo ao Estado não seja diminuído (sem prejuízo ao Fisco). Neste caso, a 4ª Câmara Julgadora do TIT-SP assim se pronunciou:

> ICMS – Preenchido os requisitos e em especial o requisito legal do art. 527-A do RICMS/2000, no sentido de que lato sensu não houve falta de recolhimento do ICMS por parte da pessoa jurídica com um todo – Recurso Ordinário e de Ofício conhecidos. Negado provimento ao de Ofício. Dado provimento parcial ao Recurso Ordinário, apenas no que diz respeito à redução e dosimetria das multas, reduzindo a multa do item I.1 para 10% do valor do imposto; reduzindo a multa do item II.2 para 10% do valor da operação; e mantendo integralmente a multa do item II.3 em 10% do valor da operação – No que concerne à exigência do imposto e juros acompanho o voto do ilustre relator em todos os itens da acusação. [...]
>
> Voto [...]
>
> 5. Todavia, quanto à possibilidade de redução das multas, apresento entendimento diverso, pelos seguintes fundamentos:
>
> a) analisando o laudo dos auditores independentes da ERNST & YOUNG TERCO entendo que ficou demonstrado, ainda que de forma global (no contexto do conjunto dos estabelecimentos), que as mercadorias recebidas pela Pessoa Jurídica da Recorrente ingressaram nos estoques e tiveram suas saídas acompanhadas dos documentos fiscais. Isto por si só não afasta as infrações apontadas e analisadas, já que as operações de transferências ocorrem entre estabelecimentos da mesma Pessoa Jurídica (estabelecimentos com o mesmo CNPJ base), e são tributadas pelo ICMS em observância ao princípio da autonomia dos estabelecimentos, que rege este imposto. Todavia, o que se demonstra pelo parecer técnico, é que não teria ocorrido prejuízo ao erário e de que não houve "sonegação fiscal" propriamente dita, já que a Pessoa Jurídica não teria dado saída a terceiros destas mercadorias. Neste sentido, a falta de emissão de documentos fiscais nas transferências entre estabelecimentos geram um débito do imposto em um estabelecimento e um crédito do imposto no outro estabelecimento (que recebe a transferência);
>
> b) analisando também a própria autuação, vejo que as autuações dos itens I.1 e II.2, se referem ambas à transferências de mercadoria entre estes estabelecimentos (filiais nº 06 e nº 07), sendo que no segundo caso (item II.2) não teria sido emitido os

> documentos fiscais. De qualquer forma, a própria autuação corrobora com a verdade formal do auto de infração, analisado no parecer da ERNST & YOUNG TERCO, de que as autuações limitam-se às operações de transferência "intracompany", no bojo dos estabelecimentos da mesma pessoa jurídica, de modo que se fossem escriturados os débitos e créditos correspondentes, não haveria ao final prejuízo efetivo ao Fisco.
>
> 5.1 Desse modo, entendo preenchido os requisitos e em especial o requisito formal legal do art. 527-A do RICMS/2000, no sentido de que lato sensu não houve falta de recolhimento do ICMS por parte da pessoa jurídica com um todo. E considerando a gravidade de cada uma das infrações, bem como a necessária proporcionalidade na dosimetria da multa, reduzo a multa do item I.1 de 50% para 10% do valor do imposto (art. 85, inciso I, letra "a" da Lei 6.374/1989), e a do item II.2 de 50% para 10% do valor da operação (art. 85, inciso IV, letra "a" da Lei 6.374/1989), considerando que nesta segunda infração não houve também a emissão do documento fiscal. [...]" (DRT-14 AIIM 4000267-6/2008. 4ª Câmara do TIT-SP. Julgamento em 23.08.2016).[144]

Por outro lado, há decisões em que a interpretação foi *stricto sensu,* vale dizer, por se ater à autonomia dos estabelecimentos (analisa se naquele estabelecimento houve falta de recolhimento), independentemente dos demais estabelecimentos paulistas da mesma sociedade empresária.

A Câmara Superior, revendo a referida decisão da 4ª. Câmara Julgadora, por maioria de votos, firmou entendimento pela interpretação *stricto sensu*:

> ICMS. Deixar de pagar. Operações de transferência de mercadorias. ICMS. Deixar de emitir notas fiscais de transferência de mercadorias. ICMS. Deixar de escriturar documentos relativos às entrada de mercadorias no estabelecimento. Transferência de mercadorias, incidência do imposto conforme previsão do art. 12 da Lei Complementar 87/96. Demais alegações, não foram trazidos acórdãos para demonstração de divergência de interpretação e versam sobre matéria probatória cujo exame não é possível na fase de recurso especial. Recurso Especial do contribuinte parcialmente conhecido e, na parte conhecida, não provido.

144. Disponível em: https://bit.ly/33Sryza Acesso em: 26 jul. 2020. [Nota do editorial: necessário digitar número do processo.].

> Redução da multa, vedação pela exigência do imposto no auto de infração. A falta de recolhimento do imposto deve ser verificada em função do autuado. Recurso especial da Fazenda Pública Estadual conhecido e provido.
>
> Voto [...]
>
> 5. [...] Há que ater à autonomia dos estabelecimentos e, nos termos da legislação, cada um deles, individualmente, emite ou deixa de emitir notas fiscais, escritura livros fiscais, apura o imposto devido, é responsável pelo recolhimento do imposto e pode cometer infração à legislação tributária, independentemente dos demais estabelecimentos da mesma empresa. Assim, não há qualquer permissivo legal para que seja considerado outros estabelecimentos da mesma empresa para fins de se verificar a falta de recolhimento do ICMS, salientando novamente que tal obrigação é específica de cada um dos estabelecimentos da mesma empresa e, assim, cada um responde pelo referido dever. Pelo contrário, repita-se, a referida norma atém-se ao específico processo que está em julgamento, cujo sujeito passivo é o específico estabelecimento autuado, que tem a suas específicas obrigações tributárias, dentre as quais o seu específico dever de pagar o imposto devido, independentemente dos outros estabelecimentos que também possuem, cada um, a sua específica obrigação de recolher o imposto devido. Destarte, conheço e dou provimento à Fazenda Pública Estadual para afastar a redução das multas aplicadas aos itens 1 e 2 do AIIM pela decisão recorrida, restabelecendo, assim, as que foram originariamente aplicadas. (...) (DRT-14 AIIM 4000267-6/2008. Câmara Superior do TIT-SP. Julgamento em 10.08.2017).[145]

A intepretação *lato sensu* nos parece a mais correta. Primeiro porque a norma do art. 527-A do RICMS não excetua, ou seja, não prevê qualquer hipótese restritiva. Em segundo lugar, verifica-se que a decisão da 4ª. Câmara fundamentou-se na interpretação *lato sensu* analisando o conjunto das provas, restando demonstrado no processo que não houve falta ou insuficiência de pagamento do imposto, de sorte que o fisco não teve qualquer prejuízo. Não havendo falta de pagamento do imposto, nada impede a moderação sancionatória, pois, logicamente, a sanção tributária fiscal não implicou falta de pagamento,

145. Disponível em: https://bit.ly/33Sryza Acesso em: 26 jul. 2020. [Nota do editorial: necessário digitar número do processo.].

consoante restou demonstrado no precedente anteriormente indicado. Frise-se mais uma vez que a multa fiscal deve decorrer "diretamente" da falta de pagamento do imposto. Quando não há qualquer prejuízo financeiro (imposto devido) e/ou econômico aos cofres do Erário, deve-se privilegiar o "contribuinte" cordato, permitindo a dosimetria sancionatória.

No que se refere às infrações por crédito indevido, a regra do art. 527-A do RICMS não pode ser aplicada em face das multas aplicadas. Isto porque, a regra contida no inciso II do art. 527 do RICMS prevê a glosa de créditos, com a cobrança das respectivas importâncias creditadas irregularmente a título de ICMS.

Ademais, por uma questão de boa lógica, o crédito indevido implica a falta de pagamento do imposto, em razão da sistemática do princípio da não cumulatividade.

O princípio da não cumulatividade do ICMS é uma norma constitucional expressa que gera um direito subjetivo do contribuinte em aproveitar a cada operação o montante devido nas operações anteriores, conforme art. 155, § 2º, inciso I, da Carta Magna.

O referido postulado é garantia constitucional do contribuinte (art. 60, § 4º, inciso IV, da Constituição Federal de 1988), que não pode ser ignorado ou desrespeitado pelo legislador infraconstitucional ou infralegal, de modo a assegurar o direito ao pleno aproveitamento dos créditos de ICMS através do mecanismo da compensação, que é a essência desse instituto.

A consequência do crédito indevido, em virtude da sistemática da compensação, é a redução do débito do imposto, o que resulta, na verdade, em falta de pagamento do imposto, mesmo que o sujeito passivo tenha saldo credor, pois em algum momento ocorrerá a possibilidade de saldo devedor. O valor do crédito indevido macula o sistema de compensação ao gerar um valor menor na apuração do imposto. Portanto, créditos de ICMS apropriados pelo contribuinte não estão no contexto da incidência do imposto, mas exatamente no contexto de seu pagamento, sendo forçoso concluir que há falta de pagamento do imposto nas infrações por crédito indevido.

O Superior Tribunal de Justiça, no AgRg nos Embargos de Divergência em REsp nº 1.199.262/MG (2011/0036985-1), ao tratar do tema da decadência do art. 150, § 4º, do CTN, concluiu que o creditamento indevido pode acarretar pagamento total ou a menor de débito tributário, sendo oportuno destacar a seguinte parte da ementa do julgado:

> 5. A dedução aqui considerada (creditamento indevido) nada mais é do que um crédito utilizado pelo contribuinte decorrente da escrituração do tributo apurado em determinado período (princípio da não cumulatividade), que veio a ser recusada (glosada) pela Administração. Se esse crédito abarcasse todo o débito tributário a ponto de dispensar qualquer pagamento, aí sim, estar-se-ia, como visto, diante de uma situação excludente da aplicação do art. 150, § 4º do CTN.
>
> 6. Na espécie, o acórdão que julgou o recurso especial foi claro ao consignar que houve pagamento a menor de débito tributário em decorrência de creditamento indevido. Dessa forma, deve-se observar o disposto no art. 150, § 4º do CTN.
>
> 7. Agravo regimental não provido.[146]

A jurisprudência do Tribunal de Impostos e Taxas tem se posicionado, reiteradamente, no sentido de que o crédito indevido provoca, automaticamente, o não pagamento total ou parcial do ICMS, de modo que a redução ou a relevação da multa é incabível nesta hipótese.

Trago à colação, o seguinte julgado:

> ICMS – INFRAÇÕES RELATIVAS AO CRÉDITO DO IMPOSTO – UTILIZAÇÃO DE CRÉDITO ORIUNDO DA AQUISIÇÃO DE MERCADORIAS DESTINADAS AO USO E CONSUMO EM SEU ESTABELECIMENTO. 1. A recorrente não apresentou documentos que demonstrem o consumo ou desgaste do bem discriminado nas notas fiscais em seu processo produtivo. A aquisição de bens

146. Disponível em: https://bit.ly/3ks0lbR Acesso em: 13 nov. 2020.

> de uso e consumo não dá direito a crédito por expressa vedação legal: Precedentes deste Tribunal. 2. Impossibilidade de redução ou relevação de multa, pois as infrações apontadas implicaram em falta de recolhimento do imposto. Interpretação do art. 527-A do Decreto n° 45.490/2000 (DRTC-II-626569/2008, 6ª Câmara Efetiva).[147]

No mesmo sentido temos: DRT-12-822594/2007, 1ª Câmara Temporária; DRTC-II-415319/2010, 10ª Câmara Julgadora; DRT-6-516907/2011, 14ª Câmara Julgadora; DRT- 02 -617951/2011, 12ª Câmara Julgadora e DRT-6.623123/2011.[148]

As sanções tributárias pelas infrações previstas no art. 527, inciso I (falta de pagamento do imposto) e inciso II (crédito indevido) do RICMS estão fora da incidência do art. 527-A, ressalvada a hipótese de comprovação pelo sujeito passivo de que a infração não resultou em prejuízo ao erário, ou seja, que não acarretou qualquer falta de pagamento do imposto. No mais, vai depender do atendimento dos demais requisitos objetivos que são cumulativos, sem o que, a norma também não poderá incidir.

### 6.1.3 O requisito explícito da ausência de dolo, fraude ou simulação

Para que a multa fiscal seja reduzida ou relevada, o ilícito tributário não pode ser cometido com dolo, fraude ou simulação, ainda que a infração não implique falta de pagamento do imposto. É pressuposto para a aplicação do art. 527-A do RICMS.

A fraude, a simulação e a dissimulação possuem conceitos delimitados nos arts. 71, 72 e 73 da Lei 4.502/64, cujas normas estabelecem o seguinte:

> Art. 71. Sonegação é toda ação ou omissão dolosa tendente a impedir ou retardar, total ou parcialmente, o conhecimento por parte da autoridade fazendária:

147. Disponível em: https://bit.ly/33Sryza Acesso em: 02 out. 2020. [Nota do editorial: necessário digitar número do processo.].

148. Idem.

> I – da ocorrência do fato gerador da obrigação tributária principal, sua natureza ou circunstâncias materiais;
>
> II – das condições pessoais de contribuinte, suscetíveis de afetar a obrigação tributária principal ou o crédito tributário correspondente.
>
> Art. 72. Fraude é toda ação ou omissão dolosa tendente a impedir ou retardar, total ou parcialmente, a ocorrência do fato gerador da obrigação tributária principal, ou a excluir ou modificar as suas características essenciais, de modo a reduzir o montante do imposto devido a evitar ou diferir o seu pagamento.
>
> Art. 73. Conluio é o ajuste doloso entre duas ou mais pessoas naturais ou jurídicas, visando qualquer dos efeitos referidos nos arts. 71 e 72.

A simulação consiste em disfarçar uma realidade jurídica encobrindo outra que é efetivamente praticada. Simulação é, em síntese, uma declaração enganosa da vontade, visando a produzir efeito diverso daquele que a declaração real da vontade acarretaria.[149] No direito tributário, simulação *é ato* visando a ocultar ocorrência de fato jurídico tributário, mascarando para que aparente algo diverso do que realmente é, malgrado tal ato consista na prática do fato que efetivamente acarretará o nascimento da obrigação tributária. Deverá conter: conluio entre as partes; divergência entre a real vontade das partes e o negócio por elas declarado; intenção de lesar o Fisco. A dissimulação é o reverso da simulação. Consiste na ilegal ocultação da ocorrência do fato jurídico tributário.

No dizer de Aurora Tomazini de Carvalho,[150] simulação é um ato que oculta uma situação não existente, provocando falsa crença num estado não real. Na dissimulação oculta-se ao conhecimento de outrem, uma situação existente. É um ato

149. TOMÉ, Fabiana Del Padre. *Planejamento Tributário – Análise de Casos.* Artigo: CASO KITCHENS: Omissão de Receitas por pessoas jurídicas distintas que operam como uma única empresa. Coordenação de Leonardo Freitas de Moraes e Castro, Ed. São Paulo: MP, 2014, Volume 03.

150. CARVALHO, Aurora Tomazini de. "Simulação, fraude, sonegação e aplicação da multa qualificada na desconsideração de planejamentos tributários", in *XIII Congresso Nacional de Estudos Tributários – IBET* – Ed. São Paulo: Noeses, 2016, p. 117.

que camufla outro por trás do que aparece. Na dissimulação há dois negócios existentes juridicamente. Os dois são válidos e constituídos de forma lícita. Na simulação, a situação criada pelo sujeito passivo forja algo que não existe.

A fraude à lei, conforme art. 72 da Lei 4.502/64, é toda ação ou omissão dolosa tendente a impedir ou retardar, total ou parcialmente, a ocorrência do fato gerador da obrigação principal, ou a de excluir ou modificar as suas características essenciais de modo a reduzir o montante do tributo devido, evitar ou diferir seu pagamento. Aqui há uma exclusão ou modificação de caracteres do fato. Na simulação, os atos negociais reais são mascarados. A fraude e a simulação estão relacionadas com a ocultação da realidade.

Na verdade, todos esses conceitos conduzem à simulação ou são, propriamente, em última análise, simulação. Basta saber se é lícito ou ilícito. Em todas as modalidades, há o emprego intencional de artifício do sujeito passivo visando a "enganar" o Fisco para obter alguma vantagem legal ou financeira.

Com efeito, é imperativo que o lançamento fiscal, na descrição do ilícito tributário, contenha claramente pelo menos uma das figuras em testilha e tudo comprovadamente. Sem que esses elementos integrem a norma individual e concreta, não pode o órgão julgador reconhecer a fraude ou a simulação para afastar a dosimetria da multa fiscal, sob o argumento do livre convencimento pelas provas dos autos (art. 26 da Lei 13.457/2009), até porque, estar-se-ia cerceando a defesa do "contribuinte" em razão da falta de oportunidade de contraditar uma imputação que lhe foi dirigida apenas quando da prolação da decisão jurisdicional administrativa.

Deve ser garantida a ampla defesa e o contraditório para que o sujeito passivo possa oferecer argumentos e fundamentos, bem como, produzir provas visando a ilidir o dolo, a fraude ou a simulação, não só para possibilitar a aplicação do art. 527-A do RICMS, mas também, para evitar a sujeição de multas agravadas e a configuração de crimes contra a ordem tributária (Lei 8.137/90).

Ademais, regendo-se o direito tributário pelo princípio da legalidade estrita, a norma individual e concreta deverá descrever perfeitamente o fato jurídico tributário para fins de subsunção à hipótese normativa. Se assim não for, haverá "erro de acusação", passível de anulação ou de cancelamento do lançamento do crédito tributário.

Para o direito tributário sancionatório, não basta a descrição clara do fato jurídico infracional e a indicação dos sujeitos da relação jurídico tributário e o *quantum* da penalidade. É necessário que a autoridade lançadora, ao expedir na norma individual e concreta observe os pressupostos e formalidades previstos no ordenamento, bem como apresente os seus "fundamentos", apontando os dispositivos legais infringidos e sua "motivação", isto é, justificando, relatando e comprovando os eventos tributários ocorridos, para fins de subsunção à hipótese tributária sancionatória previsto no seu antecedente, baseado em provas.

Neste sentido, leciona a professora Fabiana Del Padre Tomé:

> Obviamente, a enunciação do fato jurídico posto no antecedente da norma individual e concreta precisa realizar-se em conformidade com as regras do sistema, observando forma e o conteúdo normativamente previstos. Os princípios da legalidade e da tipicidade na esfera da tributação, por exemplo, exigem que as relações obrigacionais e sancionatórias sejam desencadeadas apenas e efetivamente verificados os fatos conotativamente descritos nas correspondentes hipóteses normativas, razão pela qual se faz imprescindível que tanto os atos de lançamento e de aplicação de penalidades como as decisões proferidas no curso dos processos administrativos tributários, sejam pautados em provas.[151]

Em verdade, o órgão julgador poderá manter a integralidade da penalidade tributária adotando critérios subjetivos, dentro de uma convicção formada (art. 26 da Lei 13.457/2009), mas nunca afastar a dosimetria pelo fundamento de que o

151. TOMÉ, Fabiana Del Padre. *A prova no direito tributário*. 2. ed. São Paulo: Noeses, 2015, p. 294.

requisito objetivo da "ausência de dolo, fraude ou simulação" foi desatendido, se a "acusação fiscal" nem mesmo aponta ou descreve tais condutas.

Neste eito, a questão das provas, o dever e o "ônus" de sua produção têm papel fundamental, pois a boa-fé se presume, sendo este um axioma do Direito.

Na constituição do crédito tributário, máxime quanto às infrações mais gravosas, à Administração Tributária incumbe o "dever" e não mero ônus de produzir provas para demonstrar a ocorrência do fato jurídico tributário ou do ilícito tributário, tendo em vista o princípio da vinculação, conforme pontua a professora Fabiana Del Padre Tomé, fazendo referência a José Souto Maior Borges:

> A existência de ônus pressupõe um direito subjetivo disponível que pode ser ou não ser exercido, situação que não se verifica na esfera tributária, tendo em vista que os atos de lançamento e de aplicação de penalidades pelo descumprimento de obrigações tributárias ou de deveres instrumentais competem ao Poder Público, de modo privativo e obrigatório, tenho de fazê-lo com base nos elementos comprobatórios do fato jurídico e do ilícito tributário. Daí porque não tem a autoridade administrativa mero ônus de provar o fato jurídico ou o ilícito tributário que dá suporte a seus atos, mas verdadeiro *dever*, como manifestado por José Souto Maior Borges.[152]

No mesmo sentido de atribuir ao Fisco o "dever" de produzir provas para demonstrar o fato jurídico tributário, por ser pressuposto da fenomenologia da incidência tributária, Maria Rita Farragut leciona:

> Se alguma obrigação tributária for pretensamente descumprida, há de se reconhecer o dever de o Fisco demonstrar que o fato jurídico tributário ocorreu, já que tal demonstração é pressuposto necessário à fenomenologia da incidência. Não podendo ocorrer, em virtude da comprovada impossibilidade de prova direta

152. TOMÉ, Fabiana Del Padre. *A prova no direito tributário*. 2. ed. São Paulo: Noeses, 2015, p. 237.

> acerca da ocorrência do fato, a Administração deverá utilizar-se das presunções legais, enunciados que não estabelecem a inversão do ônus da prova, mas se constituem em meios indiretos de prova e pressupõem a comprovação dos indícios.[153]

Aliás, o art. 9º do Decreto 70.235/72, no âmbito do Contencioso Administrativo Federal, determina que o fisco apresente provas dos fatos constitutivos de seu direito:

> Art. 9º. A exigência do crédito tributário e a aplicação de penalidade isolada serão formalizados em autos de infração ou notificações de lançamento, distintos para cada tributo ou penalidade, os quais deverão estar instruídos com todos os termos, depoimentos, laudos e demais elementos de prova indispensáveis à comprovação do ilícito. (Redação dada pela Lei 11.941/2009).

Por sua vez, o § 1º, do art. 34 da Lei paulista 13.457/2009, prescreve que o Auto de Infração, além dos demais requisitos previstos, deverá ser instruído com todas as provas necessárias e admitidas em direito para comprovar a ocorrência da infração fiscal:

> Art. 34. O auto de infração conterá, obrigatoriamente:
>
> § 1º. O auto de infração deve ser instruído com documentos, demonstrativos e demais elementos materiais comprobatórios da infração.

Portanto, é do sujeito ativo o dever de produzir provas para demonstrar a ocorrência do fato jurídico tributário ou do ilícito tributário, salvo em casos excepcionais, quando o Fisco não consegue comprovar o fato principal por culpa ou por falta de colaboração do sujeito passivo, sendo imprescindível, ao menos aqui, a prova indiciária. Neste caso, pode-se falar em "inversão do ônus da prova", para que o "acusado" refute a existência do fato jurídico tributário ou seus indícios.

Mas, em se tratando de prova do dolo ou de fraude, a tarefa não é fácil. Não há que se falar em má-fé de qualquer ato do "contribuinte", ainda que consciente.

---

153. FERRAGUT, Maria Rita. *As provas e o direito tributário:* teoria e prática como instrumentos para a construção da verdade jurídica. São Paulo: Saraiva, 2016, p. 73.

De acordo com o art. 18, inciso I, do Código Penal,[154] o dolo é a vontade livre e consciente de realizar a conduta típica e antijurídica, visando ao resultado almejado, ou que tenha assumido o risco de realizá-la, diante da previsibilidade do resultado.

Para o direito tributário é necessário apenas o dolo genérico,[155] podendo haver também o dolo específico, sendo que este se traduz no *animus* de praticar determinada conduta ilícita específica, que não se confunde com mera intenção do agente.

Marco Aurélio Greco, de forma esclarecedora, diferencia a "finalidade de um ato", com o "dolo na prática de um ato", nos seguintes termos:

> De imediato, não se pode confundir *finalidade* de um ato e *dolo* na prática do mesmo ato. Finalidade corresponde a um objetivo, resultado, consequência que se busca obter com a realização de um ato, posto que seu perfil objetivo (modelo abstrato do ato) se preordena à produção daquele efeito. Portanto, a finalidade do ato corresponde a algo *externo ao próprio ato*. Completamente diferente é a noção de dolo na prática do ato [...]. O dolo não se configura pela simples vontade de obter um resultado ou atingir uma finalidade. À vontade é indispensável associar a consciência de realizar a conduta descrita no tipo. Como expõe a doutrina mais moderna, o dolo corresponde ao *elemento subjetivo do tipo*, vale dizer, para haver dolo não se trata de querer o resultado, é indispensável que se tenha consciência e se queira a conduta definida no tipo legal [...]. Vale dizer, para existir dolo no sentido técnico é indispensável que se configure a vontade ligada à ação descrita no tipo e não a intenção ligada à finalidade que o ato pode apresentar. Ou seja, *enquanto a finalidade é externa ao ato e, portanto, externa ao tipo, o dolo é um elemento interno ao ato, e, por isso, interno ao tipo, correspondendo efetivamente ao seu elemento subjetivo.*[156]

---

154. Art. 18. Diz-se o crime: (Redação dada pela Lei 7.209/84) I – doloso, quando o agente quis o resultado ou assumiu o risco de produzi-lo (incluído pela Lei 7.209/84).

155. O STJ firmou orientação segundo a qual não se exige a demonstração de nenhuma finalidade específica para a tipificação do crime do art. 1º da Lei 8.137/90: "É assente na jurisprudência do Superior Tribunal de Justiça que os crimes contra a ordem Tributária previstos no art. 1º da Lei n. 8.137/90 prescinde de dolo específico, bastando para a subsunção à norma o não recolhimento do tributo." (AgRg no AREsp 900.438/RS, j. 06.02.2018).

156. GRECO, Marco Aurélio. *Planejamento tributário*. 3. ed. São Paulo: Dialética, 2011, p. 271-272.

Daí porque a presença do dolo, da fraude e da simulação deva ser suficiente e robustamente comprovada, caso contrário, qualquer infração fiscal praticada poderia ser presumidamente dolosa.

Somente após a identificação do dolo, isto é, da intenção do agente em praticar tão grave ilícito tributário, é que se pode falar em fraude ou simulação, para fins do art. 527-A do RICMS.

A professora Maria Rita Ferragut propõe interessante solução para a prova da fraude. Pelo que chama de "dinâmica da fraude", a prova não recairia sobre a intenção do agente em si, mas sobre as circunstâncias dos fatos e as características dos atos por ele praticados:

> Diante do exposto, a solução que propomos é a de que, nos casos em que o dolo precisar ser comprovado, *a prova não recaia sobre a intenção do agente propriamente dita* – inatingível, por ser motivação intrassubjetiva e passada – *mas sobre os fatos adjacentes à fraude*, tais como frequência, voluntariedade, complexidade e consequências, bem como sobre *as características do agente que a praticou*. Chamaremos esse conjunto de "dinâmica da fraude". Com isso, a prova do dolo não recairá nem sobre a pretensa intenção do sujeito, nem sobre o fato típico ocultado. Terá por objeto a sucessão de atos que resultaram na fraude e a maneira pela qual eles foram executados, tal como ocorre na constituição de empresa por interposta pessoa. Dependendo do resultado de toda essa avaliação, far-se-á possível depreender, com mínimo de grau de segurança que o direito requer, que o sujeito agiu com dolo.[157]

Em resumo, a ausência do dolo, da fraude ou da simulação, é requisito objetivo para a dosimetria da sanção tributária pelo órgão julgador. As condutas ardilosas devem estar descritas na norma individual e concreta, com embasamento em provas lícitas, caso contrário, há de se presumir a boa-fé ou a mera culpa na prática do ilícito tributário.

É de se reconhecer a razoabilidade do legislador no processo de criação da norma do art. 92 da Lei 6.374/89,

157. FERRAGUT, Maria Rita. *As provas e o direito tributário:* teoria e prática como instrumentos para a construção da verdade jurídica. São Paulo: Saraiva, 2016, p. 234.

regulamentado pelo art. 527-A do RICMS, pois seria um prêmio ao "contribuinte" sonegador e fraudador, a possibilidade de graduar a pena para ilícitos tributários imbuídos de dolo ou má-fé, de tão grave intensidade.

### 6.1.4 O requisito explícito do limite mínimo de redução das multas fiscais

O órgão julgador não poderá reduzir a multa fiscal em valor inferior ao previsto no art. 527, § 7º, do RICMS,[158] conforme está estabelecido no § 1º do art. 527-A do RICMS, sob pena de vício da decisão proferida, por inobservar o limite imposto por lei. Nada impede, porém, que haja a relevação da penalidade tributária, que deverá ser sopesada e devidamente fundamentada no momento da dosimetria.

O art. 85, § 7º da Lei 6.374/89 e o art. 527, § 7º, do RICMS prescrevem que as multas fiscais para infrações relativas ao ICMS não podem ser inferiores a 70 (setenta) UFESPs – Unidades Fiscais do Estado de São Paulo.

Na redução da multa fiscal, havendo decisão jurisdicional administrativa que desrespeite o linde previsto nas normas apontadas, será nula de pleno direito (arts. 10, 10-A e 10-B, da Lei 13.457/2009), devendo outra ser proferida para corrigir a eiva, seja através de recurso cabível, seja por meio de Retificação de Julgado (art. 15 da Lei 13.457/2009).

---

158. Art. 527. O descumprimento da obrigação principal ou das obrigações acessórias, instituídas pela legislação do Imposto sobre Circulação de Mercadorias e sobre Prestações de Serviços, fica sujeito às seguintes penalidades (Lei nº 6.374/89, art. 85, com alteração da Lei nº 9.399/96, art. 1º, inciso IX; da Lei nº 10.619/00, arts. 1º, incisos XXVII a XXIX; 2º, incisos VIII a XIII e 3º, inciso III e da Lei nº 13.918/2009, art. 11, inciso XIII e art. 12, inciso XVIII): (redação dada ao *caput* do artigo, mantidos seus incisos, pelo Decreto nº 55.437, de 17.02.2010; DOE de 18.02.2010, efeitos a partir de 23.12.2009).
[...]
§ 7º – A multa não pode ser inferior ao valor equivalente a 70 (setenta) UFESPs (redação dada ao parágrafo pelo Decreto nº 55.437, de 17.02.2010; DOE de 18.02.2010, Efeitos a partir de 23.12.2009).

### 6.1.5 O requisito explícito da não reincidência para a relevação da multa fiscal nas infrações específicas por falta de apresentação de informações fiscais

O §2º do art. 527-A do RICMS prevê expressamente que a reincidência do sujeito passivo proíbe a "relevação" da multa fiscal pelo órgão julgador para determinados ilícitos tributários, não impedindo, contudo, a sua "redução".

É o que se depreende do texto da norma que assim dispõe: "Não poderão ser relevadas, na reincidência, as penalidades previstas na alínea 'a' do inciso VII e na alínea 'x' do inciso VIII do art. 527".

Trata-se de requisito objetivo apenas para as penalidades por descumprimento de deveres instrumentais, tais como: falta de apresentação de guia de informações de operações de saída ou de prestação de serviços e de não entrega ou precariedade das informações em arquivos magnéticos ou digitais, de acordo com a alínea "a" do inciso VII e alínea "x" do inciso VIII do art. 527, já que tais infrações dificultam, sobremaneira, a regular fiscalização pela Administração Tributária.

Assim prescrevem as referidas normas:

> Art. 527. O descumprimento da obrigação principal ou das obrigações acessórias, instituídas pela legislação do Imposto sobre Circulação de Mercadorias e sobre Prestações de Serviços, fica sujeito às seguintes penalidades (Lei 6.374/89, art. 85, com alteração da Lei 9.399/96, art. 1º, inciso IX e da Lei 10.619/2000, arts. 1º, incisos XXVII a XXIX; 2º, incisos VIII a XIII e 3º, inciso III):
>
> [...]
>
> VII – infrações relativas à apresentação de informação econômico-fiscal e à guia de recolhimento do imposto:
>
> a) falta de entrega de guia de informação – multa de 2% (dois por cento) do valor das operações de saídas ou das prestações de serviço realizadas no período, nunca inferior ao valor correspondente a 350 (trezentas e cinquenta) UFESPs; entrega até o décimo quinto dia após o transcurso do prazo regulamentar – multa equivalente ao valor de 70 (setenta) UFESPs; entrega após o décimo quinto dia – multa de 1% (um por cento) do valor das

> operações de saídas ou das prestações de serviço realizadas no período, nunca inferior ao valor correspondente a 140 (cento e quarenta) UFESPs; não existindo operações de saída ou de prestações de serviço – multa equivalente ao valor de 200 (duzentas) UFESPs na falta de entrega ou de 70 (setenta) UFESPs na entrega após o transcurso do prazo regulamentar; em qualquer caso, as multas serão aplicadas por guia não entregue (redação dada à alínea pelo Decreto 55.437, de 17.02.2010; DOE de 18.02.2010, efeitos a partir de 23.12.2009).
>
> [...]
>
> VIII – infrações relativas a sistema eletrônico de processamento de dados e ao uso e intervenção em máquina registradora, Terminal Ponto de Venda – PDV, Equipamento Emissor de Cupom Fiscal – ECF – ou qualquer outro equipamento:
>
> [...]
>
> x) não fornecimento de informação em meio magnético ou sua entrega em condições que impossibilitem a leitura e tratamento e/ou com dados incompletos ou não relacionados às operações ou prestações do período – multa equivalente a 2% (dois por cento) do valor das operações ou prestações do respectivo período, nunca inferior ao valor de 100 (cem) UFESPs.

Malgrado a regra seja clara no sentido de vedar apenas a relevação da multa fiscal para essas infrações, caso o "contribuinte" seja reincidente, o legislador estadual não cuidou de estabelecer os critérios e o alcance de como a reincidência deverá ser praticada.

Como observa Robson Maia Lins, não há norma geral através de Lei Complementar, nos termos do art. 146, inciso III, da Constituição Federal, que conceitue a "reincidência" para sua aplicação no campo sancionatório e o Código Tributário Nacional igualmente não trata da matéria.[159]

Inexistindo "lei" que conceitue a reincidência tributária, a norma tributária penal que a prevê não poderia ser aplicada,

---

159. LINS, Robson Maia. A Reiteração e as Normas Jurídicas Tributárias Sancionatórias: a multa qualificada da lei nº 9.430/96. *In*: *VII Congresso de Estudos Tributários – Direito Tributário e Conceitos de Direito Privado.* São Paulo: Noeses, dez. 2010, p. 1120.

à luz do princípio da legalidade estrita e da tipicidade tributária que nosso ordenamento adota.[160]

Entretanto, no âmbito do Contencioso Administrativo Tributário, sobretudo no que diz respeito ao processo administrativo no Estado de São Paulo, a reincidência há de ser aplicada em razão do princípio da vinculação de que fala o art. 142 do Código Tributário Nacional e porque, na atividade jurisdicional administrativa, não poderá ser afastada a aplicação de norma legal sob o fundamento de inconstitucionalidade, de acordo com o preceito contido no art. 28 da Lei 13.457/2009.

Porquanto, deverá ser adotada a analogia, consoante permissivo do art. 108, inciso I, do CTN, na solução da problemática para a definição da reincidência, para aplicação da regra do art. 527-A, § 2º, do Regulamento do ICMS do Estado de São Paulo, eis que, por falta de "lei", há incertezas e indagações sobre as condições em que o sujeito passivo poderá ser considerado reincidente para efeitos de vedação da benesse e quando seu *status* de não reincidente é restabelecido a permitir a relevação da sanção tributária. O restabelecimento da "primariedade" do contribuinte também é relevante porque irá impactar no critério da dosimetria, quando for o caso, assim como ocorre no direito penal (art. 59 do Código Penal).

O instituto da reincidência, segundo o Professor Robson Maia Lins, tem por escopo punir mais severamente aquele que pratica conduta ilícita reiterada, o que deriva da noção de justiça e de que a penalidade aplicada foi insuficiente pela insistência do sujeito passivo ou por não ter se intimidado com a penalidade já aplicada pelo ilícito tributário praticado.[161]

Em sentido amplo, a reincidência infracional tributária é a repetição da prática de um ilícito tributário.

---

160. BORGES, Juliana. *Reincidência Tributária:* teoria e prática. São Paulo: Quartier Latin, 2005, p. 169.

161. LINS, Robson Maia. A Reiteração e as Normas Jurídicas Tributárias Sancionatórias: a multa qualificada da lei nº 9.430/96. *In: VII Congresso de Estudos Tributários – Direito Tributário e Conceitos de Direito Privado.* São Paulo: Noeses, dez. 2010, p. 1105.

No direito penal, encontramos a definição do instituto da reincidência no art. 63, do Código Penal:

> Art. 63. Verifica-se a reincidência quando o agente comete novo crime, depois de transitar em julgado a sentença que, no País ou no estrangeiro, o tenha condenado por crime anterior (redação dada pela Lei 7.209/84).

O art. 64, inciso I, do Código Penal, estabelece uma circunstância para não se eternizar a reincidência, prescrevendo o seguinte:

> Art. 64. Para efeito de reincidência: (Redação dada pela Lei 7.209/84):
>
> I – não prevalece a condenação anterior, se entre a data do cumprimento ou extinção da pena e a infração posterior tiver decorrido período de tempo superior a 05 (cinco) anos, computado o período de prova da suspensão ou do livramento condicional, se não ocorrer revogação. (Redação dada pela Lei 7.209/84).

Esta norma penal trata da eficácia temporal da reincidência. Ela só produzirá efeitos como tal até o marco de 05 (cinco) anos após o cumprimento ou a extinção da pena, considerado em tal contagem, inclusive, o período de prova da suspensão ou do livramento condicional da pena e, nestes casos, se não ocorrer revogação. Caso seja revogado o benefício carcerário, a contagem deve ser iniciada a partir do término do cumprimento da pena.

Seguindo a mesma diretriz do Código Penal, na esfera tributária, o art. 70 da Lei 4.502/64 define a reincidência genérica e a reincidência específica, bem como, a hipótese em que a reincidência fenece, relativamente às infrações da legislação do atual IPI – Imposto sobre Produtos Industrializados (Decreto-Lei 34/66), dispondo o seguinte:

> Lei 4.502/64:
>
> Art. 70. Considera-se reincidência a nova infração da legislação do Imposto do Consumo, cometida pela mesma pessoa natural ou jurídica ou pelos sucessores referidos nos incisos III e IV do art. 36, dentro de cinco anos da data em que passar em julgado,

> administrativamente, a decisão condenatória referente à infração anterior.
>
> Parágrafo único: Diz-se a reincidência:
>
> I – genérica, quando as infrações são de natureza diversa;
>
> II – específica, quando as infrações são da mesma natureza, assim entendidas as que tenham a mesma capitulação legal e as referentes a obrigações tributárias previstas num mesmo capítulo desta lei.

Pela norma acima transcrita – que é a mais adequada para que o órgão julgador administrativo tributário aplique por analogia –, a reincidência somente se caracteriza quando ocorrer a constituição do crédito tributário da segunda infração tributária depois da "definitividade" do crédito tributário decorrente da primeira infração, desde que dentro do prazo de cinco anos.

Exemplificando: vamos admitir a ocorrência de um ilícito tributário em 10 de março de 2011 (data no fato), com a constituição do crédito tributário através da lavratura de Auto de Infração em 10 de março de 2013 (data do fato). Posteriormente, um segundo ilícito tributário foi praticado em 10 de abril de 2012 e o Auto de Infração lavrado em 10 de abril de 2014. Se em relação ao primeiro ilícito ainda não houver a "certeza" ou a definitividade da incidência da norma sancionatória, seja pela pendência de decisão em relação à defesa administrativa do contribuinte ou por qualquer outra hipótese legal, o sujeito passivo não será reincidente em face da segunda infração praticada. Mas, se houver alguma causa que configure a definitividade do crédito tributário, em especial, decisão administrativa passada em julgado em data anterior à lavratura do segundo Auto de Infração (10 de abril de 2014), o agente infrator será considerado reincidente de plano.

Tomando-se por base o exemplo acima, a condição de reincidente ou o restabelecimento da primariedade do contribuinte (não reincidência), poderão ocorrer por fato superveniente, isto é, no curso do processo administrativo. Neste caso, em qualquer grau de jurisdição, a parte deverá comunicar nos autos o "fato novo" constitutivo de seu direito, arcando com o ônus de provar o alegado, conforme disposto no art. 19, § 1º, da Lei 12.347/2009, garantindo-se o contraditório, sob pena de nulidade (§ 2º, do art.19).

Pode ocorrer que o sujeito passivo tenha praticado uma infração no mês de janeiro de 2018, tendo sido constituído o crédito tributário em 20 de outubro de 2018. Na espécie, o "contribuinte" opta por não impugnar o crédito tributário, tornando-se definitivo em 19 de novembro de 2018. Porém, a autoridade fiscal, numa outra ação fiscal, posteriormente, procede ao lançamento de ofício de um crédito tributário em relação ao sujeito passivo por Auto de Infração lavrado em 10 de dezembro de 2018 pelo ilícito tributário praticado no período de dezembro de 2014. Neste caso, não há que se falar em reincidência por mera ausência de conduta reiterada do "contribuinte", considerando a cronologia temporal, pois o ilícito fiscal em referência foi praticado em data anterior àquela infração cometida em janeiro de 2018 (que foi a segunda infração praticada), não obstante a definitividade da incidência da norma tributária penal, antes da lavratura do segundo Auto de Infração, que se refere à primeira infração.

É de se destacar que diferentemente do previsto no Código Penal, a contagem dos cinco anos para efeito a verificação do *status* de reincidente do sujeito passivo, inicia-se quando o crédito tributário se torna definitivo e não da sua extinção. A definitividade do crédito tributário pode ocorrer com o decurso do prazo sem que o "contribuinte" apresente defesa contestando o lançamento fiscal; ou a partir da decisão jurisdicional administrativa irrecorrível, que manteve o crédito tributário, quando houver impugnação do sujeito passivo; ou em razão da confissão pelo sujeito passivo no prazo para apresentação de Defesa ou no curso do Contencioso Administrativo Tributário; ou ainda, por alguma outra forma prevista em lei. Após o decurso desse lapso temporal de cinco anos, é restabelecida a não reincidência do "contribuinte", para todos os efeitos que interessa ao direito tributário sancionatório.

Com efeito, não pode ser considerado reincidente o sujeito passivo que impugnou regularmente o lançamento do crédito tributário, exercendo seu direito defesa, garantido pelo princípio do devido processo legal (art. 5º, incisos LIV e LV, CF/88), e que ainda está pendente de decisão administrativa, consoante o princípio constitucional do *in dubio pro reo,* que está expressamente previsto pelo art. 5º, inciso LVII, da Constituição Federal.

Na precisa assertiva de Juliana Borges, para que o sujeito passivo seja considerado reincidente, é necessária a "certeza" do ato infracional anterior que ensejou da norma tributária sancionatória, isto é, que a primeira infração tributária cometida seja definitiva:

> Isso porque não é possível que um contribuinte possa ser considerado reincidente em infração tributária, e ser punido por isso, se o primeiro ato que cometeu ainda não tiver sido, definitivamente, declarado como infracional como fato jurídico ensejador da incidência da norma jurídica tributária penal. Como vimos no direito penal, não se pode cogitar em reincidência, sem que o *novo fato jurídico* tenha ocorrido após a certa e inequívoca primeira incidência. Inexiste a possibilidade de *reincidência* sem, antes, a incidência. Para promover tal certeza, o Código Penal requer o trânsito em julgado de sentença penal condenatória, precedente à nova infração (artigo 63).[162]

Mais adiante, a mesma doutrinadora aponta que é senso comum referir-se à reincidência e pressupor uma pena imposta anterior certa e efetiva:

> Sempre que observamos qualquer alusão à reincidência, percebemos que existe – ainda que como um pensamento depreendido do contexto – referência a uma pena imposta antes da nova infração; a uma pena inquestionavelmente imposta; e não à simples incidência automática da norma penal sobre um evento delitivo, ou à mera lavratura do auto de infração, passível de reforma na esfera administrativa.[163]

---

162. BORGES, Juliana. *Reincidência tributária:* teoria e prática. São Paulo: Quartier Latin, 2005, p. 143.

163. *Ibidem*, p. 168.

Assim sendo, o art. 70 da Lei 4.502/64, deve ser adotado para definição da reincidência na aplicação do art. 527-A, § 2º, do RICMS. Porém, ainda remanesce uma questão importante, já que a norma do referido art. 70 conceitua a reincidência genérica e a reincidência específica. Qual delas deverá ser considerada?

Pois bem. Muito embora a condição de não reincidente seja requisito objetivo para permitir a relevação da multa fiscal para as hipóteses de infrações fiscais previstas no § 2º, do art. 527-A do RICMS, a vedação legal na espécie diz respeito à reincidência específica e não à reincidência genérica.

É correto afirmar que o direito penal adota a reincidência genérica em detrimento da específica para efeitos de aplicação da pena, mas que também contempla a reincidência específica para outros efeitos, como para a proibição da concessão do livramento condicional (art. 83, inciso V, do Código Penal).[164]

Contudo, no direito tributário, a reincidência deve estar definida em lei para que sua aplicação esteja em consonância com os princípios constitucionais vigentes. Como o instituto da reincidência não foi conceituado pela legislação tributária paulista, as regras e conceitos da reincidência do direito penal não podem ser totalmente adotados por analogia, sem que se façam adaptações à realidade tributária.[165]

A legislação tributária estadual, mormente no que tange ao § 2º do art. 527-A do RICMS, como já foi apontado alhures, é omissa quanto ao estabelecimento de critérios para a conformação da reincidência, tanto que existem decisões

---

164. Art. 83: O juiz poderá conceder livramento condicional ao condenado a pena privativa de liberdade igual ou superior a 02 (dois) anos, desde que: (Redação dada pela Lei nº 7.209/84):
[...]
V – cumpridos mais de dois terços da pena, nos casos de condenação por crime hediondo, prática de tortura, tráfico ilícito de entorpecentes e drogas afins, tráfico de pessoas e terrorismo, se o apenado não for reincidente específico em crimes dessa natureza. (Incluído pela Lei 13.344/2016).

165. BORGES, Juliana. *Reincidência tributária:* teoria e prática. São Paulo: Quartier Latin, 2005, p. 174.

administrativas confundindo reincidência com antecedentes do sujeito passivo, como por exemplo, no julgado proferido pela 6ª Câmara Julgadora, no Processo DRT 16-4027646/2013.[166] Equívocos dessa natureza também foram observados por Eduardo Perez Salusse ao indicar a decisão prolatada no Processo DRT 3-4012999-8.[167]

Destarte, à míngua de regulamentação de como a reincidência deve ser incidida, interpreta-se a norma de forma mais favorável ao sujeito passivo, ou seja, considera-se a reincidência específica, a teor do art. 112 do Código Tributário Nacional, que assim reza:

> Art. 112. A lei tributária que define infrações, ou lhe comina penalidades, interpreta-se da maneira mais favorável ao acusado, em caso de dúvida quanto:
>
> I – à capitulação legal do fato;
>
> II – à natureza ou às circunstâncias materiais do fato, ou à natureza ou extensão dos seus efeitos;
>
> III – à autoria, imputabilidade, ou punibilidade;
>
> IV – à natureza da penalidade aplicável, ou à sua graduação.

Também não se mostra razoável a adoção da reincidência genérica para fins tributários, haja vista a alta complexidade do sistema tributário brasileiro e a enorme quantidade de deveres instrumentais a serem cumpridos, máxime quanto à legislação do ICMS. Ao menor descuido ou erro crasso que seja, o sujeito passivo estaria fadado a ser reincidente.

Imaginando, por exemplo, que o "contribuinte" tenha cometido uma primeira infração de ínfima gravidade, como falta de comunicação à autoridade fazendária de suspensão das

---

166. Disponível em: https://bit.ly/33Sryza Acesso em: 02 ago. 2020. [Nota do editorial: necessário digitar número do processo.].

167. SALUSSE, Eduardo Perez. *Moderação sancionatória no processo administrativo tributário paulista:* uma análise empírica e teórica. São Paulo: Quartier Latin, 2016, p. 117-118.

atividades do estabelecimento (art. 527, inciso VI, alínea "b" do RICMS). Na hipótese vertente, a primariedade ou a condição de não reincidente deixaria de existir quando da ocorrência de qualquer outro novo fato jurídico infracional, grave ou não, o que não é compatível com a isonomia e com a justiça tributária, quando comparado a infratores contumazes.

Infere-se, em reforço, que o Regulamento do ICMS do Estado de São Paulo aprovado pelo Decreto 45.490/2000, estabelece a reincidência específica para o agravamento da multa fiscal, na infração reiterada do art. 527, inciso XI, letra "c":

> Art. 527: [...].
>
> [...]
>
> XI – outras infrações:
>
> [...]
>
> c) omissão ao público, no estabelecimento, de indicação dos documentos a que está obrigado a emitir – multa equivalente ao valor de 70 (setenta) UFESPs; na primeira reincidência, ao valor de 140 (cento e quarenta) UFESPs; na segunda reincidência, ao valor de 210 (duzentos e dez) UFESPs; nas demais, ao valor de 500 (quinhentas) UFESPs; a multa será aplicada, em qualquer caso, por indicação não efetuada; (Redação dada à alínea pelo Decreto 55.437/2010; DOE de 18.02.2010, efeitos a partir de 23.12.2009).

Daí afirmar que a reincidência de que fala o art. 527-A, § 2º, do RICMS é a reincidência específica.

Diante de tudo que expusemos, a reincidência, para o direito tributário sancionatório, pode ser conceituada como uma nova incidência normativa sobre um fato jurídico tributário ilícito, em relação à certeza da incidência normativa de idêntico fato jurídico tributário ilícito ocorrido anteriormente, que foi constituído pelo mesmo sujeito ativo e praticado pelo mesmo sujeito passivo.

De outra banda, não se pode confundir vedação da relevação ou perdão da multa fiscal, que é requisito objetivo, com a dosimetria em si da sanção tributária. O órgão julgador, mesmo em caso de reincidência específica ou genérica, poderá reduzir o montante da multa fiscal, mas cujo aspecto, obviamente, será sopesado na sua calibração, sendo um dos critérios para a moderação da penalidade tributária, cujo tema será tratado no subitem 6.2.2 do Capítulo 6.

Ainda quanto ao tema da reincidência no processo administrativo tributário paulista, cabe a observação de que incumbe ao Fisco o dever de demonstrar que o sujeito passivo é reincidente, pelos mesmos motivos já tratados no subitem 6.1.3, deste trabalho. Além do mais, o órgão julgador levará em consideração apenas as provas constantes dos autos, segundo a explicitação do art. 26 da Lei 13.457/2009. Não havendo elementos que comprovem a reincidência do sujeito passivo, presume-se o desimpedimento para a relevação da multa fiscal.

## 6.2 Os critérios subjetivos do art. 527-A do Decreto 45.490/2000

Presentes os requisitos objetivos do art. 527-A do RICMS, passa-se para a segunda fase da incidência da norma, que é a dosimetria da penalidade tributária propriamente dita. Para tanto, será levado em consideração os critérios expressamente definidos que são: a verificação do porte econômico do "contribuinte" e seus antecedentes fiscais.

Há um critério implícito que é inerente à atividade de graduação da penalidade fiscal, qual seja, as circunstâncias do caso concreto, sendo este o critério mais característico da individualização da pena.

Todos esses critérios, que também chamamos de requisitos subjetivos, não só terão de ser apreciados, como ainda cabe ao órgão julgador, em sua decisão, fundamentar a pertinência e o peso de cada um deles na graduação da multa fiscal, ainda que seja para afastar a redução ou a relevação, justificando os motivos de seu convencimento, como determinam os arts. 26 e 38 da Lei 13.457/2009.

A desconsideração de quaisquer dos critérios da norma acarreta a nulidade da decisão administrativa jurisdicional por violação ao princípio da legalidade.

É através dos requisitos subjetivos que os princípios constitucionais da razoabilidade, da proporcionalidade, da individualização da pena e do devido processo legal, serão realizados, de modo a implementar os sobreprincípios da segurança jurídica, da igualdade e da justiça tributária.

Desse modo, sempre que os requisitos objetivos estiverem presentes, o órgão julgador tem o poder/dever de avaliar os critérios subjetivos do art. 527-A do RICMS, ainda que seja para não reduzir ou não relevar a penalidade tributária. A manutenção da multa fiscal na íntegra (100%) também é ato de calibração, na medida em que o órgão julgador assim decide por fundamentos que culminam na conclusão de que o sujeito passivo não faz jus à mitigação ou ao perdão da reprimenda. Com efeito, mesmo nesse caso, há incidência da norma do art. 527-A do RICMS.

A seguir, iremos analisar um a um os requisitos subjetivos e como a jurisprudência do Tribunal de Impostos e Taxas tem se manifestado sobre o tema.

### 6.2.1 O critério explícito do porte econômico do contribuinte

O porte econômico do sujeito passivo tem a ver com a finalidade inibitória ou didática das sanções tributárias, sendo um dos critérios subjetivos explícitos para a graduação da multa fiscal, de acordo com o contido no § 3º do art. 527-A do RICMS.

Não obstante a imprecisa expressão "porte econômico" contida na norma, o critério em análise quer significar a capacidade econômica do sujeito passivo absorver determinada penalidade pecuniária fiscal para que a sanção seja eficaz em relação ao infrator, mas, sem perder de vista as circunstâncias do ilícito tributário praticado e tendo em conta sua intensidade.

O critério da condição econômico-financeira também é adotado pelo Código Penal brasileiro, no art. 60, § 1º, para a fixação da pena de multa ao réu, nos seguintes termos:

> Art. 60. Na fixação da pena de multa o juiz deve atender, principalmente, à situação econômica do réu. (Redação dada pela Lei 7.209/1984).
>
> § 1º. A multa pode ser aumentada até o triplo, se o juiz considerar que, em virtude da situação econômica do réu, é ineficaz, embora aplicada no máximo. (Redação dada pela Lei 7.209/84).

Com efeito, a avaliação do porte econômico do "contribuinte" deverá ser feita com base em vários elementos, como o capital social, faturamento, patrimônio líquido, resultados financeiros, participação no mercado, estrutura administrativa, quantidade de empregados contratados, publicidade nos meios de comunicação, dentre outros fatores que possam demonstrar qual a capacidade contributiva do sujeito passivo ou sua situação econômica, a serem considerados para aferir a proporcionalidade da penalidade tributária.

Efetivamente, o faturamento da empresa, isoladamente, não é suficiente para constatar o real nível econômico do sujeito passivo. É de bom alvitre que também seja levado em consideração outras informações econômico-financeiras, contábeis e patrimoniais, dado que muitas vezes não há correlação entre o faturamento e o porte da empresa. Inexistindo elementos nos autos do processo administrativo que demonstrem a efetiva condição econômica do "contribuinte", aí sim a referência poderá ser o valor da receita bruta ou o capital social.

Na seara tributária, a Lei Complementar 123/2006 define a microempresa e a empresa de pequeno porte, tendo como critério o valor da receita bruta, conforme estipulado no art. 3º, que assim diz:

> CAPÍTULO II
>
> DA DEFINIÇÃO DE MICROEMPRESA E DE EMPRESA DE PEQUENO PORTE

> Art. 3º. Para os efeitos desta Lei Complementar, consideram-se microempresas ou empresas de pequeno porte, a sociedade empresária, a sociedade simples, a empresa individual de responsabilidade limitada e o empresário a que se refere o art. 966 da Lei no 10.406, de 10 de janeiro de 2002 (Código Civil) devidamente registrados no Registro de Empresas Mercantis ou no Registro Civil de Pessoas Jurídicas, conforme o caso, desde que:
>
> I - no caso da microempresa, aufira, em cada ano-calendário, receita bruta igual ou inferior a R$ 360.000,00 (trezentos e sessenta mil reais); e
>
> II - no caso de empresa de pequeno porte, aufira, em cada ano calendário, receita bruta superior a R$ 360.000,00 (trezentos e sessenta mil reais) e igual ou inferior a R$ 4.800.000,00(quatro milhões e oitocentos mil reais).

O Regulamento do Imposto de Renda (Decreto 9.580/2018) prevê no art. 587, que somente as pessoas jurídicas com faturamento total no ano-calendário de até R$ 78.000.000,00 (setenta e oito milhões de reais) poderão optar pelo lucro presumido. Se o patamar for superado, o regime tributário deverá ser obrigatoriamente do lucro real.

Diz a norma o seguinte:

> Art. 587. A pessoa jurídica cuja receita bruta total no ano-calendário anterior tenha sido igual ou inferior a R$ 78.000.000,00 (setenta e oito milhões de reais) ou a R$ 6.500.000,00 (seis milhões e quinhentos mil reais) multiplicado pelo número de meses de atividade do ano-calendário anterior, quando inferior a doze meses, poderá optar pelo regime de tributação com base no lucro presumido (Lei 9.718/98, art. 13, *caput*).

Tomando-se por base as normas epigrafadas, acima do valor de R$ 4.800.000,00 (quatro milhões e oitocentos mil reais) anuais, presume-se que a sociedade empresária é no mínimo de médio porte e quando o faturamento anual for acima de R$ 78.000.000,00 (setenta e oito milhões de reais), nos traz a ideia de uma empresa de grande porte pela obrigatoriedade de adoção do regime de apuração do Lucro Real na apuração do Imposto de Renda Pessoa Jurídica.

O BNDES[168] classifica o porte das empresas considerando outros valores de renda anual, em que o órgão julgador também poderá considerar na ausência de outros elementos:

| CLASSIFICAÇÃO | RECEITA OPERACIONAL BRUTA ANUAL OU RENDA ANUAL |
|---|---|
| **Microempresa** | Menor ou igual a R$ 360 mil |
| **Pequena Empresa** | Maior que R$ 360 mil e menor ou igual a R$ 4,8 milhões |
| **Média Empresa** | Maior que R$ 4,8 milhões e menor ou igual a R$ 300 milhões |
| **Grande Empresa** | Maior que R$ 300 milhões |

Mais uma vez, o papel das provas, ou melhor, da produção de provas nos autos pelas partes (arts. 33 e 34 da Lei 13.457/2009), no sentido de fornecer elementos para demonstrar o real porte econômico da sociedade empresária, pode ser decisivo para a dosimetria da sanção tributária.

Há situações em que o porte econômico do sujeito passivo é público e notório e por isso, independe de provas, conforme está previsto no art. 20, inciso III, da Lei 13.457/2009,[169] em combinação com o art. 374 do Código de Processo Civil.[170] Empresas Multinacionais ou aquelas reconhecidamente de grande porte, onde qualquer pessoa pode identificar por sua exposição publicitária na mídia e pela quantidade de estabelecimentos existentes nas cidades brasileiras, dispensa maiores comprovações. E, *mutatis mutantis*, o mesmo ocorre com empresas de menor porte, como é o caso das EIRELIs e de pequenos estabelecimentos que exploram atividades nitidamente simples pelo

168. Disponível em: https://bit.ly/3po0roR Acesso em: 14 nov. 2020.

169. Art. 20. Não dependem de prova os fatos:
I – afirmados por uma parte e confessados pela parte contrária;
II – admitidos, no processo, como incontroversos. [...].

170. Art. 374. Não dependem de prova os fatos:
I – notórios;
II – afirmados por uma parte e confessados pela parte contrária;
III – admitidos no processo como incontroversos;
IV – em cujo favor milita presunção legal de existência ou de veracidade.

próprio tipo de negócio dentro da economia. Mas, para ilidir a notoriedade, incumbe às partes litigantes do processo administrativo tributário produzir provas.

Quando a empresa for de porte médio, haverá mais dificuldades para o órgão julgador identificar qual o seu real porte econômico ou a situação financeira do momento, a fim de sopesar a proporcionalidade frente à multa fiscal aplicada. Nesses casos, as partes litigantes devem produzir provas para corroborar seus argumentos. De um lado, o Estado para justificar que a sanção tributária aplicada é adequada. De outro lado, o sujeito passivo para demonstrar que a penalidade é excessiva.

Sendo o "contribuinte" de pequeno porte, o cuidado do julgador deverá ser redobrado, pois valores de multas fiscais aparentemente inexpressivos podem sufocar suas atividades econômicas. Empresas notadamente de maior porte ou com faturamento mais expressivo, normalmente conseguem absorver multas fiscais mais gravosas, todavia, se estiverem experimentando prejuízos, a penalidade poderá acarretar sérios problemas de viabilidade das atividades econômicas. Seja como for, não se pode perder de vista que a função social da atividade econômica, que, dentro do possível, deverá ser preservada (art. 170 da Constituição Federal).

É pertinente uma cuidadosa análise quando se tratar de "contribuinte" de grande porte que esteja dentro dos padrões econômico-financeiros normais ou regulares, pois certas multas podem ser insignificantes de tal maneira que o consequente normativo sancionatório não atingirá sua finalidade didática e pedagógica de inibir o ilícito tributário, estimulando, ao revés, a ideia de que o "crime compensa", o que deve ser plenamente combatido.

Uma vez estabelecida a condição econômico-financeira do sujeito e não necessariamente o seu porte econômico, o órgão julgador irá efetivamente levar em conta como critério para aplicar o princípio da proporcionalidade na graduação da multa fiscal. Será sopesado o montante do valor da penalidade com o porte econômico da empresa, justamente para que o desiderato da sanção tributária seja alcançado.

O critério do porte econômico, frise-se, não é requisito objetivo e por isso, não pode, isoladamente, servir de fundamento para indeferir a redução ou a relevação da multa fiscal. Ao contrário, trata-se de critério subjetivo para a dosimetria da sanção tributária. Neste sentido, indicamos o acórdão proferido pela 7ª Câmara Julgadora do TIT, no Processo DRT II-757180/2010, donde extraímos o seguinte trecho do Voto Condutor:

> No que tange ao porte econômico, entendo que este não é fator determinante para negar o benefício previsto no art. 527-A do RICMS, O porte é parâmetro para a mensuração do benefício, já que a lei não proíbe expressamente a relevação ou redução para empresas de grande porte.[171]

Qualquer restrição à dosimetria da penalidade tributária, apenas pelo fato do "contribuinte" ser de grande porte, acarreta violação aos princípios da isonomia tributária, como já decidiu o Tribunal de Impostos e Taxas no Processo DRT 15-783060/2009.[172]

No mesmo sentido, a Câmara Superior, em julgamento proferido no DRT-03 4034130/2015, publicado em 23/06/2017, manifestou-se no sentido de que o porte econômico da empresa não é óbice para aplicação do art. 527-A do RICMS, cuja ementa trago à colação:[173]

> ICMS. III.4 – Emitiu documentos fiscais sem a correspondente saída de mercadoria. III.5 – Emitiu documentos fiscais em hipótese não prevista na legislação. Redução das multas efetuada

171. Disponível em: https://bit.ly/33Sryza Acesso em: 03 ago. 2020. [Nota do editorial: necessário digitar o número de processo.].

172. SALUSSE, Eduardo Perez. Moderação sancionatória no processo administrativo tributário paulista: uma análise empírica e teórica. São Paulo: Quartier Latin, 2016, p. 125.

173. Disponível em: https://bit.ly/33Sryza Acesso em: 07 ago. 2020. [Nota do editorial: necessário digitar o número do processo.].

> com fulcro no art. 527-A do RICMS/00. Porte econômico da empresa e antecedentes fiscais não são óbice à aplicação do dispositivo em exame. Súmula 06 deste E. Tribunal. Recurso Especial da Fazenda Pública não conhecido.

No julgamento proferido pela 7ª Câmara Julgadora do TIT, no DRT 7-501058/2010, no entanto, o fato da empresa não ser microempresa ou empresa de pequeno porte, foi a principal justificativa para afastar a redução da multa fiscal, conforme trecho do acórdão que destaco:

> 16. Entretanto, a própria autuada admite, inclusive em suas contrarrazões (fls. 106), que 'em 16 anos, somente foi autuada 05 vezes', ou seja, foram lavrados outros AIIM contra o mesmo contribuinte. Esta informação é confirmada e ampliada pela Representação Fiscal (fls. 87), de cujo parecer a autuada teve vista e extraiu cópias (fls. 94).
>
> 17. Além disso, quanto ao porte econômico, trata-se de sociedade limitada, não enquadrada em regime de microempresa ou empresa de pequeno porte, como informado no parecer da Representação Fiscal (fls. 87). Já não bastasse esse fato, o capital social da empresa (fls. 115) é significativo e também aponta seu porte econômico.
>
> 18. Por fim, importa ressaltar que o fato de o julgador ter considerado que as operações sejam de cunho apenas financeiro não é relevante para o critério de relevação ou redução da multa. Todas as obrigações impostas ao contribuinte devem ser rigorosamente observadas.
>
> 19. Assim, não havendo dúvidas de que a infração é procedente, como admitido pelo julgador de primeira instância, a multa é devida e não deve ser reduzida, por falta de requisitos legais.[174]

No julgamento no Processo DRTC II-372719/2005,[175] o porte econômico foi fator preponderante para a não redução da penalidade fiscal, em detrimento de outros critérios da lei, tendo sido referendado pelo plenário das então Câmaras Reunidas do Tribunal de Impostos e Taxas.

---

174. Disponível em: https://bit.ly/33Sryza Acesso em: 03 ago. 2020. [Nota do editorial: necessário digitar número do processo.].

175. Idem.

Deste modo, diante do tratamento conferido ao critério do porte econômico do sujeito passivo que se verifica em variadas decisões administrativas, o órgão julgador deve estar atento para a escorreita aplicação do Direito.

Assim é que, para a calibração da multa fiscal, o porte econômico deve ser ponderado juntamente com outros critérios, tais como: os antecedentes fiscais, as circunstâncias do caso concreto, a equidade e os princípios constitucionais que estão jungidos ao direito tributário sancionatório.

### 6.2.2 O critério explícito dos antecedentes fiscais

O critério subjetivo dos antecedentes fiscais do sujeito passivo, que também está expressamente previsto no § 3º do art. 527-A do RICMS, é elemento de discrímen entre os infratores a ser sopesado pelo órgão julgador, que, igualmente quanto ao instituto da reincidência, não foi conceituado pelo legislador paulista, provocando dissonantes entendimentos jurisprudenciais no âmbito do Tribunal de Impostos e Taxas.

Tanto no direito penal, como no direito tributário, os antecedentes do agente infrator voltam-se para as condutas praticadas no passado que irão influenciar na dosimetria da pena.

Sendo o infrator um "contribuinte" cordato ou primário, não há maiores dificuldades, de tal modo que a gradação da penalidade tende a ser mais favorável, simplesmente por não haver antecedentes fiscais.

O problema está em definir "antecedentes fiscais" na aplicação do art. 527-A do RICMS, quando o sujeito passivo possuir outros Autos de Infração lavrados contra si, definitivamente julgados ou não julgados, o tipo da infração praticada e considerando-se ainda, a *data no fato* do ilícito tributário.

Estou me adiantando em afirmar que a mera existência de Autos de Infração não pode evidenciar antecedentes desabonadores de forma automática, tendo em vista o princípio da presunção de inocência consagrado pela Constituição Federal de 1988, no art. 5º, inciso LVII, ao declarar que: "ninguém será considerado culpado até o trânsito em julgado de sentença penal condenatória".

No direito penal, os bons e os maus antecedentes do réu são critérios que interessam na avaliação do juiz para fixação da pena-base, conforme prevê o art. 59 do Código Penal.[176] A vida pregressa é componente para verificar se o comportamento criminoso do acusado é esporádico ou habitual e qual a espécie da prática delituosa.

Celso Delmanto adverte que pelo princípio da não culpabilidade, não se consideram como "maus antecedentes" do réu para efeitos de dosimetria da pena, a existência de inquéritos ou processos em curso:

> São os fatos anteriores de sua vida, incluindo-se tanto os antecedentes bons como maus. Serve este componente especialmente para verificar se o delito foi um episódio esporádico na vida do sujeito ou se ele, com frequência ou mesmo habitualmente, infringe a lei, a folha de antecedentes policiais e as certidões dos distribuidores criminais não são suficientes para este exame, sendo necessárias certidões dos cartórios das varas para as quais foram distribuídos os inquéritos e outros feitos. Processos ou inquéritos em curso, mesmo com indiciamento: Não devem ser considerados como maus antecedentes, diante da garantia constitucional da presunção de inocência (CR, art. 5º, inciso LVII; PIDCP, art. 14, § 2º; CADH, art. 8º, § 2º, primeira parte). Processos com absolvição ou inquéritos arquivados: não podem ser pesados em desfavor do agente, pois há a presunção de sua inocência. Processos com prescrição: Tratando-se da extinção da punibilidade em razão da prescrição da 'pretensão punitiva',

176. Art. 59. O juiz, atendendo à culpabilidade, aos antecedentes, à conduta social, à personalidade do agente, aos motivos, às circunstâncias e consequências do crime, bem como ao comportamento da vítima, estabelecerá, conforme seja necessário e suficiente para reprovação e prevenção do crime (redação dada pela Lei 7.209/84):
I – as penas aplicáveis dentre as cominadas (Redação dada pela Lei 7.209/84);
II – a quantidade de pena aplicável, dentro dos limites previstos (Redação dada pela Lei 7.209 /84);
III – o regime inicial de cumprimento da pena privativa de liberdade (incluído pela Lei 7.209/84);
IV – a substituição da pena privativa da liberdade aplicada, por outra espécie de pena, se cabível (Incluído pela Lei 7.209, de 11/07/84).

> não devem ser considerados contra o agente. Fatos posteriores ao crime: a conduta posterior ao crime, sem ligação com este, és estranha ao fato que está sendo julgado e não pode, por isso, ser nele considerada. Condenação transitada em julgado antes do novo fato que está sendo julgado: Como gera reincidência (CP, arts. 61, inciso I e 63), não deverá ser considerada, ao mesmo tempo, mau antecedente, para não constituir *bis in idem*. Caso o prazo depurador de cinco anos (CP, art. 64, inciso I) já tenha passado antes do cometimento do novo crime, não deve igualmente ser considerada nos antecedentes, pois não seria coerente que a condenação anterior, não gerando mais reincidência, passasse a ser considerada mau antecedente. Condenação por fato anterior, transitada em julgado após o novo fato: Embora não gere reincidência, sendo o acusado, como se costuma dizer de forma imprópria, 'tecnicamente primário', pode ser considerada como mau antecedente. Esta, a nosso ver, em face de garantia constitucional da presunção de inocência, é hoje a única hipótese que pode ser considera como mau antecedente.[177]

O Supremo Tribunal Federal, no RE nº 591.054, em sede de Repercussão Geral, decidiu que a existência de Inquéritos Policiais ou de ações penais, sem o trânsito em julgado operado, é inócua para a definição de antecedentes criminais, de modo que não pode ter qualquer influência para a dosagem da pena.

O acórdão publicado em 25 de fevereiro de 2015 ficou assim ementado:

> RECURSO EXTRAORDINÁRIO Nº 591.054 SANTA CATARINA.
>
> RELATOR: MIN. MARCO AURÉLIO.
>
> RECTE. (S): MINISTÉRIO PÚBLICO DO ESTADO DE SANTA CATARINA.
>
> PROC. (A/S)(ES): PROCURADOR-GERAL DE JUSTIÇA DO ESTADO DE SANTA CATARINA.
>
> RECDO. (A/S): SANDRO GASPARI.
>
> ADV. (A/S): SANDRO SPRICIGO.

177. DELMANTO, Celso. Código Penal Comentado. 7. ed. Rio de Janeiro: Renovar, 2007, p. 185.

> INTDO. (A/S):DEFENSOR PÚBLICO-GERAL FEDERAL
>
> PENA – FIXAÇÃO – ANTECEDENTES CRIMINAIS – INQUÉRITOS E PROCESSOS EM CURSO – DESINFLUÊNCIA. Ante o princípio constitucional da não culpabilidade, inquéritos e processos criminais em curso são neutros na definição dos antecedentes criminais. ACÓRDÃO. Vistos, relatados e discutidos estes autos, acordam os Ministros do Supremo Tribunal Federal em desprover o recurso extraordinário, nos termos do voto do relator e por maioria, em sessão presidida pelo Ministro Ricardo Lewandowski, na conformidade da ata do julgamento e das respectivas notas taquigráficas. Brasília, 17 de dezembro de 2014.
>
> MINISTRO MARCO AURÉLIO – PRESIDENTE E RELATOR.[178]

O Superior Tribunal de Justiça, também se pronunciou sobre o tema ao editar a Súmula 444, nos seguintes termos: "É vedada a utilização de inquéritos policiais e ações penais em curso para agravar a pena-base".

No campo do direito tributário, assevera Heleno Taveira Torres, que a presunção de inocência é garantia constitucional para qualquer ilícito tributário, até que a Administração Tributária prove a culpabilidade do sujeito passivo:

> A garantia constitucional de que o acusado de qualquer ilícito tributário tenha direito à *presunção da sua inocência* enquanto não se prove sua culpabilidade, com os meios necessários à defesa, envolve o dever da Administração de apurar, com isenção e cautelas, todas as provas apresentadas, sem qualquer inversão do ônus das provas, ao se manter o dever de provar o que pretende alegar. Ao converter o processo de apuração de provas em mera formalidade, o meio (lançamento) assume o papel de vil condenação, sem qualquer respeito à Constituição.[179]

Firme no disposto da cláusula constitucional da não culpabilidade, que é plenamente aplicável ao direito tributário sancionatório e diante da orientação sedimentada pelo Supremo Tribunal Federal e pelo Superior Tribunal de Justiça,

178. Disponível em: https://bit.ly/3eYCKyx Acesso em: 14 nov. 2020.

179. TORRES, Heleno Taveira. Multas tributárias devem observar a Constituição. 2014. Disponível em: https://bit.ly/3eYE9VP Acesso em: 14 nov. 2020.

forçoso concluir que somente haverá antecedentes desabonadores para fins da dosimetria da penalidade tributária de que fala o art. 527-A do RICMS, quando houver lançamento definitivo de crédito tributário decorrente de fatos jurídicos tributários ilícitos anteriores (*data no fato*), devidamente comprovado no processo, ao tempo da decisão jurisdicional administrativa, para que não seja desvirtuada a presunção de inocência do sujeito passivo e a justa penalidade pelas condutas fiscais ilícitas à época.

De regra, o órgão julgador deverá considerar como "antecedentes fiscais" a reiteração do mesmo comportamento infracional anterior, quando o crédito tributário se torna definitivo e não da sua extinção. Como foi dito alhures, a definitividade do crédito tributário pode ocorrer com o decurso do prazo sem que o "contribuinte" apresente Defesa contestando o lançamento fiscal; ou a partir da decisão jurisdicional administrativa irrecorrível que manteve o crédito tributário; ou em razão de confissão extrajudicial pelo sujeito passivo no prazo para apresentação de Defesa ou no curso do Contencioso Administrativo Tributário; ou ainda, por alguma outra forma prevista em lei, cujas hipóteses acarretam a definitividade do crédito tributário, tudo dentro do prazo de 05 anos. A reincidência tributária específica, que foi tratada no subitem 6.1.5 é a mais evidente configuração de antecedentes desabonadores.

Em havendo a certeza da incidência da norma tributária sancionatória, o órgão julgador também poderá considerar como "antecedentes fiscais" na graduação da multa fiscal. Afinal, a certeza do lançamento fiscal torna insofismável a prática de um ilícito tributário.

Nada impede que, excepcionalmente, seja levada em conta, na calibração da penalidade tributária, a reincidência genérica do sujeito passivo quando uma determinada infração anterior contiver algum tipo de correlação ou padronização com o ilícito tributário posteriormente praticado. Deverá ser considerada, portanto, a *data no fato* de cada infração, ou seja, se os eventos ocorreram num curto lapso temporal ou se há um espaçamento considerável entre uma infração e outra, bem como, a natureza e a semelhança das infrações. Sendo infrações dessemelhantes ou desconexas, não se mostra razoável conferir ao sujeito passivo a qualidade de possuidor de "maus antecedentes fiscais", na atividade da dosimetria da sanção tributária pelo órgão julgador.

Nesta esteira, os antecedentes fiscais também devem ser avaliados frente ao "porte econômico do contribuinte" e vice-versa, promovendo um intercâmbio e a contextualização desses elementos. Isto porque, não é razoável afirmar que uma empresa tenha antecedentes desabonadores apenas pela existência de um número de autos de infração contra si. Não é incomum que uma empresa antiga e com porte econômico médio ou grande possua em seu histórico autuações fiscais, sem que isso represente comportamento reiterado com alto grau de reprobabilidade. Pode ocorrer ainda que uma empresa de pequeno porte, com pouco tempo em atividade, possua vários autos de infração, justamente por ter sido constituída para fins ilícitos e fraudulentos, de modo que o órgão julgador deverá sempre analisar o caso concreto. Por essa razão é que insisto que todos os critérios subjetivos explícitos devem ser considerados na dosimetria da sanção tributária, não bastando apenas um deles, para que não haja injustiças.

Em cada uma das situações concretamente apresentadas, o comportamento pregresso do "contribuinte" frente à legislação tributária haverá de ser mensurado para guardar adequada relação com a finalidade didática e inibitória da sanção tributária, sem olvidar os demais critérios subjetivos e dos princípios constitucionais aplicáveis.

A jurisprudência do Tribunal de Impostos e Taxas, muitas vezes, confere tratamento equivocado ao instituto dos "antecedentes fiscais". Há decisões reconhecendo a impossibilidade de reduzir ou relevar a penalidade tributária, apenas pela existência de Autos de Infração lavrados contra o sujeito passivo, como se vê dos julgados proferidos nos processos DRT 12-4047258-9/2014, 6ª Câmara Julgadora; DRT-C-II-865942/2008, 7ª Câmara Julgadora; DRT 3-465557/2009, 6ª Câmara Julgadora; DRT 03-4032181-2/2013, 9ª Câmara Julgadora; DRT 13-03 4032181-2/2013, 4ª Câmara Julgadora.[180]

Alertamos, porém, em "cores fortes", que a existência de antecedentes não impede a redução ou a relevação da penalidade tributária pelo que dispõe a regra do art. 527-A do RICMS, como já decidiu o Tribunal de Impostos e Taxas de forma iterativa (DRT 15-3158858-0/2011 - Câmara Superior - publicado em 19/08/2016; DRT-03 4034130/2015 – Câmara Superior - Publicado em 23/06/2017; DRT-03 4045196/2015 - 11ª Câmara Julgadora – Publicado em 05/04/2018; e DRT 10-614505/2008, 3ª Câmara Julgadora).[181] A reincidência específica, a reincidência genérica (excepcionalmente) ou a mera reiteração, servirão apenas como critérios de graduação,[182] mas não fator impeditivo de individualização da pena, salvo na hipótese do § 2º, do art. 527-A do RICMS.

São critérios subjetivos para a gradação da multa fiscal os antecedentes fiscais do sujeito passivo e o porte econômico, e não "requisito objetivo" para fins de aplicação do art. 527-A do RICMS.

### 6.2.3 O critério das circunstâncias do caso concreto

Para que haja efetiva realização do princípio da individualização das penas e na aplicação da equidade para a dosimetria da sanção tributária, considerar apenas os requisitos subjetivos explícitos contidos no art. 527-A do RICMS é insuficiente.

---

180. Disponível em: https://bit.ly/33Sryza Acesso em: 07 ago. 2020. [Nota do editorial: necessário digitar número do processo].

181. Idem.

182. Lembrando que a gradação da pena também pode implicar a manutenção da integralidade da multa fiscal aplicada e não necessariamente sua redução ou relevação.

As circunstâncias do caso concreto é componente essencial para que se possa avaliar a intensidade do ilícito tributário praticado, que reflete diretamente na graduação da multa fiscal, tendo em conta os elementos do processo administrativo.

É no conjunto probatório dos autos, nas peculiaridades do litígio administrativo e nos conhecimentos sociais, políticos e profissionais adquiridos (*máximas da experiência*), que o julgador irá formar seu convencimento e expedir norma individual e concreta, moderando a sanção tributária, sempre tendo, em mira, os princípios constitucionais tributários e os critérios subjetivos explícitos do § 3º, do art. 527-A do RICMS.

É o que se extrai do art. 26 da Lei 13.457/2009: "Os órgãos de julgamento apreciarão livremente as provas, devendo, entretanto, indicar expressamente os motivos de seu convencimento".

Assim é que atribuímos como critério subjetivo implícito do art. 527-A do RIMCS, as circunstâncias do caso concreto, que é corolário do princípio da individualização das penas, insculpido no art. 5º, inciso XLVI, letra "c" da Carta Constitucional vigente, ao declarar que: "a lei regulará a individualização da pena e adotará, entre outras, as seguintes: [...] c) multa".

A norma geral e abstrata nunca irá prever todos os eventos jurídicos, dado que a multiplicidade e variedade de situações que podem ocorrer, são infinitas. Por essa razão, o aplicador do Direito, sempre à luz da legislação em vigor, fará uma valoração prudencial visando a dar solução mais justa possível para o caso *sub examine*, considerando suas especificidades.

Para a aplicação da reprimenda no direito penal, o juiz se vale do sistema trifásico estabelecido no art. 68, sempre com espeque nas "circunstâncias do caso concreto":

> Art. 68. A pena-base será fixada atendendo-se ao critério do art. 59 deste Código; em seguida serão consideradas as circunstâncias atenuantes e agravantes; por último, as causas de diminuição e de aumento (redação dada pela Lei 7.209/84).

> Parágrafo único: No concurso de causas de aumento ou de diminuição previstas na parte especial, pode o juiz limitar-se a um só aumento ou a uma só diminuição, prevalecendo, todavia, a causa que mais aumente ou diminua (redação dada pela Lei 7.209/1984).

Comprovado o fato criminoso e colhendo todas as informações, na primeira fase, o juiz irá aplicar a pena-base atentando-se para as circunstâncias judiciais do art. 59 do Código Penal, fixando a pena de acordo com o caso concreto. Na segunda fase, serão consideradas as atenuantes (exemplo: confissão espontânea) e as agravantes do caso concreto. Na terceira fase, serão consideradas as causas de aumento e de diminuição da pena, sempre em conformidade com o caso concreto.

Julio Frabbrini Mirabete, sobre o sistema de individualização da pena no Direito Penal, pontua que:

> Deve o juiz fundamentar a dosimetria da pena em com referência a todas as circunstâncias que levou em consideração na fixação da sanção, em aumentos ou reduções, sob pena de nulidade, máxime se foi aplicada pena acima do limite mínimo, regra que vale para as decisões da Instância Superior. Nos processos julgados pelo Tribunal do Júri, ao Juiz Presidente cabe fundamentar a dosimetria da pena, atendendo aos limites e às circunstâncias reconhecidas pelos jurados, além daquelas previstas no artigo 59 do Código Penal.[183]

Celso Delmanto explica o percurso das fases que o juiz deve cumprir para a fixação da pena:

> Como determina este artigo 68 do CP, ele deve ser feito em três fases, no também chamado método de Nelson Hungria (em oposição ao método das duas fases de Roberto Lyra). 1ª Fase: numa primeira etapa, fixa-se a pena-base de acordo com as circunstâncias judiciais do artigo 59. Ela se tornará definitiva, caso não existam circunstâncias legais (agravantes ou atenuantes), ou causas de aumento ou de diminuição aplicáveis. Se elas incidem, passa-se às fases seguintes. 2ª Fase: sobre a pena-base apurada na 1ª fase, recaem as circunstâncias legais (agravantes e atenuantes)

---

183. MIRABETE, Julio Fabbrini. *Código de Processo Penal interpretado*. 10. ed. São Paulo: Atlas, 2003, p. 1018.

> dos artigos 61, 62, 65 e 66. 3ª fase: sobre a pena apurada na 2ª fase (e não sobre a pena-base) incidirão as eventuais causas de aumento ou diminuição da Parte Geral ou Especial do CP, ou de leis penais extravagantes. Observação: Há, ainda, uma 4ª fase, que obriga o juiz, depois da 3ª fase, a fixar o regime inicial de cumprimento de pena, se se tratar de privativa de liberdade (art. 59, inciso III), e examinar a possibilidade de substituir a pena privativa de liberdade por restritiva de direitos ou multa (CP, artigos 44 e 59, inciso IV e 60, § 2º).[184]

Como se percebe, nas três fases da fixação da pena, o aplicador do Direito considera as circunstâncias do caso concreto.

Na atividade de dosimetria da sanção tributária, é utilizado o mecanismo da "equidade", previsto no art. 108, inciso IV, do CTN, que equivale à primeira fase da fixação da pena do art. 68, do Código Penal, sendo indispensável o exame das circunstâncias do caso concreto.

Paulo Roberto Coimbra Silva destaca a importância da equidade para justificar a redução ou a dispensa da sanção tributária:

> A propósito da equidade, não se pode olvidar que o legislador, prudente, previu um limite ao seu emprego na seara do direito tributário, não podendo ensejar dispensa do pagamento de tributo previsto em lei (artigo 108, § 2º). De notar-se que, não podendo atingir o valor do tributo devido, é na aplicação – ou não (!) – das sanções estritamente fiscais que se encontra o campo propício à utilização da equidade, podendo ensejar e justificar sua redução, mais ou menos significativa e, eventualmente, até mesmo seu descabimento.[185]

Insistimos que o porte econômico e os antecedentes fiscais, e até mesmo a reincidência (neste caso ressalvada a hipótese vedação de relevação de que fala o § 2º, do art. 527-A do RICMS), não podem impossibilitar a redução ou relevação

---

184. DELMANTO, Celso. *Código Penal Comentado*. 7. ed. Rio de Janeiro: Renovar, 2007, p. 221.

185. SILVA, Paulo Roberto Coimbra. *Direito tributário sancionador*. São Paulo: Quartier Latin, 2007, p. 121.

da multa fiscal aplicada. Impende examinar cada caso e suas particularidades, de acordo com os dados e informações constantes do processo administrativo, no seu conjunto, não só para constatar a conduta infracional do agente, mas também o nível de culpabilidade.

Infrações praticadas com ou sem potencial lesivo ao erário, erros formais crassos, equívocos na interpretação da lei, inclusive em decorrência de entendimento jurisprudencial do Poder Judiciário diverso daquele adotado pelo Estado, se a obrigação tributária e os deveres instrumentais são complexos, bem como, aqueles ilícitos tributários que o sujeito passivo cometeu conscientemente ou dolosamente, dentre tantas outras situações periféricas em que o "contribuinte" deveria praticar ou deixar de fazer, hão de ser considerados e sopesados para a esmerada individualização da pena.

O Desembargador Alexandre Delfino de Amorim Lima, que foi Presidente do Tribunal de Justiça do Estado de São Paulo, em artigo publicado no jornal *O Estado de São Paulo*, em 15 de abril de 1945, citado por Alípio Silveira, aponta o significado do "caso concreto" dentro da função jurisdicional que o julgador está investido:

> Os Tribunais, em seus arestos, não solucionam teses de direito, à maneira dos jurisconsultos, encerrados na torre de marfim dos princípios abstratos, mas decidem casos concretos, segmento do drama cotidiano da vida, caracteristicamente dissemelhantes em sua infinita variedade. Ou, por outras palavras, os tribunais lavram seus acórdãos, sob a contínua pressão dos casos concretos.[186]

Com efeito, a visão do órgão julgador administrativo tributário, na atividade da dosimetria da penalidade tributária, deve estar voltada para a justiça tributária dentro do caso concreto.

Pelo princípio da individualização das penas, não é possível a padronização de penalidades, de modo que a análise das

---

186. SILVEIRA, Alípio. O Julgador em Face do Caso Concreto. *In: Revista Justitia*. 1991. Disponível em: https://bit.ly/2H7TYwZ Acesso em: 16 nov. 2020.

particularidades, da natureza e das circunstâncias de cada caso, é indispensável.[187]

É de se registrar que a jurisprudência do Tribunal de Impostos e Taxas, em várias passagens, considera as circunstâncias do caso concreto como uma das razões de decidir sobre o mérito da legalidade do lançamento fiscal, de modo que trazemos à colação alguns julgados proferidos, cujas ementas são as seguintes:

> DRT3 8777231/2003 – Câmara Superior. Ementa: Quanto à transferência de saldo credor sem que a opção tenha sido registrada. No livro próprio, dadas as circunstâncias fáticas (em especial o fato de tal opção ter sido registrada no livro do estabelecimento centralizador) CONHEÇO E NEGO PROVIMENTO AO APELO FAZENDÁRIO.[188]
>
> AIIM 3.107.815-1/2008 - 14ª Câmara Julgadora. Ementa: ERRO NA ACUSAÇÃO FISCAL. PREJUDICIAL. Ilegalidade da capitulação da multa. O erro na acusação pode implicar na *(sic)* nulidade do AIIM ou ainda no seu saneamento no curso da demanda, dependendo das circunstâncias apresentadas do caso concreto. Inocorrência. Preliminar Afastada.[189]
>
> DRT 12 282438/2008 - 1ª Câmara Julgadora. Ementa: ICMS. INDUSTRIALIZAÇÃO POR CONTA E ORDEM DE TERCEIROS. FALTA DE PAGAMENTO DO IMPOSTO SOBRE O VALOR AGREGADO. CONSUMO DE ENERGIA ELÉTRICA. MATERIALIDADE DA INFRAÇÃO COMPROVADA. CRÉDITOS DE ICMS COM SUPORTE EM NOTAS FISCAIS RELATIVAS À AQUISIÇÃO DE COMBUSTÍVEIS CONSUMIDOS EM VEÍCULOS SUPOSTAMENTE UTILIZADOS EM ATIVIDADE ALHEIA A DO ESTABELECIMENTO. PRECARIEDADE DAS PROVAS. DÚVIDAS E INCERTEZAS EM TORNO DA NATUREZA E DAS CIRCUNSTÂNCIAS MATERIAIS DO FATO DEVE SER RESOLVIDA EM PROL DO ACUSADO. RECURSO DE OFÍCIO PROVIDO PARCIALMENTE.[190]

---

187. CEZAROTI, Guilherme. Individualização das Penalidades e Aplicação do Art. 49 do Código Penal: novos limites para a imposição de multas tributárias. In: *Revista Dialética de Direito Tributário*, nº 208, p. 62. São Paulo: Revista dos Tribunais, 2013.

188. Disponível em: https://bit.ly/33Sryza Acesso em: 06 ago. 2020. [Nota do editorial: necessário digitar número do processo.].

189. Idem.

190. Ibidem.

As circunstâncias do caso concreto também são utilizadas pelo Tribunal de Impostos e Taxas como fundamento para a redução de multas fiscais, na aplicação do art. 527-A do RICMS, como se vê dos seguintes acórdãos:

> DRT 13 39856912007 - 14ª Câmara Julgadora. Ementa: ICMS. FALTA DE PAGAMENTO. NÃO COMPROVAÇÃO PELA AUTORIDADE ADMINISTRATIVA. ENTREGA DE ARQUIVOS MAGNÉTICOS FALTANDO INFORMAÇÕES. DESCUMPRIMENTO DE OBRIGAÇÃO ACESSÓRIA. OCORRÊNCIA. MULTA. REDUÇÃO. ADMISSIBILIDADE. Diante de todo o exposto, voto no sentido de DAR PARCIAL PROVIMENTO ao Recurso Ordinário do contribuinte, diante das circunstâncias da causa, tão somente para reduzir a penalidade aplicada para o montante de R$ 20.00000 (vinte mil) reais.[191]

> DRT 16 462067/2005 - 3ª Câmara Efetiva. Ementa: ICMS - REMESSA DE MERCADORIA TRIBUTADA DESACOMPANHADA DE DOCUMENTAÇÃO FISCAL (ICMS NÃO EXIGIDO EM VIRTUDE DE JÁ TER SIDO PAGO - NF 200397). RECURSO ORDINÁRIO DESPROVIDO porque configurada a infração imputada, porém, dadas as circunstâncias de fato, multa reduzida a 200 UFESPs.[192]

O critério das circunstâncias do caso concreto é fundamental para a graduação da multa fiscal. Desconsiderar tal componente acarreta fundamentação legal insuficiente da decisão proferida, até porque importa na mitigação da individualização da pena.

## 6.3 A gradação da multa fiscal por decisão fundamentada

Infere-se desde já que as expressões dosimetria, moderação, gradação, graduação, calibração, possuem o mesmo significado e a mesma finalidade na incidência da regra do art.

---

191. Disponível em: https://bit.ly/33Sryza Acesso em: 06 ago. 2020. [Nota do editorial: necessário digitar número do processo.].

192. Idem.

527-A do RICMS, pois, dizem respeito à efetivação da individualização da sanção tributária.

Na seara da individualização da penalidade fiscal, o momento culminante da dosimetria sancionatória é a expedição da norma individual e concreta de graduação da multa aplicada que, uma vez introduzida no ordenamento jurídico, irá surtir seus regulares efeitos, com o estabelecimento da relação jurídica entre o sujeito ativo e o sujeito passivo, implicando direitos subjetivos e obrigações jurídicas tributárias desinentes.

Robson Maia Lins adverte que a norma individual e concreta sancionatória deverá conter todos os elementos do grau de culpabilidade na quantificação da sanção tributária:

> [...] na norma individual e concreta sancionatória haverá os elementos individuais e concretos da culpabilidade haverá de estar expostos no antecedente normativo. Da mesma forma, haverá de estar exposto no consequente normativo, agora em nível individual e concreto, o grau de culpabilidade individualizado.[193]

Não obstante, a atividade jurisdicional administrativa, inclusive no que tange à dosimetria da sanção tributária, sempre terá por base as provas constantes dos autos, sem o que, a aplicação do direito não é possível, como ressalta Fabiana Del Padre Tomé:

> É por meio das provas que se certifica a ocorrência do fato e seu perfeito quadramento aos traços tipificadores veiculados pela norma geral e abstrata, permitindo falar em subsunção do fato à norma e em implicação entre o antecedente e consequente, operações lógicas que caracterizam o fenômeno da incidência normativa. Podemos dizer, em síntese, que a linguagem das provas é a ordem da aplicação do direito.[194]

193. LINS, Robson Maia. *A mora no direito tributário*. 2008. Tese (Doutorado em Direito). Faculdade de Direito, Pontifícia Universidade Católica de São Paulo – PUC/SP, São Paulo, SP, 2008, p. 149.

194. TOMÉ, Fabiana Del Padre. *A prova no direito tributário*. 2. ed. São Paulo: Noeses, 2015, p. 31.

Ainda na lição de Fabiana Del Padre Tomé, a professora explica que, tanto no âmbito administrativo, como no judicial, a manifestação de solução do litígio será necessariamente por decisão fundamentada após o julgador formar seu convencimento, mediante a adoção do critério da "persuasão racional", vale dizer, de conformidade com as provas constantes do processo, que as valorará de forma não tarifada:

> Ultrapassada a fase instrutória, chega o momento de o julgador se manifestar, proferindo decisão. Esta consiste em norma individual e concreta que relata, no antecedente, o fato jurídico em sentido estrito constituído a partir das provas carreadas aos autos (fatos jurídicos em sentido amplo), prescrevendo, no consequente, a correspondente relação jurídica, em que se confere a uma das partes determinada obrigação relativamente à parte adversa, a quem é atribuído o direito subjetivo. A norma assim veiculada deve vir acompanhada de fundamentação, abrangendo a valoração das provas colacionadas pelas partes, esclarecendo o julgador as razões que o levaram àquela conclusão. Importante aspecto da fase de julgamento é a valoração das provas pelo julgador, pois, como pondera João Batista Lopes, "um fato só se considera provado no momento em que o juiz o admite como existente ou verdadeiro, isto é, o juiz, como destinatário da prova, é quem diz a última palavra sobre a existência ou veracidade do fato". Por isso, essa avaliação probatória também está sujeita a normas jurídicas, que traçam limites à atividade julgadora. Conquanto ordinariamente se afirme que a decisão é tomada segundo o livre convencimento do julgador, tal assertiva carece de precisão terminológica, pois o critério do livre convencimento, considerado em sua acepção técnica, confere liberdade total a quem decide, permitindo que este julgue até mesmo contra as provas dos autos. Não é esse, entretanto, o sistema adotado pelo direito positivo brasileiro, quer na esfera judicial, quer na administrativa. O critério eleito é o da persuasão racional, que não impõe valores tarifados na apreciação das provas, conferindo certa margem de liberdade para decidir, mas exige que esta se dê em consonância com o conjunto probatório constante do processo. Dentro da margem de liberdade conferida ao julgador atuam as denominadas máximas de experiência. Os conhecimentos adquiridos pelo julgador ao longo de sua vivência social e profissional influem decisivamente na apreciação das provas. Tudo isso contribui para a complexidade da atividade decisória, especialmente se considerarmos que, geralmente, os fatos constituídos nos autos do processo não se encontram, todos eles, ligados por

> relação de coordenação, confirmando uns aos outros. Ao contrário, via de regra, há provas que corroboram as alegações de uma das partes, enquanto outras respaldam os argumentos da parte adversa. Diante de tal situação, o julgador, com base nas normas jurídicas vigentes e em seus valores, seleciona os fatos que entende convincentes, considera-os provados e constitui o fato jurídico em sentido estrito.[195]

O imperativo da motivação das decisões administrativas e judiciais é princípio expresso contido na Constituição Federal de 1988, no art. 93, incisos IX e X, que assim prescreve:

> Art. 93. Lei complementar, de iniciativa do Supremo Tribunal Federal, disporá sobre o Estatuto da Magistratura, observados os seguintes princípios:
>
> [...]
>
> IX – todos os julgamentos dos órgãos do Poder Judiciário serão públicos, e fundamentadas todas as decisões, sob pena de nulidade, podendo a lei limitar a presença, em determinados atos, às próprias partes e a seus advogados, ou somente a estes, em casos nos quais a preservação do direito à intimidade do interessado no sigilo não prejudique o interesse público à informação (redação dada pela Emenda Constitucional 45/2004);
>
> X – as decisões administrativas dos tribunais serão motivadas e em sessão pública, sendo as disciplinares tomadas pelo voto da maioria absoluta de seus membros (redação dada pela Emenda Constitucional 45/2004).

Infere-se, por oportuno, que a Constituição Federal (art. 93, IX e X), não fez opção estilística, na imposição do requisito da fundamentação das decisões. Esta pode ser laudatória ou sucinta. Deve ser, tão só, pertinente e suficiente.

Portanto, o aplicador do Direito, pela iniciativa das partes, está vinculado a decidir a lide, em regra, nos termos do pedido. Mas a decisão fica sujeita a qualquer fundamento jurídico.

195. TOMÉ, Fabiana Del Padre. *A prova no direito tributário*. 2. ed. São Paulo: Noeses, 2015, p. 245-246.

Na solução da causa, a adoção de fundamento jurídico diverso do exposto pela parte não é omissão, nem premissa falsa, nem julgamento *extra petita*. É divergência de intelecção na solução da lide administrativa, circunstância desqualificadora de qualquer nulidade processual.

No que toca ao processo administrativo tributário paulista, o princípio da fundamentação das decisões também encontra supedâneo no art. 37 da Constituição da República,[196] no art. 8º da Lei Complementar do Estado de São Paulo 939/2003 (Código do Contribuinte),[197] e principalmente no art. 38 da Lei 13.457/2009.

O Contencioso Administrativo Tributário bandeirante é regido pela Lei 13.457/2009, e segundo a exegese do apontado art. 38, toda decisão jurisdicional administrativa, o que se inclui a dosimetria da multa fiscal, deverá ser proferida através de decisão fundamentada:

> Art. 38. A decisão, devidamente fundamentada, será proferida por escrito, aplicando a legislação aos fatos apurados.
>
> Parágrafo único: A decisão poderá ser disponibilizada por meio eletrônico, na forma do regulamento.

Assim é que as decisões que reduzem ou relevam a sanção tributária, ou mesmo aquelas que a mantêm na sua integralidade (100%), devem estar suficiente e adequadamente justificadas, sob pena de nulidade (art. 10, art. 10-A e art. 10-B da Lei Estadual 13.457/2009).

Vale assinalar que a ausência ou insuficiência de fundamentação é eiva grave, insanável, insuperável, devendo ser reconhecida de ofício por ser matéria de ordem pública, eis que

---

196. Art. 37. A administração pública direta e indireta de qualquer dos Poderes da União, dos Estados, do Distrito Federal e dos Municípios obedecerá aos princípios de legalidade, impessoalidade, moralidade, publicidade e eficiência e, também, ao seguinte: [...] (Redação dada pela Emenda Constitucional nº 19, de 1998).

197. Art. 8º. A Administração Tributária atuará em obediência aos princípios da legalidade, impessoalidade, moralidade, publicidade, razoabilidade, finalidade, interesse público, eficiência e motivação dos atos administrativos.

viola os postulados constitucionais da segurança jurídica, da legalidade, da motivação dos atos administrativos, da eficiência, da moralidade administrativa, do devido processo legal, da individualização da pena, que estão consubstanciados na Carta Constitucional de 1988, em especial, no seu "Preâmbulo", e nos arts. 1º, 5º, incisos II, XXXIV, XXXV, LIV e LV, 37 e 93, incisos IX e X e em outras normas distribuídas pelo ordenamento jurídico.

A Câmara Superior do Tribunal de Impostos e Taxas tem entendimento firmado de que a precariedade ou insuficiência de motivação da decisão que afasta a aplicação do art. 527-A do RICMS acarreta sua nulidade, conforme acórdão proferido no Processo DRT 1A-401.405/07. Merece destaque o seguinte trecho do aresto:

> Esta é a questão! Entendo que efetivamente nulo se apresenta o julgado, pois deixar de aplicar a norma sob o fundamento de que: [deixo de acolhê-lo nos termos de minhas faculdades legais], acaba por envolver falta de fundamento, num tema que em poucas linhas poderia ser liquidado, como o fez, por exemplo, a DTJ. Com relação à questão específica voto pelo cancelamento do julgado neste por impregnar todos os demais itens com reclamo só de multa.[198]

As Câmaras Reunidas do Tribunal de Impostos e Taxas, no Processo DRTC II-436.748/2010, decidiram que a incongruência entre a fundamentação e a conclusão do voto que reduziu a multa fiscal era causa de nulidade, consoante assim ementado:

> ICMS – FALTA DE ARQUIVOS MAGNÉTICOS EXIGIDOS POR NOTIFICAÇAO. O voto condutor do acórdão recorrido carece de fundamentação. Há nítida incompatibilidade entre a fundamentação e a conclusão do voto condutor. Na fundamentação do voto, a relatora chega a afirmar que não deve ser relevada ou reduzida a multa aplicada no item 5 destes autos. Ao final reduz a multa. A decisão recorrida deve ser anulada apenas no que se

198. Disponível em: https://bit.ly/33Sryza Acesso em: 09 ago. 2020. [Nota do editorial: necessário digitar número do processo.].

> refere ao item 5. RECURSO CONHECIDO E PROVIDO PARA ANULAR A DECISAO RECORRIDA.[199]

Em outro acórdão prolatado pela Câmara Superior do Tribunal de Impostos e Taxas, no Processo DRT 02-524.508/2007, foi apontada a violação aos incisos IX e X do art. 93 da Constituição Federal, como fundamento para o reconhecimento de ofício da nulidade da decisão da instância inferior, em razão da fundamentação ser simplista, isto é, insuficiente:

> Decisão recorrida não está fundamentada. Impossibilidade de exame de provas nesta fase recursal. Nos termos do disposto no art. 93, incisos IX e X da Constituição Federal decreto de ofício a NULIDADE da decisão ordinária, para que outra seja lançada devidamente motivada, enfrentando todos os itens da acusação e a ação declaratória proposta pela contribuinte.[200]

Com a vigência do Código de Processo Civil de 2015, em face da regra do art. 15 que prevê a possibilidade de aplicação subsidiária das normas processuais no Contencioso Administrativo Tributário, cabe ao órgão administrativo jurisdicional, mormente no âmbito da legislação do Estado de São Paulo, se orientar pelo conteúdo do art. 489, que estabelece os pressupostos essenciais que a sentença judicial deve conter:

> Art. 489. São elementos essenciais da sentença:
>
> I – o relatório, que conterá os nomes das partes, a identificação do caso, com a suma do pedido e da contestação, e o registro das principais ocorrências havidas no andamento do processo;
>
> II – os fundamentos, em que o juiz analisará as questões de fato e de direito;
>
> III – o dispositivo, em que o juiz resolverá as questões principais que as partes lhe submeterem.
>
> § 1º. Não se considera fundamentada qualquer decisão judicial, seja ela interlocutória, sentença ou acórdão, que:

---

199. Disponível em: https://bit.ly/33Sryza Acesso em: 09 ago. 2020. [Nota do editorial: necessário digitar o número do processo.]

200. Idem.

I – se limitar à indicação, à reprodução ou à paráfrase de ato normativo, sem explicar sua relação com a causa ou a questão decidida;

II – empregar conceitos jurídicos indeterminados, sem explicar o motivo concreto de sua incidência no caso;

III – invocar motivos que se prestariam a justificar qualquer outra decisão;

IV – não enfrentar todos os argumentos deduzidos no processo capazes de, em tese, infirmar a conclusão adotada pelo julgador;

V – se limitar a invocar precedente ou enunciado de súmula, sem identificar seus fundamentos determinantes nem demonstrar que o caso sob julgamento se ajusta àqueles fundamentos;

VI – deixar de seguir enunciado de súmula, jurisprudência ou precedente invocado pela parte, sem demonstrar a existência de distinção no caso em julgamento ou a superação do entendimento.

§ 2º. No caso de colisão entre normas, o juiz deve justificar o objeto e os critérios gerais da ponderação efetuada, enunciando as razões que autorizam a interferência na norma afastada e as premissas fáticas que fundamentam a conclusão.

§ 3º. A decisão judicial deve ser interpretada a partir da conjugação de todos os seus elementos e em conformidade com o princípio da boa-fé.

Observe-se que o § 1º determina a observância dos requisitos mínimos relacionados nos incisos I a VI, para que a sentença judicial seja considerada devidamente fundamentada.

*Mutatis mutandis,* todos esses pressupostos do art. 489 do CPC/2015 são indispensáveis para que as decisões administrativas não incorram em nulidade.

Assinala Leonard Ziesemer Schmitz, que o atual Código de Processo Civil de 2015 proíbe a “decisão legalista”, isto é, aquela que se limita à indicação, à reprodução ou à paráfrase de ato normativo ou precedente. Igualmente, não se considera fundamentada a “decisão não interpretativa”, ou seja, aquela em que empregar conceitos indeterminados, sem explicar os motivos de sua aplicação ao caso concreto. As “decisões genéricas" são aquelas em que os fundamentos poderiam justificar qualquer outra decisão, sem a conexão com o caso concreto. E, finalmente, a decisão com "fundamentação-resposta" está prevista no inciso IV do parágrafo único do art. 489. A decisão não se considera fundamentada, quando não há o não enfrentamento de um a um dos fundamentos invocados pela parte ré ou por aquela que sucumbiu.[201]

A "fundamentação-resposta" no processo administrativo tributário aplica-se à decisão que julga a Defesa do sujeito passivo em sede de primeira instância (art. 33 da Lei 13.457/2009), bem como, quanto aos recursos por ele interpostos nas instâncias superiores (arts. 47, § 5º e 49 da Lei 13.457/2009) e nas contrarrazões, quando apresentadas. Da mesma forma, em sendo a Fazenda do Estado sucumbente, todos os argumentos e fundamentos de seus recursos ou em contrarrazões, quando for o caso, deverão ser enfrentados, sob pena de nulidade da decisão prolatada pelo órgão julgador.

É o que decidiu o Tribunal de Impostos e Taxas, como se vê do julgado proferido no DRTC-I – 4035659-0/2014 – Câmara Superior, que está assim ementado:

> ICMS – FALTA DE PAGAMENTO – AUSÊNCIA DE REGULAR ESCRITURAÇÃO DE CONHECIMENTOS DE TRANSPORTES – FALTA DE PAGAMENTO – AUSÊNCIA DE EMISSÃO DE CONHECIMENTOS DE TRANSPORTES – NULIDADE DA DECISÃO RECORRIDA POR AUSÊNCIA DE FUNDAMENTOS ADUZIDOS PELAS PARTES – VIOLAÇÃO AO ART. 38 DA LEI 13.457/09 E DOS ARTS. 15 E 489, §1º, INCISO IV, DO CPC/15 – PARADIGMAS SERVÍVEIS – PRECEDENTES DO TIT – RECURSO ESPECIAL DA FAZENDA CONHECIDO E PROVIDO – RECURSO ESPECIAL DO CONTRIBUINTE CONHECIDO E PROVIDO.[202]

---

201. SCHMITZ, Leonard Ziesemer. *Fundamentação das decisões judiciais*: crise na construção de respostas no processo civil. Coordenação de Eduardo Talamini e Teresa Arruda Alvim Wambier. Coleção Liebman e Thomson Reuters. São Paulo: Revista dos Tribunais, 2015, p. 300-304.

202. Disponível em: https://bit.ly/33Sryza Acesso em 08 set. 2020. [Nota do editorial: necessário digitar número do processo.].

Colocada a premissa de que as decisões proferidas devem estar devidamente fundamentadas, podemos afirmar que o órgão julgador, em quaisquer das instâncias administrativas do Contencioso Administrativo Tributário paulista, quando da calibração da penalidade tributária, deve proferir decisão adequadamente motivada. Após verificados os requisitos objetivos, a moderação sancionatória é feita por ato uníssono, valorando e sopesando sobre cada um dos critérios subjetivos explícitos do art. 527-A do RIMCS e valendo-se do critério implícito das circunstâncias do caso concreto, diante do elenco probatório e demais elementos constantes na lide administrativa e dentro das denominadas *máximas da experiência* daquele que julga, à luz dos princípios da razoabilidade, da proporcionalidade, da justiça tributária, da isonomia, da individualização das penas e do não confisco, implementando assim, a segurança jurídica e a justiça tributária.

Em acórdão proferido pela 10ª Câmara Julgadora do TIT, no Processo DRT 07-4060893-1/2015, que considerou em seus fundamentos todos os requisitos objetivos e os critérios subjetivos previstos no art. 527-A do RICMS para reduzir da multa fiscal, é exemplo de decisão que atende plenamente ao princípio da motivação consubstanciado no art. 38 da Lei 13.457/2009. Eis a ementa do referido julgado:

> ICMS – Veículos Usados. Recebimento e estocagem desacompanhados de documentação fiscal (itens I-1 e I-2). Falta de emissão de documentos fiscais na entrada (item II-3) e na saída com destino a outro estabelecimento (item II-4). INFRAÇÕES TRIBUTÁRIAS – RELEVAÇÃO OU REDUÇÃO DA MULTA – POSSIBILIDADE -PRESSUPOSTOS LEGAIS PREENCHIDOS – CARÊNCIA DE DEMONSTRAÇÃO DE DOLO / FRAUDE / SIMULAÇÃO – EXAME DO PORTE ECONÔMICO *x* ANTECEDENTES FISCAIS – BINÔMIO. "AGRAVANTE PENAL *x* NECESSIDADE" – DOSIMETRIA DA PENA – INTELIGÊNCIA DO ART. 527-A DO RICMS (ART. 92 DA LEI 6.374/89). AUTO DE INFRAÇÃO PARCIALMENTE CANCELADO – RECURSO ORDINÁRIO PARCIALMENTE PROVIDO – REDUÇÃO DA MULTA.[203]

---

203. Disponível em: https://bit.ly/33Sryza Acesso em: 09 ago. 2020. [Nota do editorial:

A legislação paulista não prevê graus ou patamares objetivos para a redução da multa fiscal. A gradação da sanção tributária, conforme o grau de culpabilidade do infrator, pode variar de 100% até o limite mínimo de redução previsto no art. 527, § 7º, do RICMS (70 UFESPs – Unidades Fiscais do Estado de São Paulo), ou até mesmo "zero" no caso de relevação da multa fiscal.

O órgão julgador tem certa margem de liberdade para adotar critérios na redução ou na relevação da sanção tributária. Por essa razão, exige-se maior rigorismo na fundamentação da decisão administrativa.

Os critérios subjetivos do porte econômico e dos antecedentes fiscais sempre deverão ser examinados pelo órgão de julgamento, por estarem expressos no § 3º, do art. 527-A do RICMS (art. 92, § 3º, da Lei 6.374/89). Contudo, também poderão ser considerados conjuntamente outros critérios de moderação, como o valor do imposto supostamente incidente, quando o montante da multa fiscal prevista tiver como base de cálculo o valor da operação mercantil, dos serviços ou da Nota Fiscal Eletrônica. Poderão ser adotados, como parâmetro, os precedentes jurisprudenciais do Tribunal de Impostos e Taxas e do Poder Judiciário. A analogia é um instituto perfeitamente aplicável na esfera tributária (art. 108, inciso I, do CTN), e, portanto, serve como fundamento para a dosimetria da reprimenda. A Portaria CAT nº 115, de 07 de novembro de 2014, que disciplina o controle de qualidade antecedente à lavratura de Auto de Infração e Imposição de Multa, relaciona no Anexo Único as hipóteses infracionais em que o crédito tributário poderá deixar de ser constituído, desde que atendidos os requisitos do art. 10, de sorte que também pode ser referência para a redução e principalmente para a relevação da multa fiscal. Enfim, dentro de uma razoabilidade e atendendo ao princípio da motivação, o julgador poderá valer-se de variados critérios e até mesmo da subjetividade, em certo grau.

---

necessário digitar número do processo.].

Em súmula, o órgão julgador deve proferir decisão suficientemente fundamentada quanto aos motivos da manutenção, da redução ou da relevação da multa fiscal aplicada, *indicando a presença dos requisitos objetivos*, bem como, *considerando os critérios subjetivos do porte econômico do infrator, seus antecedentes fiscais e as circunstâncias do caso concreto*, sem prejuízo da ponderação dos demais critérios legais e princípios constitucionais vigentes, conforme os elementos dos autos, para não incorrer em nulidade absoluta.

# 7. O PROCESSO ADMINISTRATIVO TRIBUTÁRIO PAULISTA - PRINCIPAIS ASPECTOS

A competência para a redução ou relevação da multa fiscal é exclusiva do órgão julgador, no âmbito do Contencioso Administrativo Tributário paulista. Assim, os direitos subjetivos do sujeito passivo, concernentes à aplicação do art. 527-A do Regulamento do ICMS do Estado de São Paulo serão requeridos, apreciados, debatidos e julgados, dentro da lide administrativa.

O conjunto normativo que regula o Contencioso Administrativo Tributário, dando efetividade ao princípio do devido processo legal é composto pela Lei 13.457/2009, pelo Decreto 54.486/2009 e pelo Regimento Interno, publicado no DOE em 23 de julho de 2009.

Podemos dividir processo administrativo tributário em duas fases. A primeira fase é aquela que tem início com a apresentação da Defesa inaugural pelo sujeito passivo e vai até a decisão monocrática de primeira instância proferida pela Delegacia Tributária de Julgamento ou por uma das Unidades de Julgamento. A segunda fase é a que chamamos de "fase recursal" propriamente dita, ou seja, a segunda instância administrativa, de competência do Delegado Tributário de Julgamento ou do Tribunal de Impostos e Taxas, conforme os limites de alçada estabelecidos nos arts. 39, 40, 46 e 47 da Lei 13.457/2009, com redação dada pela Lei 16.498/2017.

Explicaremos nos tópicos seguintes, em breves considerações, como se desenvolvem as fases processuais do Contencioso Administrativo paulista.

## 7.1 A primeira fase do contencioso administrativo tributário

Com a lavratura do Auto de Infração pela autoridade fiscal, que deverá observar os requisitos do arts. 34 da Lei 13.457/2009 e após a Notificação do sujeito passivo, podendo ser eletrônica (arts. 77 a 79 da Lei 13.457/2009), postal, pessoal ou por publicação de edital no Diário Oficial (art. 9º), inicia-se o prazo de 30 (trinta) dias de Defesa a ser dirigida à Delegacia Tributária de Julgamento, oportunidade em que todas as alegações e provas admitidas em direito deverão ser apresentadas para comprovar suas alegações (arts. 18 e 19).

Prescreve o art. 19, § 1º, da Lei 13.457/2009, que as partes poderão juntar documentos novos para comprovar fatos supervenientes ou para contrapô-los, de forma justificada, garantida a oportunidade do contraditório (§ 2º), em qualquer grau de jurisdição. No entanto, em sede de Recurso Especial, em razão da estreita via recursal, a teor do art. 49 da Lei 13.457/2009 e do art. 114, do Decreto 54.486/2009, a prova nova de questões fáticas serão admitidas apenas em situações excepcionais.

De acordo com o art. 33 da Lei 13.457/2009, o processo administrativo tributário tem início com a apresentação tempestiva da Defesa pelo "contribuinte" e não com a lavratura do Auto de Infração. Sem a impugnação do sujeito passivo em relação ao lançamento fiscal, não há que se falar em controvérsia ou lide administrativa.

Nesta fase processual, o procedimento é mais simples e célere. Com a Defesa do sujeito passivo, a autoridade lançadora será notificada para que se manifeste sobre os argumentos deduzidos e as provas carreadas aos autos no prazo de 30 dias, nos termos do art. 36, *caput,* da Lei 13.457/2009. Com ou sem manifestação, o processo será encaminhado para o órgão julgador de primeira instância para que prolate decisão fundamentada (arts. 26 e 38 da Lei 13.457/2009).

A decisão de primeira instância administrativa é proferida monocraticamente pelas Delegacias Tributárias de Julgamento (São Paulo, Campinas e Bauru) ou por uma das 12 (doze) Unidades de Julgamento espalhadas pelo interior paulista, conforme descentralização prevista pelos arts. 2º a 16 do Decreto 54.486/2009.

Para corrigir eventuais erros de fato existentes na decisão, é cabível o recurso denominado Retificação de Julgado (art. 15 da Lei 13.457/2009), que será detidamente abordado no item seguinte.

## 7.2 A segunda fase do contencioso administrativo tributário

A segunda fase do processo administrativo paulista se desenvolve através da interposição dos recursos cabíveis em face da decisão do órgão julgador de primeiro grau que serão apreciados por uma das Câmaras Julgadoras do Tribunal de Impostos e Taxas. Também está previsto o cabimento de Recurso Especial à Câmara Superior do TIT quando há divergência jurisprudencial sobre a interpretação de norma tributária infraconstitucional, além da Reforma de Julgado que pode ser interposta apenas pela Fazenda do Estado, igualmente perante a Câmara Superior, quando a decisão, que não caiba mais recurso, for contrária à jurisprudência firmada pelo Poder Judiciário.

Pois bem. Da decisão prolatada pelo julgador de primeira instância contrária à Fazenda Pública, nos termos do art. 39 da Lei 13.457/2009, caberá Recurso de Ofício ao Delegado Tributário de Julgamento, quando a exigência fiscal na data da lavratura do Auto de Infração seja de até 20.000 UFESPs – Unidades Fiscais do Estado de São Paulo. Haverá intervenção da Representação Fiscal mediante manifestação sobre o recurso no prazo de 60 dias e oportunidade de contrarrazões pelo sujeito passivo no prazo de 30 dias (art. 39, § 2º). Quando superior a esse *quantum*, caberá Recurso de Ofício para o Tribunal de Impostos e Taxas – TIT (art. 46), com a intervenção da Representação Fiscal, que apresentará manifestação sobre o recurso no prazo de 60 dias, mediante oportunidade de contrarrazões pelo sujeito passivo no prazo de 30 dias (art. 46, § 2º).

Se a decisão de primeiro grau for favorável à Fazenda Pública, caberá Recurso Voluntário pelo "contribuinte" ao Delegado Tributário de Julgamento, no prazo de 30 dias, quando a exigência fiscal na data da lavratura do Auto de Infração seja de até 20.000 UFESPs – Unidades Fiscais do Estado de São Paulo (art. 40). Quando superior ao referido valor, caberá Recurso Ordinário para o Tribunal de Impostos e Taxas – TIT, no prazo de 30 dias (art. 47), sendo que a Representação Fiscal será intimada para apresentar contrarrazões no prazo de 60 dias (art. 47, § 3º).

Das decisões proferidas pelas Câmaras Julgadoras, que são os órgãos de julgamento de segunda instância, cabe Recurso Especial à Câmara Superior do TIT no prazo de 30 dias pela Fazenda Pública do Estado ou pelo sujeito passivo, quando a decisão recorrida for divergente de outro acordão preferido por uma das Câmaras Julgadoras, ou de acórdão da própria Câmara Superior, sem que tenha sido reformado ao tempo da interposição do recurso, conforme art. 49 da Lei 13.457/2009.

O recorrente deverá demonstrar o dissenso jurisprudencial quanto à interpretação da legislação tributária, procedendo a uma análise articulada entre acórdão recorrido e o acordão paradigma, mediante a necessária juntada de cópias para instruir o Recurso Especial, sob pena de não conhecimento do apelo (art. 114, do Decreto 54.486/2009), bem como, aduzir as razões recursais de mérito. Será de 30 dias o prazo para contrarrazões, se a parte recorrida for o sujeito passivo (art. 49, § 5º). Se parte recorrida for a Fazenda Pública do Estado, o prazo será de 60 dias para que a Representação Fiscal intervenha através de contrarrazões ao recurso (art. 49, § 6º).

A jurisprudência da Câmara Superior tem admitido a dispensa de acórdão paradigma para fins de demonstração de dissenso jurisprudencial, quando a matéria for de ordem pública, como nos casos de nulidades absolutas ou quando ocorrer cerceamento de defesa em prejuízo da parte, ou pelo não enfrentamento de todos os argumentos deduzidos pelo contribuinte e pela Fazenda do Estado, ou pela falta de análise das provas relevantes produzidas no processo, ou ainda, quando houver manifesta contrariedade à lei. Neste sentido há os seguintes julgados: DRT-14-602593/2011, DRT-3-517060/2011 e DRT-1A-401405/2007.[204]

Também é da competência da Câmara Superior julgar o pedido de Reforma de Julgados Administrativos, que poderá ser interposto somente pela Representação Fiscal nos termos dos arts. 50 e 51 da Lei 13.457/2009. São pressupostos para a interposição do recurso denominado Reforma de Julgado, de decisão contrária à Fazenda Pública do Estado: a) que a decisão a ser reformada não comporte mais outro recurso previsto; b) que a decisão reformanda tenha por fundamento o reconhecimento da inconstitucionalidade de norma infraconstitucional vigente no ordenamento, em contrariedade à vedação prevista no art. 28 da Lei 13.457/2009; c) ou que a decisão a ser reformada tenha adotado interpretação à legislação tributária de forma contrária da jurisprudência pacificada pelo Poder Judiciário.

Quanto a este último requisito, é importante ressaltar que deve ser demonstrado de forma insofismável pelo recorrente que a jurisprudência sobre a matéria, que foi objeto da decisão recorrida, está "firmada" pelo Poder Judiciário.

Entende-se como "jurisprudência firmada", para fins de cabimento do Pedido de Reforma de Julgado, como a questão decidida por nossos tribunais superiores e que tenha sido

204. Disponível em: https://bit.ly/33Sryza Acesso em: 21 ago. 2020. [Nota do editorial: necessário digitar número do processo.].

objeto de súmula vinculante, procedimento de repercussão geral ou decisão em sede de recurso repetitivo. Este tem sido o entendimento da jurisprudência da Câmara Superior como se denota, por exemplo, dos julgados nos processos AIIM n° 3.087.628-0,[205] AIIM n° 3.084.759-0[206] e 4.032.148-4.[207]

Assim, não se presta para a demonstração de "jurisprudência firmada pelo Poder Judiciário", as decisões proferidas por Tribunal local (Tribunal de Justiça do Estado de São Paulo - TJ/SP), que não são decisões de tribunais superiores e, muito menos, pacíficas, pois, são questões que normalmente podem ser levadas para apreciação dos Tribunais de Cúpula (STF e STJ) que darão a última palavra.

Ademais, a jurisprudência como tida como "firmada", para fins de cabimento de Pedido de Reforma de Julgado, também é aquela que trata de matéria idêntica ao que fora julgada pela decisão reformanda no caso concreto. Neste sentido há precedentes da Câmara Superior, conforme **AIIM nº 4.014.715-0** (julgado em 27/08/2019),[208] **AIIM 3.164.352-8**, (julgado em 13/12/2018)[209] e no **AIIM 2.020.867-4**, (julgado em 27/09/2018).[210]

Uma observação se mostra oportuna, relativamente à hipótese do inciso II, do art. 50, ora comentado, pois, com a entrada em vigor do Código de Processo Civil de 2015, a Lei 13.457/2009 comportaria uma atualização legislativa no sentido de permitir a interposição de Reforma de Julgado também pelo sujeito passivo, tendo em vista que o art. 15 do Código de Processo Civil de 2015 prevê a aplicação subsidiária das normas processuais em vigor ao Contencioso Administrativo Tributário, e os

---

205. Disponível em: https://bit.ly/33Sryza Acesso em: 30 out. 2020. [Nota do editorial: necessário digitar número do processo.].

206. Idem nota anterior.

207. Idem nota anterior.

208. Idem nota anterior.

209. Idem nota anterior.

210. Idem nota anterior.

arts. 489, inciso VI, 926 e 927 do CPC/2015 estabelecem que a decisão jurisdicional deverá seguir a jurisprudência ou precedente invocado pela parte. Desse modo, o sujeito passivo teria oportunidade de corrigir a decisão proferida pelo órgão julgador administrativo que lhe fosse desfavorável, se divergente do entendimento interativo do Poder Judiciário sobre determinada questão, de modo a evitar litígios judiciais desnecessários entre Fisco e o contribuinte, conferindo tratamento processual igualitário e mais segurança jurídica.

Com efeito, a Câmara Superior, prioristicamente, tem a função de uniformizar a jurisprudência do Contencioso Administrativo Tributário: *(i)* através dos Recursos Especiais interpostos pelas partes; *(ii)* por meio de Súmulas com caráter vinculante a todos os órgãos de julgamento, de acordo com o art. 52 da Lei 13.457/2009; *(iii)* ao se pronunciar sobre matérias específicas pelo procedimento de Sessões Temáticas, na forma dos arts. 57-A e 49, § 10, da Lei 13.457/2009, com redação dada pela Lei 16.498/2017; *(iv)* e também para o controle da legalidade das decisões proferidas pelos órgãos de julgamento, nas hipóteses dos incisos I e II, do art. 50.

Aliás, o Professor José Eduardo Soares de Melo observa que:

> O recurso especial tem por finalidade uniformizar a jurisprudência do TIT, estando circunscrito às questões eminentemente jurídicas (imunidade, isenção, alíquotas interestaduais, não incidência, etc.), não podendo ater-se aos aspectos de provas e à sua valoração (apreensão de registros paralelos, adulteração documental etc).[211]

A Lei 13.457/2009 prevê ainda a possibilidade de interposição de Retificação de Julgado nos termos do art. 15, que estabelece seus requisitos:

> Art. 15. A decisão de qualquer instância administrativa que contiver erro de fato será passível de retificação, devendo o processo ser submetido à apreciação do respectivo órgão de julgamento.

---

211. MELO, José Eduardo Soares. *Processo tributário administrativo e judicial.* São Paulo, 2a. Edição, Quartier Latin, 2009, p. 173.

> § 1º. O pedido de retificação deverá ser interposto no prazo de 30 (trinta) dias contados da intimação da decisão retificanda, com a demonstração precisa do erro de fato apontado, não implicando suspensão ou interrupção de prazo para a interposição dos demais recursos previstos nesta lei.
>
> § 2º. Compete ao Delegado Tributário de Julgamento e ao Presidente do Tribunal de Impostos e Taxas o exame de admissibilidade do pedido de retificação interposto, respectivamente, em face das decisões proferidas no âmbito das Delegacias Tributárias de Julgamento e das decisões proferidas no âmbito do Tribunal, determinando, se for o caso, o seu processamento.
>
> § 3º. O pedido de retificação será distribuído para julgamento na forma estabelecida pelo regulamento ou regimento interno do tribunal.

A Retificação de Julgado, nada mais é do que um recurso à disposição das partes que visa a corrigir erros crassos em geral, contradições e omissões de questões fáticas em decisões proferidas pelos órgãos de primeira e de segunda instâncias administrativas e no âmbito da Câmara Superior, se assemelhando aos Embargos de Declaração do Código de Processo Civil (art. 1.022).

Será interposto no prazo de 30 dias, sem interromper a contagem de prazo de outros recursos cabíveis, sendo imprescindível que o recorrente demonstre de forma cabal e clara o erro de fato ou a incongruência do julgado a ser objeto de retificação. Mas, nem sempre é possível identificar com facilidade o "erro de fato" da decisão jurisdicional administrativa para fins de cabimento do recurso da Retificação de Julgado.

Ora, no que se refere ao objeto jurídico sob o prisma da linguagem teremos: erro de direito e erro de fato, consoante lição de Paulo de Barros Carvalho:

> **a) Erro de fato (externo)** – diz respeito à utilização inadequada das técnicas linguísticas de certificação dos eventos, isto é, dos modos cabíveis de relatar-se juridicamente um acontecimento no mundo real. Seria o problema relativo a provas. Lidas as provas com mais cuidado, percebe-se que apontam para nova situação jurídica, que não aquela primeira; **b) Erro de direito (interno)** – seria um problema da subsunção. O enunciado protocolar E, constituído como fato jurídico, buscou seu fundamento

> de validade na Norma N, quando deveria subsumir-se na ambitude da norma N. Exemplo: Reconhecida a operação tributada, o funcionário competente para expedir o lançamento atribui a alíquota de 8%, quando deveria fazê-lo na proporção de 16%. Assim, erro de direito é a distorção entre o enunciado protocolar da norma individual e concreta e a universabilidade enunciativa da norma geral e abstrata, ao passo que erro de fato é o desajuste interno na formação do enunciado protocolar.[212]

Deste modo, a Retificação de Julgado não se presta para rediscutir o mérito da matéria já julgada, tendo em vista seus jurídicos fundamentos, por mero inconformismo da parte em face da decisão que lhe foi desfavorável. As divergências de entendimento entre Juízes no julgamento de um Colegiado é absolutamente natural, não podendo, por isso, configurar "erro de fato". Por outro lado, se houve divergência de intelecção quanto aos fundamentos adotados pela decisão proferida ou em relação à interpretação das provas dos autos, não é em sede de Retificação de Julgado que o recorrente deverá buscar reparo, mas através de outro recurso previsto na Lei 13.457/2009.

É neste eito que o Tribunal de Impostos e Taxas tem se manifestado, consoante julgado proferido pela Câmara Superior, que no processo DRT 05 – 370510/10, assim decidiu:

> ICMS - Processual
>
> Pedido de retificação de julgado.
>
> Alegação de omissão no julgado hostilizado que não teria enfrentado o tema relativo à nulidade da autuação.
>
> Com efeito, o particular não demonstra a existência de qualquer erro de fato no julgado, mas sim, mero inconformismo, na tentativa de verem reapreciadas questões já decididas e confirmadas nestes autos.
>
> Quanto à ventilada nulidade do processo, verifico que a decisão de primeira instância, expressamente a rechaçou, no que foi seguida pela decisão da Câmara Julgadora e por esta Corte Especial.

212. CARVALHO, Paulo de Barros. *Direito tributário* - Fundamentos Jurídicos da Incidência, São Paulo, 9a edição, Saraiva, 2012, Cap. II, p. 153-154.

> Inexistente o alegado "erro de fato", não conheço do pedido de retificação de julgado.[213]

A Câmara Superior tem admitido o cabimento da Retificação de Julgado por "omissão" ocorrida em decisões dos órgãos julgadores, isto é, quando deixa de apreciar matéria expressamente alegada ou prequestionada pela parte, de acordo com o julgado proferido no processo AIIM- 4.056.097-1, cuja ementa transcrevo:

> ICMS 1 e 2. FALTA DE PAGAMENTO. FALTA DE ESCRITURAÇÃO DE NFEs NO LIVRO FISCAL DE SAÍDA REFERENTES A OPERAÇÕES TRIBUTADAS. 3. EMISSÃO DE NOTAS FISCAIS CONSIGNANDO VALORES DIFERENTES NAS SUAS DUAS VIAS. Não demonstrada a existência de erro de fato no julgado combatido. Porém, com razão no tocante ao fato da decisão combatida ter deixado de apreciar alegação de nulidade da decisão em sede de Recurso Ordinário. Nada obstante, não se verifica a referida nulidade da decisão em sede de Recurso Ordinário. CONHECIDO. NEGADO PROVIMENTO.[214]

A mesma Câmara Superior, no DRTC – I - 1071458/2011, assentou o seguinte entendimento:

> ICMS – CRÉDITO INDEVIDO DECORRENTE DE RESSARCIMENTO DE SUBSTITUIÇÃO TRIBUTÁRIA MÉRITO
>
> O Contribuinte alega a existência de erro de fato na decisão de recurso ordinário, por considerar-se que a matéria relativa à alegada não incidência dos juros sobre a base de cálculo da multa e da irretroatividade do Decreto 55.437, de 2010, não havia sido prequestionada em sede ordinária. Assiste-lhe razão. A matéria havia sido suscitada em seu recurso ordinário. E mais, havendo paradigma para suportar essa alegação, a matéria deveria ter sido conhecida.
>
> PEDIDO DE RETIFICAÇÃO DE JULGADO PROVIDO.[215]

---

213. Disponível em: https://bit.ly/33Sryza Acesso em 20 ago. 2020. [Nota do editorial: necessário digitar número do processo.].

214. Idem.

215. Ibidem.

E, no processo DRT - 13 - 1781/1996, em julgamento realizado em 03/03/2009, o então órgão julgador superior denominado Câmaras Reunidas, reconheceu a utilidade da Retificação de Julgado para sanar falhas processuais:

> ICMS - Falta de recolhimento do imposto, nas saídas de mercadorias tributadas, representadas por combustíveis, consideradas indevidamente como não tributadas, em face de liminar deferida em MS n. 475/93, que transitou em julgado a favor da FESP. Operações entre 08/93 a 31/03/95. Retificação de Julgado conhecido de ofício e provido para anular decisão exarada em sede de Pedido de Revisão. Reconhecimento de cerceamento de defesa. Convite para sustentação oral enviado para endereço diverso do informado.[216]

No mesmo sentido foi a decisão proferida pela 2ª Câmara Julgadora no DRT – 2 – 492.364/2002.[217]

Cabe ressaltar ainda, o papel fundamental da figura da Representação Fiscal para a legitimidade e transparência do processo administrativo tributário paulista, na condição de *custus legis*. De acordo com o art. 72 da Lei 13.457/2009, a Representação Fiscal intervém na defesa dos interesses da Fazenda Pública do Estado, apresentando defesas, manifestações, requerendo dilação probatória, interpondo recursos, além colaborar na qualidade das decisões dos órgãos julgadores e no aperfeiçoamento do Contencioso Administrativo Tributário através de sugestões ao Coordenador da Administração Tributária e ao Presidente do Tribunal de Impostos e Taxas.

O Tribunal de Impostos e Taxas – TIT, criado em 05 de junho de 1935, pelo Decreto Estadual Paulista 7.184, é órgão julgador de segunda instância administrativa, estando estruturado por Câmaras Julgadoras, com quatro Juízes em cada uma delas (art. 59 da Lei 13.457/2009), e pela Câmara Superior (art. 57, *caput,* da Lei 13.457/2009), formada por 16 Juízes (sendo 8, servidores públicos e 8, contribuintes), podendo ter

---

216. Disponível em: https://bit.ly/33Sryza Acesso em 20 ago. 2020. [Nota do editorial: necessário digitar número do processo.].

217. Idem.

até 24 membros (art. 57, § 5º). A composição do Tribunal de Impostos e Taxas é paritária, ou seja, composta por Juízes fazendários, isto é, servidores públicos, e também por Juízes contribuintes, vale dizer, representantes da sociedade, com mandato de 02 anos, sem limite para reconduções.

Prescreve o art. 56 da Lei 13.457/2009, que os Presidentes e Vice-Presidentes do Tribunal de Impostos e Taxas, assim como, das Câmaras Julgadoras, serão designados pelo Coordenador da Administração Tributária, com o referendo do Secretário da Fazenda. Pelo dispositivo legal em comento, qualquer Juiz, seja fazendário ou contribuinte, poderá ser Presidente de Câmara ou do próprio Tribunal Administrativo.

A norma confirma a independência judicante do Tribunal de Impostos e Taxas, descrita no art. 54 da Lei 13.457/2009, posto que, de acordo com o art. 61 *caput*, os julgamentos serão feitos por maioria de votos, e no caso de empate, prevalecerá o voto do Presidente da Câmara Julgadora ou da Câmara Superior, salvo para os casos de redução ou relevação da multa fiscal, na aplicação do art. 92 da Lei 6.374/89 c.c. o art. 527-A do Regulamento do ICMS do Estado de São Paulo, que dependerá de no mínimo três votos dos juízes presentes na composição das respectivas Câmaras Julgadoras, sem o que, a atividade da dosimetria da sanção tributária é vedada (art. 27 c.c. o art. 61, § 2º, da Lei 13.457/2009, com redação da Lei 16.498/2017).

Atualmente, os Presidentes das Câmaras Julgadoras ímpares são Juízes "fazendários" e das Câmaras Julgadoras pares são Juízes "contribuintes". O Presidente do Tribunal é Juiz "fazendário" e o Vice-Presidente é Juiz "contribuinte".

O modelo de paridade do Tribunal de Impostos e Taxas, na tensa relação entre o fisco e o "contribuinte", propicia às partes um ambiente mais democrático e em igualdade de condições para o debate aberto de questões tributárias complexas e controvertidas, máxime quando depender de análise de provas.

As principais vantagens que o processo administrativo tributário confere são: *(i)* a menor onerosidade; *(ii)* é mais célere; *(iii)* os julgamentos são proferidos por especialistas; *(iv)* estabilidade da jurisprudência; *(v)* garantia de que a decisão favorável ao contribuinte no âmbito administrativo é definitiva, ou seja, de que a matéria não poderá ser rediscutida pela Fazenda Pública no Poder Judiciário; *(vi)* garantia de certidões de regularidade fiscal (art. 206 do CTN); *(vii)* impossibilidade de ajuizamento de ação penal por denúncia do Ministério Público por crime contra a ordem tributária, em razão da suspensão da exigibilidade do crédito tributário (Súmula Vinculante n. 24 do STF); *(viii)* e, no que tange ao tema da dosimetria da multa fiscal, o sujeito passivo poderá apresentar elementos e provas, bem como, sustentar oralmente suas razões recursais ou em contrarrazões, perante o Tribunal de Impostos e Taxas para melhor demonstrar o atendimento dos requisitos legais do art. 527-A do Decreto 45.490/2000, com o escopo de obter a adequada e justa redução da penalidade tributária ou até mesmo sua relevação.

Por todos esses aspectos, o "contribuinte" tem a oportunidade e todas as condições necessárias de se defender em relação às questões controvertidas instaladas no processo, bem como, para pleitear a escorreita individualização da pena, com a utilização do direito de ampla defesa, dos recursos inerentes e do contraditório, conforme está prescrito na Lei 13.457/2009.

## 7.3 Principais alterações do processo administrativo paulista introduzidas pela Lei 16.498/2017– Breves considerações

O legislador paulista introduziu várias alterações normativas no processo administrativo tributário, através da Lei 16.498/2017, que são de extrema importância para os "contribuintes", para os operadores do direito e para os julgadores tributários.

É oportuno destacarmos, portanto, as regras que mais impactam, até porque, devem incidir desde sua publicação, inclusive apanhando os processos em curso, no estágio em que se encontram, tendo em vista o princípio da aplicação imediata das normas processuais (*tempus regit actum*).

Com breves considerações, abordaremos cada uma delas.

### 7.3.1 A duração razoável do processo e o prazo de 360 dias para prolação de decisões – art. 2º, §§1º, 2º e 3º, da Lei 13.457/2009

O § 1º, do art. 2º, da Lei 13.457/2009 contempla o princípio da "duração razoável do processo", e o parágrafo 2º, a exemplo do previsto no âmbito do processo administrativo federal pelo art. 24 da Lei 11.457/2007, prescreve a obrigatoriedade de que as decisões do órgão jurisdicional administrativo, em virtude de petições, Defesas, Impugnações e Recursos apresentados pelas partes, sejam proferidas no prazo máximo de 360 dias. Havendo conversão do julgamento em diligência para fins de dilação probatória, esse prazo é suspenso, nos termos do § 3º, do art. 2º, da Lei 13.457/2009.

A regra em testilha visa a dar celeridade processual, em cumprimento ao princípio da eficiência administrativa, conforme disposto no art. 37 da Constituição Federal.

É pertinente observar que em relação aos processos em andamento, vale dizer, quanto às petições, Defesas, Impugnações e Recursos já protocolados, o prazo de 360 dias começa a correr a partir da publicação da Lei 16.498/2017 (19.07.2017), conforme está expresso no art. 1º das Disposições Transitórias.

Se o prazo prescrito na norma não for observado, isto é, configurada a mora da Administração Pública, a omissão fica sujeita ao controle judicial, de modo que o interessado poderá requerer judicialmente uma obrigação de fazer, consistente na imposição para que o órgão julgador competente profira a decisão administrativa pendente em determinado prazo a ser assinado.

### 7.3.2 Do pronunciamento das nulidades processuais – Arts. 10-A e 10-B da Lei 13.457/2009 (Lei 16.498/2017)

O instituto da nulidade era tratado na Lei 13.457/2009 apenas pelo art. 10, que está assim redigido:

> Art. 10. A nulidade de qualquer ato só prejudica os posteriores que dele dependam diretamente.
>
> Parágrafo único. Quando a lei prescrever determinada forma, sob pena de nulidade, a decretação desta não pode ser requerida por quem lhe deu causa.

Foram acrescentados pela Lei 16.498/2017, o art. 10-A e o art. 10-B, prescrevendo que:

> Art. 10-A. Ao pronunciar a nulidade, o órgão de julgamento declarará que atos são atingidos e ordenará as providências necessárias a fim de que sejam repetidos ou retificados.
>
> § 1º. O ato não será repetido nem sua falta será suprida quando não prejudicar a parte.
>
> § 2º. Quando puder decidir o mérito a favor da parte a quem aproveite a decretação da nulidade, o órgão de julgamento não a pronunciará nem mandará repetir o ato ou suprir-lhe a falta, desde que tenha havido manifestação do interessado e da Representação Fiscal sobre o mérito."
>
> Art. 10-B. O erro de forma do processo acarreta unicamente a anulação dos atos que não possam ser aproveitados, devendo ser praticados os que forem necessários a fim de se observarem as prescrições legais.
>
> Parágrafo único. Dar-se-á o aproveitamento dos atos praticados desde que não resulte em prejuízo à defesa de qualquer parte.

Assim é que, as regras atinentes às nulidades do processo administrativo tributário paulista sintetizam de forma harmônica o quanto está previsto nos arts. 276 a 283 do Código de Processo Civil de 2015.

Em primeiro lugar, verifica-se que o art. 10-A da Lei 13.457/2009 reza que a decisão que reconhece determinada nulidade processual, indicará de forma precisa quais os atos que foram atingidos e quais atos deverão ser repetidos ou retificados.

Não serão repetidos os atos, mesmo aqueles em desacordo com as prescrições legais, se não houver prejuízo à parte no que concerne ao devido processo legal, ao contraditório e à ampla defesa. É o que está prescrito no § 1º, do art. 10-A e no art. 10-B, e seu parágrafo único.

Com efeito, a decisão que reconhece a nulidade deve estar suficientemente fundamentada (arts. 26 e 38 da Lei 13.457/2009), visando a escoimar a respectiva eiva processual.

É de se ressaltar que o § 2º, do art. 10-B, determina que órgão julgador "deverá" enfrentar de plano o mérito da lide administrativa, caso a decisão jurisdicional administrativa possa ser proferida favoravelmente à parte que alegou a nulidade, se tanto a Representação Fiscal, como o sujeito passivo, tiverem manifestado sobre a questão de fundo. Se o objeto do recurso se restringir à prejudicial alegada, o Tribunal não poderá conhecer da matéria meritória controvertida.

Esta regra processual é uma exceção ao duplo grau de jurisdição, otimizando o processo administrativo, proporcionando um desfecho mais rápido.

### 7.3.3 Da apresentação de provas conforme o art. 19 da Lei 13.457/2009

A regra geral é de que o sujeito ativo, ao lavrar o Auto de Infração, deverá descrever ilícito fiscal praticado, instruindo-o com os elementos e provas para comprovar a infração (art. 34). Por sua vez, o sujeito passivo, ao apresentar Defesa para impugnar o lançamento fiscal, deverá aduzir seus argumentos e fundamentos, prequestionando todas as matérias que pretende controverter, bem como, apresentar todas as provas admitidas em direito para comprovar suas alegações (art. 37).

O *caput* do art. 19 da Lei 13.457/2009 já previa a possibilidade de apresentação de provas fora do prazo de Defesa por motivo de força maior ou pela ocorrência de fato superveniente relevante ao deslinde do litígio administrativo.

Ocorre que foram acrescentados os §§ 1º e 2º, pela Lei 16.498/2017, deixando mais explícita a possibilidade da juntada de documentos novos para fazer prova de fatos supervenientes ou para contrapô-los, garantido o direito do contraditório à parte, desde que devidamente justificado por aquele que pede a dilação probatória.

Há precedentes do Tribunal de Impostos e Taxas permitindo a juntada de documentos novos para provar fato superveniente ou naqueles casos em que a parte não conseguiu juntar no prazo legal por motivos alheios à sua vontade (conf. DRT – 14 – 218819/2010; DRT -16 – 569.922/2008; DRTC I – 1012816/2011; DRT – 08 – 1146913/2011).[218]

A jurisprudência do TIT também tem admitido, em casos excepcionais, a juntada de documentos a destempo para fazer prova da verdade jurídica ou verdade material, que é o desiderato do Contencioso Administrativo Tributário no controle da legalidade (conf. DRT – 06 – 382189/2011; DRT – 15 – 996104/2011 e DRT – 07 – 4073208/2016).[219]

Havendo relevância e razões plausíveis para o desate da controvérsia instaurada, a juntada de novos documentos ao processo administrativo pela parte há de ser admitida, tendo por supedâneo os arts. 25 e 26 da Lei 13.457/2009, mas sempre garantindo o contraditório para se evitar futuras nulidades processuais (§ 2º, do art. 19).

### 7.3.4 Fatos notórios e presunção legal – art. 20, incisos III e IV da Lei 13.457/2009

A atividade jurisdicional administrativa deve ser racionalizada para que o processo tenha solução de definitividade dentro de um prazo razoável, mormente para atender ao prescrito no art. 2º, § 2º, da Lei 13.457/2009. Neste eito, mostra-se desnecessária a produção de provas relativamente aos

218. Disponível em: https://bit.ly/33Sryza Acesso em 21 jul. 2020. [Nota do editorial: necessário digitar número do processo.].

219. Idem.

fatos alegados sobre os quais não pairam dúvidas acerca da sua veracidade.

O art. 20 da Lei 13.457/2009, com as alterações da Lei 16.498/2017, reproduz as hipóteses de dispensa de produção de provas do art. 374 do Código de Processo Civil de 2015. A redação do art. 20 já previa que não dependem de provas os fatos afirmados por uma parte e confessados pela parte contrária (inciso I) e aqueles admitidos, no processo, como incontroversos (inciso II). Agora, foram acrescentados os fatos notórios (inciso III) e os fatos em que a presunção legal milita em favor da parte (inciso IV).

Fatos notórios são aqueles de conhecimento público, cuja veracidade é manifesta, insofismável ou indiscutível. A própria notoriedade pode, contudo, sujeitar-se a certo grau de subjetividade, pois, o que é sobejamente conhecido para uns, pode não ser para outros. Por essa razão é que o "fato notório" deverá ser demonstrado nos autos, ainda que sumariamente, para que a notoriedade seja efetivamente reconhecida, mormente no campo do Direito Tributário.

Assim, o fato notório poderá ser ilidido ou contestado pela parte, que será apreciado e decidido pelo órgão julgador, à luz do caso concreto.

No que diz respeito à presunção, esta tem por significado pressupor ou supor algo. No direito positivado, trata-se de uma proposição prescritiva, de natureza probatória, que se insere no campo processual, tendo por escopo implicar um fato jurídico indiretamente conhecido.

No dizer de Alfredo Augusto Becker: "*...Presunção é resultado do processo lógico mediante o qual, do fato conhecido cuja existência é certa, infere-se o fato desconhecido cuja existência é provável.*[220]

---

220. BECKER, Alfredo Augusto. *Teoria geral do direito*. 6a. Edição, São Paulo, Noeses, 2013, p. 542.

A presunção legal diz respeito à existência ou à veracidade de algum fato em favor de uma das partes litigantes, mas que não dispensa por parte desta, a prova do indício, que é o fato que autoriza o fato presumido.

Na ensinança de Maria Rita Ferragut, é imprescindível a prova dos indícios:

> quem alega a ocorrência do fato indiciado deve provar a ocorrência dos indícios, fatos diretamente conhecidos, e aquele contra quem a presunção aproveita deve provar, alternativa ou conjuntamente, a inocorrência dos indícios, do fato indiciado, a existência de diversos indícios em contrário ou, ainda, questionar a razoabilidade da relação jurídica de implicação.[221]

Sendo necessária a prova dos indícios por parte de quem alega o fato presuntivo que lhe favorece, infere-se que sua força probante é relativa, isto é, *iuris tantum*, admitindo-se prova em contrário quanto aos indícios que levam à presunção.

No Direito Tributário, a presunção deve respeitar o princípio da tipicidade. Significa dizer que a fenomenologia para incidência tributária é aplicável à fenomenologia da presunção tributária.

### 7.3.5 Das novas hipóteses de impedimento do julgador – art. 31 da Lei 13.457/2009

A Lei 16.498/2017 acrescentou ao art. 31 da Lei 13.457/2009, novas hipóteses de impedimento para o exercício judicante, cuja redação atual está nos seguintes termos:

> Art. 31. É vedado o exercício da função de julgar àquele que, relativamente ao processo em julgamento: (Redação dada ao art. pela Lei 16.498, de 18.07.2017; DOE 19.07.2017)
>
> I – tenha atuado no exercício da fiscalização direta do tributo, como Representante Fiscal ou Julgador de primeira instância administrativa;

221. FERRAGUT, Maria Rita. *Presunções no direito tributário*. São Paulo, Dialética, 2001, p. 71-72.

II – tenha atuado na qualidade de mandatário ou perito;

III – tenha conhecido em outro grau de jurisdição, tendo proferido decisão;

IV – tenha interesse econômico ou financeiro, por si, por seu cônjuge ou companheiro, ou por parente consanguíneo ou afim, em linha reta ou na colateral até o terceiro grau, inclusive;

V – tenha vínculo, como sócio ou empregado, com a sociedade de advogados ou de contabilistas ou de economistas, ou de empresa de assessoria fiscal ou tributária, a que esteja vinculado o mandatário constituído por quem figure como interessado no processo;

VI – seja sócio ou membro de direção ou de administração de pessoa jurídica interessada no processo;

VII – seja herdeiro presuntivo, donatário ou empregador do interessado;

VIII – figure como parte instituição de ensino com a qual tenha relação de emprego ou decorrente de contrato de prestação de serviços;

IX – figure como parte cliente do escritório de advocacia de seu cônjuge, companheiro ou parente, consanguíneo ou afim, em linha reta ou colateral, até o terceiro grau, inclusive, mesmo que patrocinado por advogado de outro escritório; e

X – promova ação contra o interessado ou seu advogado.

§ 1º. O interessado e a Fazenda Pública deverão arguir o impedimento, em petição devidamente fundamentada e instruída, na primeira oportunidade em que lhes couber falar nos autos.

§ 2º. O incidente será decidido em preliminar pelo órgão de julgamento, ouvindo-se o arguido, se necessário.

§ 3º. A autoridade judicante poderá declarar-se impedida por motivo de foro íntimo.

O impedimento previsto no inciso III, do art. 31, não é só do Julgador que proferiu decisão em 1ª instância, mas daquele que tenha participado de julgamento no mesmo processo em outro grau de jurisdição, como por exemplo, quando tenha proferido voto em decisão de competência da Câmara Julgadora, mas que esteja compondo a Câmara Superior por ocasião do julgamento de Recurso Especial ou vice-versa, isto é, quando um Juiz que tenha participado do julgamento na Câmara Superior e que em razão do retorno dos autos à inferior instância, esteja compondo o respectivo órgão julgador no ato do novo julgamento. Este impedimento, no entanto, não se verifica quando houve participação de um Juiz em outro julgamento na mesma instância recursal. É o caso do Julgador, que horizontalmente, já tenha participado de julgamento anterior em uma ou outra Delegacia Tributária de Julgamento ou no âmbito do Colegiado, em uma ou outra Câmara Julgadora, inclusive na própria Câmara Superior. Se o novo julgamento do processo é proferido na mesma instância de competência em que foi julgada a Defesa ou o recurso, inexiste óbice do julgador que tenha participado de julgamento anterior.

Também não se afigura impedimento, o julgador que tenha participado de decisões das instâncias inferiores que foram anuladas ou aquelas em que houve apenas conversão do julgamento em diligência. Assim, há impedimento apenas e tão somente em relação à participação do julgador da decisão impugnada, que será objeto de apreciação pela outra instância julgadora.

O que pode gerar dúvidas e divergências de interpretação, é que inciso III, do art. 31 da Lei 13.457/2009, refere-se à hipótese de o julgador ter "conhecido" da matéria controvertida em outro grau de jurisdição e proferido decisão.

A expressão "conhecido", contida na norma, fora mal empregada pelo legislador, de modo que o impedimento não é em relação a toda e qualquer decisão em que o julgador administrativo tenha proferido no curso do processo.

Infere-se que num primeiro momento, o julgador monocrático ou Juiz das instâncias colegiadas, apreciam os requisitos de admissibilidade da Defesa ou dos recursos interpostos, como tempestividade, interesse processual recursal, legitimidade; se matéria é de competência do Tribunal de Impostos e Taxas; se a questão controvertida não contraria Súmula do TIT; e se preenche os requisitos dos arts. 36, 37, 47 e 49 da Lei 13.457/2009.

Presentes os requisitos de admissibilidade, o julgador, por decisão fundamentada (art. 38 da Lei 13.457/2009), aprecia e julga as questões deduzidas pela parte.

Com efeito, interessa às partes do processo a segurança da imparcialidade em relação à decisão impugnada pela via dos recursos cabíveis.

A mera participação em outros julgamentos, por si só, não é suficiente para configurar a parcialidade daquele julgador, até porque, é comum que em matérias de direito, já exista uma convicção pessoal formada, com manifestação reiterada perante os Órgãos de Julgamento.

De outra parte, não são raras mudanças de entendimento sobre alguma matéria jurídica tributária ou processual por aquele que julga, mormente diante da análise de provas juntadas no processo.

Já nos casos de conversão do julgamento em diligência, o julgador nem mesmo pôde analisar as demais provas produzidas nos autos, e obviamente, não poderia formar seu convencimento quanto ao mérito da controvérsia. Como dizer que o julgador estaria influenciado quanto ao desate da lide administrativa?

Nas decisões que foram anuladas, há vício do ato processual que desrespeita a lei e os princípios constitucionais vigentes, impondo que nova decisão seja proferida. Também neste caso, como afirmar que o julgador estaria impedido, se a referida decisão deixou de ser válida?

Há muitas outras variáveis que tornaria praticamente impossível que a lei ou uma Questão de Ordem pudesse prever, a fim de solucionar todas as hipóteses de impedimento.

O alargamento das hipóteses de impedimento pode muitas vezes acarretar adiamentos de julgamentos por ausência de *quorum*, de modo a delongar ainda mais a definitividade ou não do lançamento fiscal.

Considero, portanto, prestigiar o princípio da eficiência administrativa, que está insculpido no art. 37 da Constituição

Federal e a regra que está expressa no art. 2º, §1º, da Lei 13.457/2009, que contempla o princípio da duração razoável do processo, ao prescrever a obrigatoriedade de que as decisões do órgão jurisdicional administrativo, em virtude de petições, Defesa, Impugnações e Recursos apresentados pelas partes, sejam proferidas no prazo máximo de 360 dias, justamente visando a dar celeridade processual.

Mas, a despeito de nosso entendimento aqui manifestado, a Câmara Superior, em Sessão realizada em 05.12.2017, através da Questão de Ordem n. 21, por maioria de votos, definiu a matéria de forma mais ampla, ou seja, no sentido de que Juiz que participou de julgamento, tendo proferido decisão de qualquer natureza, tem sua independência comprometida para revisar o julgamento anterior ou para participar de nova sessão em virtude da reforma de decisão por órgão superior, em outra instância, restando assim, configurado impedimento do Juiz.

As Disposições Transitórias da Lei 16.498/2017 não trataram da transição dos processos que estão aguardando julgamento em face de recursos interpostos antes da nova regra do inciso III, do art. 31, da Lei 13.457/2009. Considerando que as normas processuais entram em vigor e têm eficácia de imediato, o impedimento poderá ocorrer nos julgamentos pelo órgão julgador que se realizarem na vigência da Lei 16.498/2017, independentemente da data de interposição do respectivo apelo. Se por algum motivo, o julgamento teve início e foi suspenso por pedido de vistas ou por conversão do julgamento em diligência antes da Lei 16.498/2017, deveria ser aplicada a antiga regra do art. 31, não havendo que se falar em impedimento quando da retomada do respectivo julgamento na vigência da Lei 16.498/2017, conforme inteleção do art. 91 da Lei 13.457/2009.

Entretanto, a Questão Ordem n. 20, deliberada pela Câmara Superior, assentou o entendimento de que as novas regras do impedimento introduzidas pela Lei 16.498/2017incidem inclusive em relação aos processos com julgamentos não concluídos.

Trago à colação a ementa do referido julgado:

> LEGISLAÇÃO APLICÁVEL AOS ATOS PROCESSUAIS EM MATÉRIA DE IMPEDIMENTOS E DEMAIS REGRAS INTRODUZIDAS NA LEI 13.457/2009 POR CONTA DA EDIÇÃO DA LEI 16.498/2017. CONFLITO TEMPORAL.
>
> As novas regras de impedimento introduzidas pela Lei 16.498/2017 atingem os julgamentos não concluídos, que se iniciaram com a leitura do relatório antes da vigência da referida lei, não incidindo o art. 91, da Lei 13.457/2009.[222]

A parte interessada deverá arguir impedimento do julgador na primeira oportunidade processual, sob pena de preclusão (art. 10-A, art. 10-B, parágrafo único e § 1º, do art. 31, ambos da Lei 13.457/2009), caso o Juiz não se declare impedido até o ato do julgamento. Portanto, o impedimento há de ser alegado após a publicação da decisão proferida por meio de um incidente processual (petição apartada), por Retificação de Julgado ou como preliminar no bojo do recurso cabível.

Entrementes, os incisos V, VI, VII, VIII, IX e X do art. 31 da Lei 13.457/2009 trazem outras hipóteses de impedimento. O julgador que seja sócio ou administrador da pessoa jurídica que figura como autuada no processo, bem como o herdeiro donatário ou o empregador; aquele que tem relação de emprego ou contratual de prestação de serviços com instituição de ensino que figure como parte do processo; ou aquele julgador que tenha demanda judicial contra o autuado ou seu advogado, estão impedidos de participar do julgamento. O inciso IX, em especial, prevê o impedimento do Julgador quando a parte passiva seja cliente do escritório de advocacia da qual pertença, ou de seu cônjuge, companheiro ou parente, consanguíneo ou afim, em linha reta ou colateral, até terceiro grau, ainda que esteja sendo patrocinado por outro escritório. O § 3º, do art. 31 prevê, finalmente, que o impedimento do julgador pode se dar por motivo de foro íntimo.

Verificadas as hipóteses de impedimento, a nova regra estabelece que o sujeito passivo ou a Fazenda Pública deverão

222. Disponível em: https://bit.ly/2IFRTcq Acesso em: 15 out. 2020.

arguir o impedimento do Julgador, indicando os motivos e os fundamentos do pedido, com as provas necessárias de suas alegações, por meio petição incidental ou através dos recursos cabíveis, mas sempre na primeira oportunidade em que couber manifestar-se no processo, conforme estabelecem os §§ 1º e 2º do art. 31 da Lei 13.457/2009.

Quedando-se inerte de alegar o impedimento no momento processual oportuno, a matéria restará preclusa, sendo incabível a alegação de nulidade em momento posterior, mesmo que a decisão de mérito seja desfavorável à parte interessada, tendo aqui a aplicação dos arts. 10, 10-A e 10-B da Lei 13.457/2009.

De qualquer forma, é inegável que as novas regras garantem maior imparcialidade das Delegacias Tributárias de Julgamento e do Colegiado do TIT, na apreciação da Defesa e dos Recursos das partes em face da decisão hostilizada.

### 7.3.6 O novo valor de alçada para o julgamento dos recursos pelo colegiado – arts. 39, 40, 46 e 47, da Lei 13.457/2009 com a Redação da Lei 16.489/2017

O valor de alçada que estabelece a competência do Colegiado do TIT para o julgamento de recursos em sede de segunda instância passou de 5.000 UFESPs para 20.000 UFESPs, conforme arts. 39, 40, 46 e 47 da Lei 13.457/2009, com redação da Lei 16.498/2017.

Esse novo limite é prejudicial ao sujeito passivo diante da grande quantidade de Autos de Infração que são lavrados abaixo desse linde.

Obviamente que os recursos submetidos a colegiado paritário privilegia o princípio da isonomia, a imparcialidade e a qualidade dos julgamentos.

A inconstitucionalidade ou constitucionalidade de normas dessa natureza é de difícil verificação. O importante é que a lei garante a revisão das decisões proferidas em primeira instância através de recursos cabíveis por uma segunda instância administrativa, ou seja, pela Delegacia Tributária de Julgamento, a despeito de também ser um julgamento monocrático, preservando, assim, o devido processo legal.

Ressalte-se que o art. 3º, das Disposições Transitórias prevê que o novo valor de alçada se aplica apenas aos Autos de Infração lavrados a partir de 1º de janeiro de 2018.

### 7.3.7 Desnecessidade de requerimento expresso para a sustentação oral – Art. 44 da Lei 13.457/2009

A antiga regra do art. 44 previa a necessidade de requerimento expresso para que a parte obtivesse o direito de aduzir sustentação oral em sessão de julgamento em segunda instância administrativa ou perante a Câmara Superior, por ocasião da interposição dos Recursos cabíveis ou em sede de Contrarrazões.

A nova redação excluiu a necessidade de protesto para a sustentação oral do interessado, bastando a regular interposição do apelo pela parte sucumbente, de modo que no dia do julgamento, as partes deverão ser apregoadas e uma vez estando presentes, poderão sustentar oralmente suas razões de fato e de direito pelo prazo de 15 minutos, podendo ser prorrogado por mais 05 minutos a critério do Presidente da Câmara (Lei Estadual 16.125/2016, publicada em 19.01.2016).

Tratando-se de sessões virtuais, o interessado deverá requerer eletronicamente sua inscrição junto ao TIT para aduzir sustentação oral até a data da sessão de julgamento designada, nos termos do Ato TIT n. 07/2020, recebendo o "convite" para participar da respectiva sessão de julgamento. Como as sessões de julgamento são públicas, qualquer cidadão poderá assistir aos julgamentos adotando-se o mesmo procedimento.

É importante ressaltar que as intimações de inclusão dos processos na pauta para a sessão de Julgamento continuam sendo feitas através da rede mundial de computadores, com pelo menos 05 dias de antecedência, sendo de bom alvitre a consulta periódica ao sistema.

### 7.3.8 Da sessão temática – art. 49, § 10, e art. 57-A da Lei 13.457/2009

O Presidente do Tribunal de Impostos e Taxas poderá determinar a realização de Sessões Temáticas para que a Câmara Superior se manifeste sobre determinada matéria, visando a pacificar e uniformizar a jurisprudência na interpretação da legislação tributária, diante das múltiplas controvérsias idênticas ou semelhantes instauradas no âmbito do Contencioso Administrativo Tributário (art. 57, *caput*).

As decisões proferidas em Sessões Temáticas, que serão por maioria simples, resultam na estabilização das relações jurídicas tributárias entre o sujeito ativo e sujeito passivo, conferindo segurança jurídica e proporcionando maior celeridade no andamento dos processos administrativos.

O novel procedimento das Sessões Temáticas é semelhante aos recursos representativos da controvérsia, previsto no art. 1.036 do Código de Processo Civil. Tanto que o parágrafo único do art. 57-A da Lei 13.457/2009 prevê a suspensão de "todos" os recursos pendentes de julgamento nas Delegacias de Julgamento ou no Tribunal de Impostos e Taxas, que versem sobre o tema a ser debatido e julgado em Sessão Temática.

Com o pronunciamento da Câmara Superior, não poderá ser admitido Recurso Especial pelo Presidente do Tribunal de Impostos e Taxas, quanto às matérias que contrariem o entendimento definido em Sessão Temática, conforme prescrito no § 10, que foi acrescentado ao art. 49, pela Lei 16.489/2017, c.c. o art. 57-A, da Lei 13.457/2009. Caso algum Recurso Especial seja submetido ao Plenário da Câmara Superior, que tenha por objeto tema com jurisprudência uniformizada através de Sessão Temática ou por Súmula Vinculante, o apelo não poderá ser conhecido, por não mais subsistir a finalidade contida no art. 49 da Lei 13.457/2009.

Na prática, antes mesmo da nova regra, a Câmara Superior já vinha desconhecendo Recursos Especiais de questões já decididas em Sessões Temáticas, por se tratar de jurisprudência pacificada.

Relativamente aos recursos suspensos, os processos serão retomados após o julgamento da matéria em Sessão Temática. As decisões das Delegacias de Julgamento e das Câmaras Julgadoras a serem proferidas deverão seguir o entendimento da Câmara Superior.

Mas, se a decisão tomada em Sessão Temática estiver contrariando jurisprudência pacificada pelos Tribunais Superiores do Poder Judiciário, ao tempo da interposição do recurso, o apelo excepcional, desde que devidamente demonstrado pelo recorrente, poderá ser admitido, conhecido e julgado quanto ao seu mérito pela Corte Máxima administrativa, desde que preenchidos os demais requisitos do art. 49 da Lei 13.457/2009 e em Regulamento. Mesmo que admitido o recurso pelo Presidente do TIT, o Plenário da Câmara Superior poderá rever essa decisão e em caso de se concluir que a decisão recorrida não contraria jurisprudência do Poder Judiciário, o Recurso Especial não será conhecido.

Essa inovação no processo administrativo paulista é de grande importância, porque, na verdade, há uma implementação, em certa medida, do art. 489, § 1º, inciso VI, e dos arts. 926 e 927, todos do vigente Código de Processo Civil, para a hipótese específica de admissão e processamento do Recurso Especial.

As decisões dos órgãos jurisdicionais administrativos devem estar alinhadas com a jurisprudência iterativa do Poder Judiciário, evitando-se custos adicionais ao Estado e riscos de prejuízo ao erário público com honorários advocatícios de sucumbência,os quais já estão preestabelecidos no art. 85, § 3º, do Código de Processo Civil, em decorrência de litígios judiciais, como no caso de cobrança judicial de créditos tributários que estejam na contramão do entendimento Pretoriano judicial.

### 7.3.9 Regras para edição de súmulas – art. 52 da Lei 13.457/2009

Outra alteração salutar foi do art. 52 da Lei 13.457/2009, que prevê a edição de súmulas vinculantes por deliberação de 2/3 dos membros da Câmara Superior, por sessão obrigatória pelo menos uma vez ao ano, salvo se não houver proposta de súmula no período.

Neste ponto, houve uma evolução legislativa, já que na redação anterior o *quorum* para aprovação de súmulas era de 3/4 dos Juízes da Câmara Superior, sem previsão de periodicidade.

Com isto, os processos ficarão mais céleres, uma vez que as decisões referentes às matérias tratadas nas Súmulas não poderão ser contrariadas pelos órgãos julgadores.

Como a jurisprudência, de um modo geral, é dinâmica, o § 2º do art. 52 é bem-vindo, tendo em vista que as Súmulas que estejam em vigor poderão ser revistas e retificadas ou canceladas, observando-se o mesmo procedimento de aprovação, conforme preconizado no § 1º.

### 7.3.10 Sessões extraordinárias – Art. 56-A da Lei 13.457/2009

Além dos dias e horários para realização de Sessões Ordinárias, Sessões Extraordinárias das Câmaras Julgadoras e da Câmara Superior poderão ser convocadas por determinados períodos pelo Presidente do Tribunal de Impostos e Taxas, visando à celeridade no julgamento dos Recursos e para a diminuição do estoque de processos que aguardam solução.

Atualmente, as Sessões Ordinárias das Câmaras Julgadoras são realizadas às terças, quartas, quintas e sextas-feiras. E em relação à Câmara Superior, as sessões de julgamento são realizadas às terças e quintas-feiras.

### 7.3.11 O voto de qualidade e o *quorum* qualificado de votação para a redução ou relevação da multa fiscal - art. 61 da Lei 13.457/2009

A Lei 16.498/2017 alterou parcialmente o art. 61 da Lei 13.457/2009. No entanto, foi mantida a antiga regra prescrita no *caput* de que as decisões das Câmaras Julgadoras e da Câmara Superior serão definidas por maioria de votos e em caso de empate, deverá prevalecer o chamado "voto de qualidade", proferido pelo Presidente da respectiva Câmara.

Já o § 1º, do art. 61 prescreve que as sessões da Câmara Superior e das Câmaras Julgadoras serão realizadas com a presença mínima de ¾ do número total de juízes de suas respectivas composições.

Por sua vez, o § 2º, do art. 61, trouxe uma inovação polêmica ao processo administrativo paulista através da Lei 16.498/2017, que inegavelmente é prejudicial ao "contribuinte" e à Fazenda Pública. É o *quorum* qualificado de votação de 03 (três) Juízes no sentido de admitir a moderação das multas fiscais, quando do julgamento dos recursos de Ofício e Ordinário interpostos pelas partes no âmbito do Colegiado do TIT.

A regra está assim redigida:

> § 2º. Nos termos do art. 27 desta lei, as Câmaras Julgadoras poderão relevar ou reduzir multas apenas se houver voto, neste sentido, de pelo menos 3 (três) dos juízes presentes.

Com efeito, foi criado um novo e esdrúxulo "requisito objetivo" de natureza processual para aplicação do art. 92 da Lei 6.374/89, em combinação com o art. 527-A do RICMS, destinado apenas para as Câmaras Julgadoras em segunda instância administrativa.

Em verdade, a exigência de *quorum* qualificado de votação de pelo menos 03 (três) Juízes, viola direitos constitucionais impostergáveis do sujeito passivo, tais como: a segurança jurídica, a isonomia tributária, a justiça tributária, a vedação ao confisco, o devido processo legal e a individualização da pena.

Assim é que, mesmo que todos os requisitos objetivos do art. 527-A do RICMS (art. 92 da Lei 13.457/209) estejam presentes, a dosimetria da sanção tributária pelo Colegiado do TIT somente poderá ser efetivada com a votação mínima de 03 (três) julgadores admitindo redução ou a relevação da multa fiscal, acarretando prejuízo ao sujeito passivo.

Da mesma forma, os interesses da Administração Tributária poderão ser prejudicados por conta da regra processual em testilha. A Câmara Julgadora, em sede de Recurso de Ofício, não poderá modificar a decisão recorrida se forem proferidos apenas dois votos pelo restabelecimento da integralidade da sanção tributária ou para o agravamento da redução, vale dizer, mediante diminuição do montante da redução anteriormente fixada pela instância inferior.

Isto porque, quanto aos recursos fazendários, a prescrição do art. 61, § 2º, não excepciona a dispensa da exigência do *quorum* qualificado de votação do órgão julgador colegiado para o caso de redução *in pejus* da sanção tributária ao sujeito passivo (diminuição do percentual de redução fixado pela decisão recorrida do órgão julgador inferior), ou para o afastamento da redução ou da relevação da multa fiscal, tendo em vista os requisitos subjetivos do art. 527-A do RICMS. Assim, a regra também alcança os pedidos da Fazenda Pública por se tratar de "ato de dosimetria",[223] consoante a intelecção da referida norma processual.

Na prática, no que se refere à moderação sancionatória, para fins de aplicação do art. 527-A do RICMS, a decisão administrativa proferida pela instância inferior somente poderá ser reformada se houver *quorum* qualificado, seja na

223. Como já afirmamos no Capítulo 5.2 deste trabalho, a dosimetria sancionatória, após verificada a presença dos requisitos objetivos, também implica a manutenção da integralidade da multa fiscal ou a diminuição do percentual da redução anteriormente fixado pelo órgão julgador inferior.

apreciação do Recurso de Ofício, seja no Recurso Ordinário, e eventualmente, na Retificação de Julgado.

Não obstante, a regra do § 2º, do art. 61, da Lei 13.457/2009, que foi acrescentada pela Lei 16.498/2017, é carente de razoabilidade, na medida em que o juízo de primeira instância e a Delegacia Tributária de Julgamento em sede de Recurso Voluntário, monocraticamente, têm competência para moderar a multa fiscal. Ao contrário, o Colegiado do TIT, que é órgão julgador paritário de superior instância administrativa, com maiores atribuições, dependerá de *quorum* qualificado de votos para apreciar a matéria devolvida ao Tribunal (art. 47, § 5º), contrariando os princípios constitucionais já citados e invertendo-se a lógica do conhecido brocardo *"quem pode o mais, pode o menos"*.

Não é debalde assinalar que a votação por *quorum* qualificado não é aplicável para o acórdão da Câmara Julgadora que reforma a decisão de primeira instância no sentido de afastar a redução ou a relevação da multa fiscal, quando ausentes os requisitos objetivos cumulativos do art. 527-A do RICMS (art. 92 da Lei 6.374/89), em razão do princípio da legalidade estrita que rege o Direito Tributário. A regra do § 2º, do art. 61, da Lei 13.457/2009 diz respeito apenas à dosimetria sancionatória, isto é, na segunda fase da aplicação do art. 527-A do RICMS, a analisar os critérios subjetivos.

Noutro giro, impende observar que havendo 03 (três) votos pela incidência da regra do art. 527-A, do RICMS, abre-se caminho para a efetiva moderação da penalidade fiscal, mesmo que os votos sejam divergentes quanto ao montante da redução ou quanto à relevação da multa fiscal. Pode ocorrer que dois Juízes votem por uma determinada redução da multa fiscal e outro Juiz vote pela sua relevação. Neste caso, prevalece a maioria de votos (art. 61, *caput*, primeira parte, da Lei 13.457/2009).

Também poderá suceder que todos os votos proferidos, inclusive do Presidente da Câmara, sejam divergentes, cada qual estabelecendo uma dosimetria para determinada penalidade fiscal aplicada. Como nesta hipótese não há empate de votos, a solução é que prevaleça o voto que represente a penalidade mais branda, pela aplicação da regra do art. 112, inciso IV, do Código Tributário Nacional, segundo a qual, a graduação da penalidade pecuniária prevista na lei tributária deve ser sempre aplicada de maneira mais favorável ao sujeito passivo.

Por fim, tendo em vista a exigência de no mínimo três votos para a aplicação do art. 527-A, do RICMS, pode acontecer que dois votos sejam pela redução ou relevação da multa fiscal, e outros dois votos sejam contrários, inviabilizando a moderação sancionatória, por ausência de *quorum* qualificado. Também pode ocorrer o contrário, ou seja, que dois votos sejam pelo restabelecimento da multa fiscal e outros dois sejam contrários, quando se tratar de Recurso de Ofício.

Nestas hipóteses, os votos divergentes também deverão estar devidamente fundamentados, mediante análise motivada de todos os requisitos objetivos e dos critérios subjetivos da dosimetria (porte econômico e antecedentes fiscais) previstos na norma, não bastando a mera discordância com argumentos genéricos e superficiais, sob pena de nulidade, tendo em vista o disposto no art. 38 da Lei 13.457/2009.

Especificamente sobre esse tema, a Câmara Superior assim tem decidido, como se vê do julgado proferido no AIIM 4014272-3, em Sessão realizada em 08.08.2017:

> ICMS – ITENS 01, 02, 03, 04, 05 E 06 DO AIIM – DESCUMPRIMENTO DE DEVER INSTRUMENTAL – REDUÇÃO OU RELEVAÇÃO DA MULTA FISCAL – OMISSÃO QUANTO À ANÁLISE DOS PRESSUPOSTOS PARA A DOSIMETRIA SANCIONATÓRIA QUE ESTÃO EXPRESSOS NO ART. 527-A DO RICMS/00 – PRECARIEDADE DE FUNDAMENTAÇAO CARACTERIZADA – NULIDADE PARCIAL DA DECISÃO RECORRIDA – ART. 38 DA LEI 13.457/2009 – RECURSO ESPECIAL DO CONTRIBUINTE CONHECIDO EM PARTE E PROVIDO NA PARTE CONHECIDA.[224]

224. Disponível em: https://bit.ly/33Sryza Acesso em: 02 out. 2020. [Nota do editorial: necessário digitar número do processo.].

No mesmo sentido:

> ICMS – FALTA DE ESTORNO DE CRÉDITOS – ITENS 04 E 05 DO AIIM – ATIVIDADES ALHEIAS À FINALIDADE DO ESTABELECIMENTO – FALTA DE EMISSÃO DE NOTA FISCAL ELETRÔNICA – FALTA DE EXIBIÇÃO DE DOCUMENTOS FISCAIS À AUTORIDADE FISCAL – NULIDADE DA DECISÃO DA CÂMARA JULGADORA EM RELAÇÃO AOS ITENS 04 E 05 DO AIIM AFASTADOS – CUMPRIMENTO DOS ARTS. 26 E 38 DA LEI 13.457/2009 – APLICAÇÃO DO ART. 527-A DO RICMS/00 – NULIDADE PARCIAL DA DECISÃO RECORRIDA – MULTA ISOLADA – REQUISITO OBJETIVO CUMPRIDO – FALTA DE ANÁLISE DOS DEMAIS REQUISITOS LEGAIS PARA A REDUÇÃO OU RELEVAÇÃO DA MULTA FISCAL – NULIDADE PARCIAL RECONHECIDA – DETERMINAÇAÕ PARA COMPLEMENTO DO JULGADO – SOBRESTAMENTO QUANTO AS DEMAIS MATÉRIAS DE MÉRITO ALEGADAS EM RECURSO ESPECIAL PELAS PARTES.
>
> (AIIM 4.002.672. Câmara Superior. Julgamento em 11.05.2017)[225]

> OBRIGAÇÃO ACESSÓRIA – ITEM 01 DO AIIM – FALTA DE EXIBIÇÃO DE DOCUMENTOS FISCAIS SOLICITADOS PELA FISCALIZAÇÃO – REDUÇÃO DA MULTA FISCAL – OMISSÃO QUANTO À ANÁLISE DOS CRITÉRIOS SUBJETIVOS DA DOSIMETRIA SANCIONATÓRIA QUE ESTÃO EXPRESSOS NO ART. 527-A DO RICMS/00 – PRECARIEDADE DE FUNDAMENTAÇAO CARACTERIZADA – NULIDADE PARCIAL DA DECISÃO RECORRIDA – ART. 38 DA LEI 13.457/09 – RECURSO ESPECIAL DA FAZENDA CONHECIDO E PROVIDO – RECURSO ESPECIAL DO CONTRIBUINTE NÃO CONHECIDO POR DEMANDAR REANÁLISE DE PROVAS.
>
> (DRTC-I 4006842/2012. Câmara Superior. Julgamento em 09.11.2017).[226]

> ICMS – OBRIGAÇÃO ACESSÓRIA – APLICAÇÃO DO ART. 527-A DO RICMS/00 – DECISÃO QUE DEIXOU DE ANALISAR OS REQUISITOS OBJETIVOS E CRITÉRIOS SUBJETIVOS DA NORMA – NULIDADE CONFIGURADA – INTELIGÊNCIA DO ART. 38 DA LEI 13.457/2009 – NULIDADE DA DECISÃO RECORRIDA POR AUSÊNCIA DE INTIMAÇÃO DA

225. Disponível em: https://bit.ly/33Sryza Acesso em 02 out. 2020. [Nota do editorial: necessário digitar número do processo.].

226. Idem.

SUSTENTAÇÃO ORAL E PELA INTIMAÇÃO EM PESSOA DIVERSA DO REPRESENTANTE LEGAL DO SUJEITO PASSIVO AFASTADOS – EFEITO CONFISCATÓRIO DA MULTA – INCIDÊNCIA DO ART. 28 DA LEI 13.457/2009 – RECURSO ESPECIAL DA FAZENDA CONHECIDO E PROVIDO – RECURSO ESPECIAL DO CONTRIBUINTE NÃO CONHECIDO. (AIIM 4.009.171. Câmara Superior. Julgamento em 15.05.2018).[227]

ICMS. DIVERSAS INFRAÇÕES - ITEM 14 do AIIM - NÃO EMISSÃO DE NOTAS FISCAL DE SIMPLES REMESSA - APLICAÇÃO DO ART. 527-A DO RICMS/00 – DECISÃO QUE DEIXOU DE ANALISAR OS REQUISITOS OBJETIVOS E CRITÉRIOS SUBJETIVOS DA NORMA – NULIDADE CONFIGURADA – INTELIGÊNCIA DO ART. 38 DA LEI 13.457/2009 – RECURSO ESPECIAL DA FAZENDA CONHECIDO E PROVIDO.

(AIIM 4.038.008-7. Câmara Superior, julgamento em 08.10.2019, publicação em 09.10.2019).[228]

ICMS – INFRAÇÕES RELATIVAS A DOCUMENTOS FISCAIS E IMPRESSOS FISCAIS – SOLICITAÇÃO DE CANCELAMENTO FORA DO PRAZO LEGAL – ITEM 05 DO AIIM – FALTA DE SOLICITAÇÃO DE INUTILIZAÇÃO DOS NÚMEROS DOS DOCUMENTOS FISCAIS ELETRÔNICOS – ITEM 06 DO AIIM – INFRAÇÕES RELATIVAS A APRESENTAÇÃO DE INFORMAÇÃO ECONÔMICO-FISCAL E A GUIA DE RECOLHIMENTO DO IMPOSTO – ENTREGA COM ATRASO DAS GIA'S – ITEM 07 DO AIIM – RELEVAÇÃO DA MULTA FISCAL – NULIDADE DA DECISÃO RECORRIDA POR AUSÊNCIA DE ANÁLISE DE UM DOS CRITÉRIOS SUBJETIVOS DO §3º, DO ART. 527-A DO RICMS/00 – PORTE ECONÔMICO DO CONTRIBUINTE QUE NÃO FOI LEVADO EM CONSIDERAÇÃO PARA A RELEVAÇÃO DA MULTA FISCAL – NECESSIDADE DE SE CONSIDERAR O CRITÉRIO SUBJETIVO POR ESTAR EXPRESSO NA NORMA E POR SER ELEMENTO RELEVANTE NO SOPESAMENTO DA PROPORCIONALIDADE PARA A DOSIMETRIA DA MULTA FISCAL – PRECEDENTES DA CÂMARA SUPERIOR DO TIT – RECURSO ESPECIAL DA FAZENDA CONHECIDO E PROVIDO PARA ANULAR A DECISÃO RECORRIDA.

(AIIM N. 4037094-0. Câmara Superior. Julgamento em 17.10.2019).[229]

227. Disponível em: https://bit.ly/33Sryza Acesso em: 02 out. 2020.

228. Idem.

229. Ibidem

Em resumo temos que: a decisão de monocrática de primeira instância e a Delegacia Tributária de Julgamento em sede de Recurso Voluntário têm competência para relevar ou reduzir a multa fiscal. A Câmara Julgadora poderá restabelecer a integralidade da sanção tributária independentemente do *quorum* qualificado de votação, quando ausente algum dos requisitos objetivos do art. 527-A do RICMS e art. 92 da Lei 6.374/89). Do contrário, haverá necessidade do *quorum* qualificado, nos termos do §o 2º, do art. 61, da Lei 13.457/2009, com redação dada pela Lei 16.498/2017, para a dosimetria da sanção tributária, ainda que seja *reformatio in pejus* em relação ao sujeito passivo. Havendo divergência quanto ao montante da dosimetria, prevalece a votação da maioria, mas se todos os votos forem divergentes, o voto vencedor será aquele que fixar a sanção mais branda, com aplicação do art. 112, inciso IV, do CTN. Não se pode olvidar que todos os votos, favoráveis ou desfavoráveis à incidência do art. 527-A do RICMS, deverão estar suficientemente fundamentados, com apreciação de todos os pressupostos previstos expressamente na referida norma, em respeito ao art. 38 da Lei 13.457/2009, conforme reiterada jurisprudência da Câmara Superior, sob pena de nulidade.

### 7.3.12 Da ordem cronológica dos julgamentos das defesas e recursos - art. 68-A da Lei 13.457/2009

O Tribunal de Impostos e Taxas deverá tomar medidas administrativas para que seja respeitada a ordem cronológica de protocolo dos processos em primeira e segunda instâncias administrativas, conforme art. 68-A. A ordem cronológica de julgamento relativos aos processos em retorno de “Vistas”; de diligência realizada; aqueles em que há necessidade de novo julgamento; ou quando a decisão proferida tenha de ser complementada por determinação da superior instância, terão preferência sobre os demais processos pendentes de julgamento.

O parágrafo único do art. 68-A elenca quatro exceções para a quebra da cronologia da ordem dos julgamentos.

As duas primeiras hipóteses são as matérias que foram firmadas em Sessão Temática (item 01) e aquelas que são objeto de Súmula Vinculante ou de Súmula do Tribunal de Impostos e Taxas (item 02), que terão prioridade nos julgamentos para proporcionar estabilidade na relação jurídica entre o fisco e o sujeito passivo e para dar celeridade processual, evitando-se, inclusive, atitudes protelatórias do sujeito passivo, que muitas vezes se vale do Contencioso Administrativo Tributário para ganhar tempo no cumprimento de suas obrigações tributárias, utilizando-se de argumentos já superados pela jurisprudência do TIT e do Poder Judiciário.

No que tange aos processos em que há interesse público (item 03) ou de urgência (item 04), a Administração Pública deverá justificar a prioridade de julgamento. Poderão ser múltiplos os motivos justificadores do interesse público ou de urgência, que na prática se confundem: em razão do valor do crédito tributário; por ser decorrente de fraude estruturada; em razão da matéria controvertida ter posicionamento firmado pelo Poder Judiciário; pelo longo tempo de tramitação do processo, máxime se já vencido o prazo de 360 dias de que fala o art. 2º, §§1º, 2º e 3º, da Lei 13.457/2009; por questões de políticas fazendárias, dentre outros.

### 7.3.13 Prazo obrigatório de 30 dias para manifestação da representação fiscal - art. 72, inciso IV, da Lei 13.457/2009

O art. 26 da Lei 13.457/2009 preconiza que os órgãos de julgamento apreciarão livremente as provas dos autos e deverão fundamentar adequadamente suas decisões, na forma do art. 38.

Entretanto, caso seja necessário, os órgãos julgadores poderão determinar diligências para a instrução do processo, consoante permissivo do art. 25 da Lei 13.457/2009, na busca da verdade jurídica. Uma vez realizada a diligência, prescreve o inciso IV do art. 72, que o prazo de manifestação da

Representação Fiscal será necessariamente de 30 dias, ainda que tal diligência tenha sido por ela requerida.

A não observância do prazo de 30 dias para manifestação acarreta nulidade por cerceamento de defesa da Fazenda Pública, salvo se a Representação Fiscal, mesmo assim, apresentar manifestação voluntária, situação esta em que a nulidade processual restará suprida, por força do art. 10-A, § 1º, da Lei 13.457/2009.

Caso seja assinado prazo inferior a 30 dias e a Representação Fiscal não apresente qualquer impugnação, somente poderá ser alegada nulidade processual na primeira oportunidade que tiver para se manifestar no processo, caso contrário, o direito estará precluso.

### 7.3.14 Sessões de julgamentos virtuais

A partir da Resolução 49, de 1º de junho de 2020, do Secretário da Fazenda e Planejamento do Estado de São Paulo, que dispôs sobre a realização de sessões de julgamento não presenciais do Tribunal de Impostos e Taxas, por meios eletrônicos, foi editado o Ato TIT-07, de 02 de junho de 2020, regulando os procedimentos para a realização de julgamentos virtuais quanto aos processos eletrônicos, bem como o Ato TIT 17/2020, publicado em 30 de outubro de 2020, relativamente aos processos físicos.

As sessões de julgamentos virtuais foram implementadas em decorrência da Pandemia do Novo Coronavírus (Covid-19), como medida para o distanciamento social e para evitar acúmulos de processos e morosidade na tramitação das lides administrativas.

As pautas de julgamentos das sessões por meios eletrônicos serão divulgadas na página do Tribunal de Impostos e Taxas na *Internet,* na forma do § 1º do art. 109 do Decreto 54.486/2009, com a indicação da ferramenta a ser utilizada para a realização de sustentação oral nessas sessões (art. 3º do Ato TIT 07/2020 e art. 7º do Ato TIT 17/2020).

O contribuinte, os responsáveis tributários, seus representantes legais e os advogados das partes poderão participar das sessões virtuais, ficando, ainda, assegurada para a parte, aduzir sustentação oral, conforme art. 1º, da Lei 16.125/2016, desde que haja manifestação de interesse, por meio do endereço eletrônico junto ao TIT, preferencialmente com antecedência mínima de 03 dias úteis da data da sessão (art. 4º Ato TIT 07/2020 e art. 3º do Ato TIT 17/2020).

Já o art. 5º do Ato TIT 07/2020 e o art. 8º do Ato TIT 17/2020 prescrevem a possibilidade de as partes requererem a remessa do julgamento para uma sessão presencial, mediante petição fundamentada em até 02 dias após a divulgação da pauta, dirigida ao Presidente da Câmara. Como é uma situação de excepcionalidade, o pedido deverá estar adequadamente fundamentado, com a demonstração justificada do prejuízo ao direito à ampla defesa, quanto ao julgamento virtual.

O Presidente da Câmara proferirá decisão fundamentada na sessão de julgamento virtual designada. Sendo indeferido o pedido de retirada de pauta, será considerado como desistência do direito à sustentação oral, caso o interessado não esteja presente à respectiva sessão.

Outra importantíssima providência implementada, em prestígio ao princípio da publicidade (art. 2º da Lei 13.457/2009), é a transmissão ao vivo das sessões do TIT através da rede mundial de computadores, proporcionando a qualquer cidadão a possibilidade de acompanhar os julgamentos do TIT. Além da transmissão ao vivo, as sessões são gravadas e disponibilizadas ao público por *link* na página do Tribunal de Impostos e Taxas, na *internet*, em até 5 dias úteis contados da data da realização da sessão, permanecendo disponível pelo prazo mínimo de 30 dias (art. 7º do Ato TIT 07/2020 e art. 10 do Ato TIT 17/2020). Atualmente, as sessões de julgamento são compartilhadas pelo *site* do *YouTube*.

Como facilmente se denota, as sessões de julgamento virtuais do TIT-Tribunal de Impostos e Taxas, assim como ocorre no CARF-Conselho Administrativo de Recursos Fiscais e no Poder Judiciário, trouxeram mais transparência, segurança jurídica, eficiência, bem como menor custo para as partes e para o próprio Estado. Aliás, são esses os desideratos que a Administração Pública deve incansavelmente perquirir, tendo em vista os princípios insculpidos do art. 37 da Carta Constitucional.

Com efeito, é primacial que as sessões virtuais de julgamento sejam mantidas mesmo após fenecer os motivos determinantes da Resolução 49/2020 do Secretário da Fazenda e Planejamento do Estado de São Paulo. Além de tudo, o contribuinte e os advogados, principalmente aqueles que se encontram fisicamente distantes da Capital, poderão ter mais acesso ao Tribunal de Impostos de Taxas, sem depender de custosos e sofríveis deslocamentos. Da mesma forma, poderá ser ampliada a possiblidade do ingresso de Juízes do interior do Estado de São Paulo, tornando o TIT ainda mais democrático.

Não se pode olvidar que a instituição do Tribunal de Impostos e Taxas, através das sessões virtuais de julgamento, terá maior reconhecimento e credibilidade, por sua relevância no controle da legalidade e na segurança jurídica.

### 7.3.15 O contencioso administrativo tributário em evolução

É insofismável o dinamismo e a evolução da dogmática do direito e dos fenômenos culturais sociais, máxime nos tempos em que vivemos, impulsionados pelas novas tecnologias, sempre mais céleres que a atividade legiferante na regulação das condutas humanas. Assim, é razão suficiente para que atualizações e adequações ao processo administrativo tributário sejam oportunamente implementadas, visando, sobretudo, a proporcionar segurança jurídica ao contribuinte, bem como ao Estado.

Sabemos que há jurisprudência pacificada do TIT em relação a matérias tributárias que são contrárias daquelas já firmadas pelo Poder Judiciário, como por exemplo, a questão que envolve a vetusta Súmula 166 do STJ, cujo entendimento fora mais recentemente ratificado pelo Supremo Tribunal Federal, no Recurso Extraordinário com Agravo (ARE) 1255885, com repercussão geral reconhecida (*Tema 1099*), ou a questão da limitação dos juros aos índices da Taxa Selic, donde o Órgão Especial Tribunal de Justiça do Estado de São Paulo reconheceu a inconstitucionalidade parcial da Lei 13.918/2009, nos autos da Arguição de Inconstitucionalidade n. 0170909-61.2012.8.26.0000.

Insistir numa jurisprudência administrativa que fatalmente será revertida no âmbito judicial, desatende aos princípios do art. 37 da Carta Magna, sem contar que o fisco estará à mercê de despesas financeiras. Em especial, ficará sujeito a pesadas condenações de sucumbência, *ex vi* do art. 85, § 3º, do Código de Processo Civil de 2015. O contribuinte, por sua vez, também fica altamente prejudicado, ainda que tenha sucesso num eventual litígio judicial, pois deverá arcar com os custos da contratação de advogado para sua defesa, garantir a exigência fiscal e aguardar por anos o desfecho definitivo da demanda judicial, provisionando o respectivo passivo em sua contabilidade pelo período necessário, além de outros percalços desinentes.

É certo que na ausência de previsão legal, deverá ser aplicada a regra da subsidiariedade do art. 15 do Código de Processo Civil. É o caso do art. 28 da Lei 13.457/2009, que, a despeito de sua atual redação, o julgador tributário poderá proferir decisão em consonância com o entendimento firmado pelo Poder Judiciário ou em razão de decisão do Pretório Excelso, em sede de Repercussão Geral, ou por decisão do Superior Tribunal de Justiça no âmbito de Recurso Repetitivo, mesmo que seja para afastar Lei por inconstitucionalidade, conforme estabelecido nos arts. 489, inciso VI, 926 e 927 do CPC/2015.

Ainda que inaplicável ao processo administrativo tributário paulista, a Lei 17.293/2020 traz dispositivo que se alinha ao Código de Processo Civil de 2015, o que reforça ainda mais a aplicabilidade do art. 15 no Contencioso Administrativo Tributário, conforme pontuado acima.

Diz o art. 57 da Lei 17.293/2020 que:

> Art. 57. Fica o Poder Executivo, por meio dos órgãos competentes da Procuradoria Geral do Estado, autorizado a reconhecer a procedência do pedido, a abster-se de contestar e de recorrer e a desistir dos recursos já interpostos, quando, inexistente outro fundamento relevante, a pretensão deduzida ou a decisão judicial estiver de acordo com:
>
> I – matéria objeto de jurisprudência consolidada nos tribunais;
>
> II – acórdão transitado em julgado proferido em sede de:
>
> a) controle concentrado ou difuso de constitucionalidade pelo Supremo Tribunal Federal;
>
> b) recursos repetitivos extraordinário ou especial, nos termos do art 1.036 da Lei federal 13.105, de 16 de março de 2015 (Código de Processo Civil);
>
> c) recurso extraordinário com repercussão geral reconhecida pelo Supremo Tribunal Federal, nos termos do art. 102, § 3º, da Constituição Federal;
>
> d) recurso de revista repetitivo, processado nos termos do art. 896-C da Consolidação das Leis do Trabalho, aprovada pelo Decreto-lei federal 5.452, de 1º de maio de 1943;
>
> e) incidente de assunção de competência, processado nos termos do art. 947 da Lei federal 13.105, de 16 de março de 2015 (Código de Processo Civil);
>
> f) incidente de resolução de demandas repetitivas, processado nos termos do art. 976 e seguintes da Lei federal nº 13.105, de 16 de março de 2015 (Código de Processo Civil);
>
> III - súmula vinculante do Supremo Tribunal Federal;
>
> IV - súmula do Superior Tribunal de Justiça ou do Tribunal Superior do Trabalho.
>
> § 1º. O disposto no "caput" deste artigo também se aplica nas situações em que o benefício almejado com a ação ou com o recurso for inferior aos custos do processo.
>
> § 2º. O Procurador Geral do Estado regulamentará o exercício da autorização prevista nesta lei e identificará as hipóteses de aplicação da referida autorização considerando a existência de justificado interesse processual ou estratégico.
>
> § 3º. Nas hipóteses de que trata este artigo, o Procurador do Estado que atuar no feito deverá, expressamente, inclusive para

> fins do disposto no § 4º do art. 496 da Lei federal 13.105, de 16 de março de 2015 (Código de Processo Civil):
>
> 1. no prazo da contestação, reconhecer a procedência do pedido, inclusive em embargos à execução fiscal e exceções de pré-executividade;
>
> 2. desistir do pedido ou renunciar ao prazo recursal, quando intimado da decisão judicial;
>
> 3. caso o processo se encontre em tribunal, desistir do recurso.

Entrementes, em se tratando de súmula do TIT, o art. 15 do CPC/2015 não poderá incidir. É que as súmulas são vinculantes no âmbito dos órgãos de julgamento (art. 117, do Decreto 54.486/2009 e art. 26, § 6º, do Regimento Interno do TIT). Portanto, é relevante a revisão ou cancelamento de súmulas que sejam contrárias ao entendimento firmado pelo Poder Judiciário, conforme § 2º, do art. 117 do Decreto 54.486/2009.

Até a conclusão desta obra, estava em tramitação na Assembleia Legislativa do Estado de São Paulo o Projeto de Lei 367/2020, publicado no Diário da Assembleia em 28/05/2020, comtemplando várias propostas de adequação da Lei 13.457/2009 com o vigente Código de Processo Civil.

Dentre as principais propostas, está a compatibilização do art. 28 da Lei 13.457/2009 com o art. 927 do CPC/2015, bem como, a contagem de prazos em dias úteis, a revogação do valor de alçada e a previsão de interposição de Agravo em caso inadmissibilidade do Recurso Especial pelo Presidente do TIT.

A modernização do processo administrativo e sua compatibilização com o Código de Processo Civil é sempre salutar, porém, não poderá implicar morosidade da lide administrativa, nem na mitigação do "princípio do formalismo moderado", que é ínsito no Contencioso Administrativo Tributário.

### 7.3.16 Conclusões Finais

As inovações trazidas pela Lei 16.498/2017, em geral, são positivas.

As novas regras tendem a implementar mais segurança jurídica e celeridade processual, em sintonia com a evolução da jurisprudência do Tribunal de Impostos e Taxas desde a edição da Lei 13.457/2009.

Claro que as alterações são bem-vindas, mas não se pode olvidar da necessidade de novas atualizações legislativas para que os anseios do fisco e do "contribuinte" sejam atendidos. É o caso, por exemplo, da possibilidade de interposição de Reforma de Julgado pelo "contribuinte". Pela atual regra, somente a Fazenda Pública tem legitimidade para se valer do recurso.

Mostra-se oportuno, por outro lado, veemente crítica ao *quorum* qualificado para a aplicação do art. 527-A do RICMS (art. 92 da Lei 6.374/89), por mitigar, sobremaneira, o direito da individualização da pena e os demais princípios constitucionais que permeiam o Direito Sancionatório Tributário.

Não há razão alguma para a regra do *quorum* qualificado, uma vez a que as decisões que reduzem ou relevam a multa fiscal devem estar suficientemente justificadas e fundamentadas, conforme iterativa jurisprudência da Câmara Superior do TIT, o que por si só garante a distribuição da justiça tributária.

Também se mostra positiva a implementação de sessões de julgamento por videoconferência, como ocorre no Poder Judiciário, tornando o acesso ao TIT mais democrático, ampliando a realização princípio do devido processo legal, e ainda, proporcionando mais transparência e menor custo ao Estado e ao contribuinte.

Devemos estar atentos ao constante aperfeiçoamento do Contencioso Administrativo Tributário, frente ao dinamismo no mundo moderno e às novas tecnologias. À evidência, é imperial que o processo administrativo esteja adequadamente atualizado, cumprindo seu principal papel que é a implementação da segurança jurídica ao contribuinte e ao Estado.

# 8. O PODER JUDICIÁRIO E OS LIMITES PARA A REVISÃO DA DOSIMETRIA DA MULTA FISCAL APLICADA PELO PODER TRIBUTANTE

O Poder Judiciário é regulado pela Constituição Federal nos arts. 92 a 126, sendo seus órgãos o Supremo Tribunal Federal, o Conselho Nacional de Justiça, o Superior Tribunal de Justiça, o Tribunal Superior do Trabalho, os Tribunais Regionais Federais e Juízes Federais, os Tribunais e Juízes do Trabalho, os Tribunais e Juízes Eleitorais, os Tribunais e Juízes Militares e os Tribunais e Juízes dos Estados e do Distrito Federal e Territórios.

Compete ao Poder Judiciário o controle da constitucionalidade e da legalidade das normas jurídicas, além da composição de conflitos e interesses, diante do caso posto.

Como foi exposto no Capítulo 2, subitem 2.6, o Poder Judiciário, dentro do seu mister, pacificou o entendimento de que o princípio do não confisco é totalmente aplicável às sanções tributárias. O Supremo Tribunal Federal tem indicado o caráter confiscatório das multas fiscais em patamares fixados acima do valor do tributo devido e, mesmo abaixo desse linde, admite a graduação da sanção tributária quando esta se mostra inadequada na aferição do caso concreto, mediante análise dos elementos fático-probatórios.

Com efeito, no que diz respeito ao Direito Sancionatório, o contribuinte poderá deduzir no Judiciário a ilegalidade da multa fiscal aplicada ou mesmo a individualização da penalidade tributária com supedâneo no art. 92 da Lei 6.374/89, mesmo depois de exercer seu direito de defesa no âmbito administrativo.

Expedida a norma individual e concreta de ofício para a constituição do crédito tributário, é assegurado ao sujeito passivo o devido processo legal no âmbito Contencioso Administrativo Tributário. A decisão proferida pelos órgãos julgadores administrativos de que não caibam mais recursos, passa a ser definitiva para todos os efeitos legais.

Se a decisão administrativa for desfavorável ao "contribuinte", pelo princípio estatuído no art. 5º, inciso XXXV, da Carta Magna, poderá ser rediscutida toda e qualquer matéria no Poder Judiciário. Para a Administração Tributária, no entanto, se a decisão jurisdicional administrativa lhe for contrária, vale dizer, se houver extinção total ou parcial do crédito tributário, as "portas do Judiciário se fecham".

O Estado não pode rediscutir seus próprios atos no Poder Judiciário. Uma vez encerrado o processo administrativo tributário, a decisão jurisdicional administrativa é definitiva, *ex vi* do art. 156, inciso IX, do Código Tributário Nacional:

> Art. 156. Extinguem o crédito tributário:
>
> [...]
>
> IX – a decisão administrativa irreformável, assim entendida a definitiva na órbita administrativa, que não mais possa ser objeto de ação anulatória.

Alberto Xavier assevera que as decisões finais proferidas pelos Tribunais Administrativos são vinculantes:

> [...] a jurisdicionalização do processo administrativo em geral, e em matéria tributária em especial, revela-se através de três traços essenciais: a garantia do duplo grau, o princípio do

> contraditório, como meio de exercício do direito de ampla defesa, e o princípio do efeito vinculante para a Administração das decisões finais nele proferidas.[230]

No mesmo sentido, a Desembargadora do Egrégio Tribunal Regional Federal da 3ª Região, Diva Prestes Marcondes Malerbi assevera que:

> Entretanto, é o corolário imediato da equiparação constitucional do processo administrativo ao processo judicial, exatamente, o efeito vinculante para a própria Administração Pública das decisões em processo administrativo tributário, por seus órgãos de julgamento. O que equivale a dizer que somente assim, a segurança jurídica e a proteção de confiança, valores elementares do Estado Democrático de Direito, podem ser assegurados pelo "instrumento do processo administrativo".[231]

O Decreto 70.235/72 prescreve nos arts. 42 e 45, que a decisão administrativa é definitiva, quando findo o processo administrativo fiscal:

> Art. 42. São definitivas as decisões:
>
> I – de primeira instância esgotado o prazo para recurso voluntário sem que este tenha sido interposto;
>
> II – de segunda instância de que não caiba recurso ou, se cabível, quando decorrido o prazo sem sua interposição;
>
> III – de instância especial.
>
> Parágrafo único: Serão também definitivas as decisões de primeira instância na parte que não for objeto de recurso voluntário ou não estiver sujeita a recurso de ofício.
>
> Art. 45. No caso de decisão definitiva favorável ao sujeito passivo, cumpre à autoridade preparadora exonerá-lo, de ofício, dos gravames decorrentes do litígio.

---

230. XAVIER, Alberto. *Do lançamento*: teoria geral do ato, do procedimento e do processo tributário. 2ª. ed. Rio de Janeiro: Forense, 2001, p. 314.

231. MALERBI, Diva "Processo Administrativo Tributário" - IN "Processo Administrativo Tributário". Coordenador Professor Ives Gandra da Silva Martins (XXIV Simpósio de Direito Tributário), publicado em "Pesquisas Tributárias", Nova Série, n.5, São Paulo, Editora Revista dos Tribunais, 1999. p. 122.

Ao comentar as normas susotranscritas, James Marins leciona que a decisão definitiva favorável ao sujeito passivo, denominando-a como coisa julgada administrativa, garante a segurança jurídica, a imutabilidade relativa do crédito tributário e a não precariedade da decisão jurisdicional administrativa:

> A coisa julgada administrativa configura-se como elemento imprescindível para a garantia da Segurança Jurídica e da imutabilidade relativa do crédito tributário, conforme preveem as normas constantes nos artigos 141 e 145 do CTN, que colaboram para garantir a existência de parâmetros mínimos para a procedibilidade que viabilize o exercício do poder de autotutela estatal na relação tributária. O artigo 45 do Decreto nº 70.235/72 garante a não precariedade do ato administrativo que finda o processo administrativo fiscal. A denominada "coisa julgada administrativa", embora possuidora de contornos que a diferenciam da coisa julgada judicial, possui em seu âmago idêntico princípio fundamental, sendo possível inclusive argumentar no sentido do exercício do poder de autotutela estatal nas relações tributárias que se transfigura no processo administrativo tributário, pautado na garantia da segurança jurídica e na imutabilidade relativa do crédito tributário.[232]

A Lei Ordinária paulista 13.457/2009 encerra a definitividade das decisões administrativas irrecorríveis. O art. 1º deixa claro que a regulamentação do processo administrativo tributário tem por escopo a "solução de litígios relativos aos créditos tributários de tributos e de penalidades". O art. 28 veda o afastamento da lei tributária por inconstitucionalidade, ressalvados os casos dos incisos I, II e III. O art. 50 da mesma lei confere apenas, à Fazenda Pública, a legitimidade e o interesse processual de interposição da Reforma de Julgado, quando houver decisão administrativa jurisdicional que reconheça inconstitucionalidade da lei como fundamento para cancelar ou reduzir crédito tributário ou quando for dada interpretação da lei divergente da adotada de forma pacífica ou reiterada pelo Poder Judiciário.

---

232. MARINS, James. *Direito processual tributário brasileiro (administrativo e judicial)*. 6. ed. São Paulo: Dialética, 2012, p. 315.

As indigitadas normas assim prescrevem:

> Art. 1º. Esta lei regula o processo administrativo tributário, decorrente de lançamento de ofício, para solução de litígios relativos aos tributos estaduais e respectivas penalidades.
>
> Art. 28. No julgamento é vedado afastar a aplicação de lei sob alegação de inconstitucionalidade, ressalvadas as hipóteses em que a inconstitucionalidade tenha sido proclamada:
>
> I – em ação direta de inconstitucionalidade;
>
> II – por decisão definitiva do Supremo Tribunal Federal, em via incidental, desde que o Senado Federal tenha suspendido a execução do ato normativo;
>
> III – em enunciado de Súmula Vinculante.
>
> Art. 50. Cabe reforma da decisão contrária à Fazenda Pública do Estado, da qual não caiba a interposição de recurso, quando a decisão reformanda:
>
> I – afastar a aplicação da lei por inconstitucionalidade, observado o disposto no artigo 28 desta lei;
>
> II – adotar interpretação da legislação tributária divergente da adotada pela jurisprudência firmada nos tribunais judiciários.

É inegável que tais regras têm finalidade óbvia, que é de proteger e dar garantias aos interesses do Estado, justamente porque as decisões jurisdicionais administrativas, uma vez definitivas, não podem ser objeto de revisão pelo Poder Judiciário, quando favorável ao "contribuinte".

Não se nega o direito e o dever de a Administração Pública rever seus atos, consoante o princípio da vinculação (art. 142 do CTN e art. 37 da Constituição Federal de 1988), tanto que o Supremo Tribunal Federal editou a Súmula 473, em 1969, nos seguintes termos:

> Enunciado 473: A administração pode anular seus próprios atos, quando eivados de vícios que os tornam ilegais, porque deles não se originam direitos; ou revogá-los, por motivo de conveniência ou oportunidade, respeitados os direitos adquiridos, e ressalvada, em todos os casos, a apreciação judicial.

Extrai-se da Súmula 473 que somente os atos ilegais ou que ainda não ensejaram direitos ao administrado podem ser revistos.

Interessante notar que logo depois da edição da Súmula 473, o próprio Supremo Tribunal Federal, através da 1ª Turma, no RE nº 68.253/PR, com publicação em DJ de 08 de maio de 1970, reconheceu que a decisão administrativa do Conselho de Contribuintes do Paraná que havia dispensado o sujeito passivo do pagamento do então "selo federal", equivale à coisa julgada e que não pode ser revisada, pois tem força vinculativa.

A ementa do acórdão é a seguinte:

> Coisa julgada fiscal e direito subjetivo. A decisão proferida pela autoridade fiscal, embora de instância administrativa, tem, em relação ao Fisco, força vinculatória, equivalente à da coisa julgada, principalmente quando aquela decisão gerou direito subjetivo para o contribuinte. Recurso Extraordinário conhecido e provido.[233]

Foi nesse sentido que o Superior Tribunal de Justiça, conforme o julgado abaixo indicado, deixou assentado que a revisão do ato administrativo somente é cabível enquanto não gerar direitos ao administrado:

> Mandado de segurança. Ato administrativo. Preclusão administrativa. I – O ato administrativo conta com a retratabilidade que poderá ser exercida enquanto dito ato não gerar direitos a outrem. Ocorrendo a existência de direitos, tais atos são atingidos pela preclusão administrativa, tornando-se irretratáveis por parte da própria administração. II – É que, exercitando-se o poder da revisão de seus atos, a Administração tem que se ater aos limites assinalados na lei, sob pena de ferir o direito líquido e certo do particular, o que configura ilegalidade e ou abuso de poder. III – Segurança concedida (STJ – 1ª Seção – MS nº 09/DF – Relator Ministro Pedro Accioli – j. 31.10.1989 – *RSTJ* 17/195).[234]

233. Disponível em: https://bit.ly/3gBeSBU Acesso em: 02 out. 2020. [Nota do editorial: necessário digitar número do processo.].

234. Disponível em: https://bit.ly/2Ud67nk Acesso em: 09 nov. 2020.

Neste contexto, ressaltamos que foi pontuado no Capítulo 5 que, mediante impugnação do sujeito passivo, o Poder Estatal, através de processo administrativo sistematizado, para fins de controle da legalidade, revê o ato de constituição do crédito tributário, de maneira que não faz qualquer sentido nova revisão no Judiciário dessa mesma decisão administrativa definitiva, simplesmente porque lhe foi contrária. Não se pode confundir vícios da decisão administrativa definitiva decorrente de fraude ou de nulidades absolutas, com meros interesses arrecadatórios sob o argumento do princípio da vinculação, tendo em conta uma interpretação de determinada norma jurídica pela fiscalização, quando esta interpretação é dissonante da decisão jurisdicional administrativa regularmente proferida.

Com relação à dosimetria da sanção tributária, se o próprio Estado, em sede de revisão, calibra ou recalibra a multa fiscal, considerando os elementos fático-probatórios dos autos, a pretensão de rediscussão judicial para o seu restabelecimento ou agravamento se mostra ainda mais absurda e incondizente com o princípio da segurança jurídica.

Se houve regular tramitação do Contencioso Administrativo Tributário, não se admite a *reformatio in pejus* no Poder Judiciário das sanções tributárias submetidas à graduação pelos órgãos de julgamento administrativos, pois, frise-se, é vedada, pelo ordenamento, a rediscussão judicial dessas decisões definitivas, como foi sobejamente demonstrado e porque os efeitos da individualização da pena ficam incorporados ao patrimônio jurídico do "contribuinte".

# CONCLUSÕES

**1.** A sanção tributária é um único instituto, muito embora a legislação e, em especial, o Código Tributário Nacional, lhe atribua várias expressões.

As normas primárias sancionatórias possuem a mesma estrutura da regra-matriz de incidência tributária (antecedente e consequente). A norma sancionatória prevê no seu antecedente um fato ilícito tributário. No consequente, está a relação sancionatória, vinculando os sujeitos ativo e passivo e apontando o critério quantitativo, mensurando o montante da sanção tributária que deverá ser paga. Portanto, a norma sancionatória é norma de conduta.

**2.** No direito tributário, existem dois tipos de relações jurídicas tributárias, sendo uma de natureza patrimonial e outra de índole não obrigacional. A obrigação tributária denominada principal é pecuniária, pois decorre de uma relação jurídica tributária patrimonial, que nasce com o evento relatado na norma individual e concreta. Os deveres administrativos ou obrigações acessórias decorrem de vínculos que são deveres instrumentais ou formais, não suscetíveis de valor econômico.

Descumprida a norma primária tributária, incide a sanção tributária prevista em lei.

**3.** As sanções tributárias são de duas espécies: pecuniárias e não pecuniárias. As sanções pecuniárias são as multas tributárias e suas subespécies (multa de mora, multa de ofício, multa isolada e multa agravada), que consiste na prestação em dinheiro pela prática de uma infração descrita na norma por ação ou omissão do sujeito passivo. As sanções não pecuniárias são aquelas que restringem direitos ou imputa deveres formais mais severos e à perda de benefícios fiscais. Dentre as sanções não pecuniárias temos: não obtenção de Certidão Negativa de Débitos, registro como devedor no cadastro do CADIN, impossibilidade de participação de processo licitatório, não obtenção de linhas de créditos governamentais, o protesto da Certidão de Dívida Ativa, perdimento de bens, regime especial de controle e fiscalização), sendo importante observar que as denominadas "sanções políticas" são inconstitucionais, como já decidiu o Supremo Tribunal Federal.

**4.** A Constituição Federal contém a previsão de princípios implícitos e explícitos, plenamente aplicáveis ao direito tributário sancionatório. Os princípios são valores postos pelo legislador, com alta carga axiológica, em compatibilidade com os anseios e com a cultura dos cidadãos destinatários, numa determinada época.

Já no seu preâmbulo, a Carta Magna indica os sobrevalores do nosso Estado Democrático de Direito, que são normas vinculantes, pois prescrevem direitos e obrigações constitucionais subjetivos do cidadão.

Os sobreprincípios da segurança jurídica, da igualdade e da justiça são aqueles que contêm valores que se traduzem através da realização de outros valores positivados. O sobreprincípio da segurança jurídica assume a condição de um valor supremo, pois todos os demais princípios para ele convergem, até porque, é a própria razão de ser da Constituição Federal.

É de se ressaltar a prevalência da supremacia da Constituição Federal, de modo que todas as demais normas contidas no ordenamento jurídico devem estar com ela harmonizadas.

**5.** A observância dos princípios constitucionais na incidência das sanções tributárias, protege o contribuinte de abusos e arbitrariedades, sem que seja desvirtuada sua verdadeira finalidade, que é a de reprimir conduta ilícita e incentivar o administrado a cumprir as obrigações tributárias e os deveres instrumentais, já que não raras vezes, o Fisco faz uso das multas fiscais para incrementar os cofres públicos.

**6.** A legislação tributária determina a observância dos princípios constitucionais que limitam o poder de tributar do Estado. Não obstante, os princípios constitucionais gerais e tributários devem permear o direito tributário sancionatório, uma vez que as normas que estabelecem penalidades tributárias estão jungidas ao poder impositivo de tributação.

No que diz respeito à dosimetria das penalidades tributárias, é de rigor que os princípios da legalidade, do não confisco, do tratamento isonômico e justo, da individualização da pena, do devido processo legal e os princípios da razoabilidade e da proporcionalidade sejam observados para que as normas sancionatórias aplicadas fiquem escoimadas de inconstitucionalidade.

**7.** O devido processo legal, o direito à ampla defesa e ao contraditório são cláusulas pétreas prescritas nos incisos LIV e LV do art. 5º da Constituição Federal. É através do devido processo legal que o cidadão faz valer seus direitos subjetivos constitucionais quando são ameaçados ou violados, seja no âmbito administrativo, seja no âmbito judicial.

No direito tributário sancionatório, o devido processo legal ganha relevância, porque é através dele que a individualização da pena será implementada. É com base nos elementos e nas provas coligidas que o Poder Judiciário tem declarado a inconstitucionalidade de penalidades tributárias irrazoáveis e desproporcionais, reconhecendo, inclusive, a violação ao princípio do não confisco que tem plena aplicação às sanções tributárias.

**8.** Já no processo administrativo tributário paulista (Lei 13.457/2009), a gradação da penalidade, que é de competência dos órgãos julgadores administrativos, será sopesada e graduada, quando os requisitos do art. 527-A do Regulamento do

ICMS do Estado de São Paulo estiverem presentes e consoante os princípios constitucionais tributários.

**9.** Os princípios da razoabilidade e da proporcionalidade são instrumentos para a concretude do direito. São princípios impostergáveis na elaboração das leis, na aplicação do direito e para promover o bem-estar social.

Em matéria tributária, a razoabilidade e a proporcionalidade exercem papel fundamental para a gradação das multas fiscais e na discussão de outras questões, haja vista a frequente colisão de princípios.

**10.** A doutrina e a jurisprudência pacificaram o entendimento de que o princípio da vedação ao confisco, dentre outros, tem perfeita aplicação às sanções tributárias.

Entretanto, o Poder Judiciário e em última análise, o Supremo Tribunal Federal não possuem competência para construir um critério ou mais da regra-matriz de incidência tributária, por decisão jurisdicional, em razão do princípio da separação dos Poderes, nos termos do art. 2º da Constituição Federal de 1988, que é uma das mais importantes garantias do Estado de Direito.

O Supremo Tribunal Federal, dentro do seu mister de controle de constitucionalidade concentrado ou difuso (art. 102, inciso I, alínea "a" e inciso III, aliena "b" da Constituição Federal de 1988), tem competência para o reconhecimento da constitucionalidade ou a inconstitucionalidade de determinada norma sancionatória, máxime quando se tratar de aplicação do princípio do não confisco, não podendo, entretanto, construir ou alterar o critério quantitativo da regra-matriz de incidência tributária, nem qualquer outro critério, para que não haja invasão de competência constitucional do Poder Legislativo.

**11.** Ao contrário de outros sistemas jurídicos, a legislação tributária é carente de normas que estabelecem condições e requisitos para que a Administração Tributária e o Poder Judiciário possam sopesar e graduar a penalidade aplicada em face de determinado caso concreto, a fim de que haja segurança jurídica e justiça tributária ao sujeito passivo infrator.

As diretrizes e os critérios previstos nos arts. 108, inciso IV, § 2º e 112 do Código Tributário Nacional, bem como, no art. 2º da Lei federal 9.784/99 são de pouca aplicabilidade no direito tributário sancionatório pela quase inexistente legislação que regule a dosimetria da penalidade tributária pela autoridade fiscal, ou no mister da revisão do lançamento do crédito tributário, no bojo do processo administrativo, pelo julgador tributário ou pela própria exatoria. Não se confunde a aplicação de multas fiscais pela subsunção de normas jurídicas sancionatórias, com a efetiva graduação das penalidades tributárias, consoante a análise do caso concreto.

Malgrado o art. 136 do Código Tributário Nacional estabeleça a responsabilidade objetiva do sujeito passivo infrator, os princípios constitucionais vigentes devem ser observados, tanto na constituição do crédito tributário (subsunção), como na gradação da penalidade fiscal. O direito tributário sancionatório exige a individualização da pena (art. 5º, inciso XLVI) e a aplicação equidade (art. 108, inciso IV, do CTN).

Todavia, sem a previsão de normas que estabeleçam pressupostos ou critérios para a gradação das penalidades, a autoridade lançadora fica adstrita ao princípio da vinculação, aplicando a multa fiscal prevista em lei, quando da expedição da norma individual e concreta.

A inexistência de normas dessa natureza relega ao Judiciário e apenas a ele, a análise da constitucionalidade ou a adequação da sanção fiscal incidente no caso concreto, acarretando morosidade e onerosidade ao sujeito passivo. Ademais, sem regras jurídicas claras e específicas, o aplicador do Direito estará livre para adotar os mais variados critérios na ponderação da dosimetria da sanção, ainda que utilize as técnicas interpretativas: a sintaxe, a semântica e a pragmática. Com isto, decisões judiciais díspares sobre a matéria serão proferidas, ainda que sobre fatos jurídicos semelhantes, acarretando, evidentemente, insegurança jurídica ao administrado.

São por essas razões é que ressaltamos a grande importância do art. 527-A do Regulamento do ICMS do Estado de

São Paulo (art. 92 da Lei 6.374/89) para o direito tributário, justificando o corte metodológico deste estudo proceder a uma análise de cada um dos requisitos e critérios da norma.

**12.** O art. 92 da Lei Estadual bandeirante, regulamentado pelo art. 527-A do Regulamento do ICMS do Estado de São Paulo, estabelece requisitos objetivos e subjetivos para a relevação ou redução da sanção tributária, bem como, atribui aos órgãos julgadores administrativos, a competência para graduar multas fiscais.

Com efeito, referidas normas são cogentes, pois há um poder/dever da autoridade competente graduar a multa fiscal, quando os pressupostos legais estiverem presentes, possibilitando a individualização da pena e aplicando a sanção tributária mais adequada à vista das particularidades e circunstâncias do ilícito fiscal. Destarte, o órgão julgador fica vinculado à atividade jurisdicional administrativa, em razão do disposto nos arts. 3º e 142 do Código Tributário Nacional.

**13.** As típicas regras de estrutura são aquelas que outorgam competências, pressupostos, isenções, procedimentos administrativos, voltados para os comportamentos de produção, modificação e extinção de novas unidades jurídicas.

Assim, norma do art. 527-A do Decreto 45.490/2000 é qualificada como regra de estrutura e não como norma de conduta, por prever requisitos, critérios e competência para sua aplicação.

**14.** A relevação da multa ou a sua redução, dependerá da presença dos requisitos objetivos e dos critérios subjetivos de dosimetria contidos na regra do art. 527-A, do Regulamento do ICMS do Estado de São Paulo, bem como, dentro dos parâmetros da razoabilidade e da proporcionalidade entre a falta cometida pelo contribuinte e a sanção aplicável, o que será ponderado pelo órgão julgador bandeirante, por decisão fundamentada.

Os requisitos objetivos do art. 527-A do Regulamento do ICMS do Estado de São Paulo são cumulativos, de modo que, em primeiro lugar, o sujeito passivo deverá apresentar pedido expresso e fundamentado na defesa ou no recurso; depois, verificar-se-á se o requisito explícito de que a infração, ensejadora da multa fiscal, não implica falta de pagamento do imposto, bem como, se a infração tributária não foi praticada com dolo, fraude ou simulação (que deve estar descrita e provada pela acusação fiscal); deve ser observado o limite mínimo do art. 85, § 7º da Lei 6.374/89 c/c o art. 527, § 7º do RICMS, para o caso de redução; e a condição de não reincidente do contribuinte, apenas para fins de relevação da multa fiscal, nas hipóteses da alínea "a" do inciso VII do art. 85 da Lei 6.374/89 e da alínea "a" do inciso VII e da alínea "x" do inciso VIII do art. 527 do RICMS.

Os critérios da norma, que preferimos chamar de requisitos subjetivos, consistem na verificação do porte econômico do contribuinte, seus antecedentes fiscais e as circunstâncias do caso concreto, que deverão ser analisados e suficientemente justificados pelo órgão julgador tributário, sob pena de nulidade.

**15.** Se quaisquer dos requisitos objetivos do art. 527-A do Regulamento do ICMS do Estado de São Paulo estiverem ausentes, o órgão julgador estará impedido de reduzir ou relevar a penalidade tributária, mesmo que os critérios subjetivos permitam a sua gradação.

Presentes os requisitos objetivos, passa-se à análise dos critérios subjetivos, que é justamente a atividade de dosimetria pelo órgão competente. Será sopesado se a penalidade aplicada está em consonância com o porte econômico da empresa, com seus antecedentes fiscais e com as particularidades do caso concreto, diante das provas produzidas nos autos, onde se verificará a intensidade da infração, refletindo na dosimetria da sanção tributária, por decisão devidamente fundamentada, a fim de atingir a finalidade da justa penalidade (individualização da pena).

**16.** Como a competência para reduzir ou relevar a multa fiscal é exclusiva dos órgãos de julgamento administrativo, ou seja, da Delegacia Tributária de Julgamento, em primeira instância e pelo Tribunal de Impostos e Taxas, em segunda instância, consoante a legislação tributária paulista, é importante que o sujeito passivo conheça do Contencioso Administrativo

Tributário que está sistematizado pela Lei 13.457/2009, pelo Decreto 54.486/2009 e pelo Regimento Interno publicado no DOE em 23 de julho de 2009.

As referidas normas asseguram ao "contribuinte" o devido processo legal, o contraditório e a ampla defesa, por meio da produção de provas admitidas em direito, permitindo a impugnação do lançamento do crédito tributário ilegal e ainda, para pleitear a graduação da penalidade tributária, na aplicação do art. 527-A do Decreto 45.490/2000.

**17.** O processo administrativo tributário bandeirante possui duas fases. A primeira fase se inicia com a Defesa do sujeito passivo, de acordo com o art. 33 da Lei 13.457/2009, que deverá estar instruída com todas as provas que pretenda produzir para corroborar suas alegações (art. 19) e que vai até a decisão monocrática definitiva do julgador tributário pelas Delegacias Tributárias de Julgamento ou pelas Unidades de Julgamento.

A segunda fase é a recursal propriamente dita. Da decisão proferida pelo órgão julgador de primeira instância, cabe recurso à parte sucumbente, sendo o Recurso Voluntário pelo sujeito passivo e Recurso de Ofício pela Fazenda, ao Delegado Tributário de julgamento, quando o valor total do Auto de Infração não ultrapassar o limite de 20.000 UFESPs (art. 40 da Lei 13.457/2009). Acima desse limite, cabe Recursos de Ofício e Ordinário ao Tribunal de Impostos e Taxas, que será julgado pelas Câmaras Julgadoras.

A lei ainda prevê o Recurso Especial à Câmara Superior, em caso de dissenso jurisprudencial ou para os casos de nulidade processual, em face das decisões proferidas pelas Câmaras Julgadoras.

A Reforma de Julgado (arts. 50 e 51 da Lei 13.457/2009) poderá ser interposta apenas pela Fazenda Pública nas hipóteses em que a decisão desrespeite a vedação do art. 28 da Lei 13.457/2009, ou quando a decisão proferida for colidente com a jurisprudência pacificada no Poder Judiciário.

E ainda, o art. 15 da Lei 13.457/2009, prevê a Retificação de Julgado, sem implicar a interrupção ou suspensão de outros recursos cabíveis, quando a decisão retificada contiver erro de fato ou incongruências no julgamento, cujo recurso se assemelha aos Embargos de Declaração do art. 1.022 do Código de Processo Civil.

Encerrado o processo administrativo tributário, o crédito tributário se torna definitivo e depois é encaminhado para expedição de Certidão de Dívida Ativa e cobrança judicial pela Procuradoria da Fazenda do Estado.

As inovações trazidas pela Lei 16.498/2017, em geral, são positivas. Contudo, ressaltamos que o *quorum* qualificado previsto no § 2º, do art. 61, da Lei 13.457/2009, para a aplicação do art. 527-A do RICMS (art. 92 da Lei 6.374/89), por mitigar, sobremaneira, o direito da individualização da pena e os demais princípios constitucionais que permeiam o Direito Sancionatório Tributário, prejudicam tanto o "contribuinte", quanto o fisco.

É fundamental a implementação definitiva de sessões de julgamento por videoconferência, como ocorre no Poder Judiciário. O acesso ao TIT ficaria mais democrático, bem como, ampliar-se-ia a realização princípio do devido processo legal, e ainda, proporciona mais transparência e menor custo ao Estado e ao contribuinte.

Neste eito, a modernização e a compatibilização do Contencioso Administrativo Tributário com o vigente Código de Processo Civil são fundamentais.

**18.** Efetivamente, ainda que no âmbito do Contencioso Administrativo Tributário tenha havido graduação da sanção tributária, o Poder Judiciário, por provocação do sujeito passivo, considerando o disposto no art. 5º, inciso XXXV e nos arts. 92 a 126 da Constituição Federal, poderá reavaliar a decisão administrativa para adequar ou recalibrar a fixação da penalidade, com supedâneo no art. 527-A do Regulamento do ICMS do Estado de São Paulo (art. 92 da Lei 6.374/89).

Infere-se que a rediscussão judicial eventualmente pleiteada pelo sujeito passivo no tocante à gradação da penalidade tributária fixada pelos órgãos julgadores administrativos, não fica adstrita somente ao caráter confiscatório da multa fiscal. O Poder Judiciário poderá sopesar a sanção tributária, dentro dos parâmetros da razoabilidade e da proporcionalidade, conforme o caso concreto, a fim de verificar se a dosimetria da multa fiscal na fase do processo administrativo foi suficiente para o atendimento do desiderato da adequação.

**19.** Contudo, há limites para o Judiciário revisar a sanção tributária. Tendo havido redução ou relevação da multa fiscal pela Delegacia Tributária de Julgamento ou pelo Tribunal de Impostos e Taxa, mediante aplicação do art. 527-A do Decreto 45.490/2000), não poderá haver *reformatio in pejus* ao sujeito passivo. Da mesma forma, a Fazenda Pública não poderá rediscutir, no Poder Judiciário, seus próprios atos administrativos, vale dizer, não poderá requerer o restabelecimento da penalidade relevada ou majorar aquela que foi reduzida.

Uma vez encerrado o regular processo administrativo, "fecham-se as portas" do Poder Judiciário para a Administração Estatal, salvo se a decisão administrativa proferida pelo órgão julgador estiver imbuída de fraude devidamente comprovada.

**20.** Com efeito, o presente trabalho demonstra que o tema da gradação das penalidades tributárias é pouco tratado no direito tributário brasileiro e como dissemos alhures, a legislação é carente de normas que estabelecem regras e pressupostos para sua dosimetria.

O direito tributário sancionatório exige a individualização das penalidades tributárias, mormente para que os princípios constitucionais tributários sejam realizados, ultimando-se a implementação dos sobreprincípios da segurança jurídica, da igualdade e da justiça tributária.

Por isso, afirmamos que o art. 527-A do Decreto 45.490/2000 (art. 92 da Lei 6.374/89), é de grande importância para o direito tributário. A norma que foi objeto deste estudo permite que as sanções tributárias, no âmbito da legislação do Estado de São Paulo, possam ser graduadas de forma a atender às diretrizes da Constituição Federal e, em última análise, aos anseios dos "contribuintes" e de toda a sociedade.

# REFERÊNCIAS


ALEXY, Robert. *Teoria dos direitos fundamentais.* São Paulo: Malheiros, 2008.

ARISTÓTELES. *Ética a Nicômaco.* Tradução de Grego de António de Castro Caeiro. São Paulo: Atlas, 2009.

ATALIBA, Geraldo. Princípios Constitucionais do Processo e Procedimento em Matéria Tributária. *In*: *Revista de Direito Tributário,* nº 46, p. 118. São Paulo: Revista dos Tribunais, 2014.

ÁVILA, Humberto. *Teoria dos princípios da definição à aplicação dos princípios jurídicos.* 7. ed. São Paulo: Malheiros, 2007.

BALEEIRO, Aliomar. *Direito tributário brasileiro.* Rio de Janeiro: Forense, 1990.

______. *Limitações constitucionais ao poder de tributar.* 7. ed. Rio de Janeiro: Forense, 1997.

BANDEIRA DE MELO, Celso Antonio. *Conteúdo jurídico do princípio da igualdade.* 3. ed. 23. tirag. São Paulo: Malheiros, 2014.

BARROS, Celso Ribeiro. *Curso de direito constitucional.* São Paulo: Saraiva, 1989.

BONAVIDES, Paulo. *Curso de direito constitucional.* 30. ed. São Paulo: Malheiros, 2015.

BORGES, Juliana. *Reincidência tributária:* teoria e prática. São Paulo: Quartier Latin, 2005.

CARRAZZA, Roque Antonio. *Curso de direito constitucional tributário*. 30. ed. São Paulo: Malheiros, 2015.

CARVALHO, Aurora Tomazini de. *Curso de teoria geral do direito*. 4. ed. São Paulo: Noeses, 2014.

CARVALHO, Aurora Tomazini de. "Simulação, fraude, sonegação e aplicação da multa qualificada na desconsideração de planejamentos tributários", in *XIII Congresso Nacional de Estudos Tributários – IBET* – Ed. São Paulo: Noeses, 2015.

CARVALHO, Paulo de Barros. *Direito tributário:* fundamentos jurídicos da incidência. 9. ed. São Paulo: Saraiva, 2012.

______. *Curso de direito tributário*. 25. ed. São Paulo: Saraiva, 2013.

______. *Direito tributário, linguagem e método*. 6. ed. São Paulo: Noeses, 2015.

CENEVIVA, Walter. *Direito constitucional brasileiro*. São Paulo: Saraiva, 1991.

CEZAROTI, Guilherme. Individualização das Penalidades e Aplicação do Art. 49 do Código Penal: novos limites para a imposição de multas tributárias. *In*: *Revista Dialética de Direito Tributário,* nº 208, p. 45-78. São Paulo: Revista dos Tribunais, 2013.

COELHO, Sacha Calmon Navarro. *Cadernos de Pesquisas Tributárias*. São Paulo: CEEU – Resenha Tributária, 1979.

COUCEIRO, Julio Cezar. *Princípio da separação de poderes em corrente tripartite*. São Paulo: Âmbito Jurídico, 2015.

DEL VECCIO, Giorgio. *Lições de filosofia do direito*. 5. ed. Tradução de Antônio José Brandão. Coimbra: Armênio Amado Editor, 1979.

DELMANTO, Celso. *Código Penal comentado*. 7. ed. Rio de Janeiro: Renovar, 2007.

DÓRIA, Sampaio. *Direito Constitucional Tributário e Due Process of Law*. 2. ed. Rio de Janeiro: Forense, 1986.

ESPINOLA, Eduardo; ESPINOLA, Eduardo Filho. *A Lei de Introdução ao Código Civil brasileiro.* 3. ed. atual. por Silva Pacheco. Rio de Janeiro: Renovar, 1999. 1 vol.

FACIN, Andréia Minussi. Vedação ao "Confisco Tributário". *In*: *Revisa Dialética de Direito Tributário*, nº 80, p. 18-22. São Paulo: Revista dos Tribunais, 2013.

FERRAGUT, Maria Rita. *As provas e o direito tributário:* teoria e prática como instrumentos para a construção da verdade jurídica. São Paulo: Saraiva, 2016.

GANDARA, Leonardo. *Sanções políticas e o direito tributário.* Belo Horizonte: D'Plácido, 2015.

GONÇALVES, José Artur Lima. *Isonomia na norma tributária.* São Paulo: São Paulo, 1993.

GRECO, Marco Aurélio. *Planejamento tributário.* 3. ed. São Paulo: Dialética, 2011.

GUERRA FILHO, Willis Santiago. Hermenêutica Constitucional, Direitos Fundamentais e Princípio da Proporcionalidade. *In*: BOUCAULT, Carlos E. de Abreu; RODRIGUEZ, José Rodrigo (orgs.). *Hermenêutica Plural.* São Paulo: Martins Fontes, 2005.

JUSTEN FILHO, Marçal. *Curso de direito administrativo.* 2. Ed. São Paulo: Saraiva, 2006.

KELSEN, Hans. *Teoria pura do direito.* 6. ed. Tradução de João Batista Machado. Coimbra: Armênio Amado, 1984.

LINS, Robson Maia. *A mora no direito tributário.* 2008. Tese (Doutorado em Direito). Faculdade de Direito, Pontifícia Universidade Católica de São Paulo – PUC/SP, São Paulo, SP, 2008.

______. A Reiteração e as Normas Jurídicas Tributárias Sancionatórias: a multa qualificada da lei nº 9.430/96. *In*: *VII Congresso de Estudos Tributários – Direito Tributário e Conceitos de Direito Privado*. São Paulo: Noeses, dez. 2010.

MALERBI, Diva. *Processo administrativo tributário*. Coordenação de Ives Gandra Martins. 5. ed. São Paulo: Revista dos Tribunais, 1999.

MARINS, James. *Direito processual tributário brasileiro* (administrativo e judicial). 6. ed. São Paulo: Dialética, 2012.

MARTINS, Ives Gandra da Silva. *Comentários à Constituição do Brasil*. São Paulo: Saraiva, 1990. 6 vol. tomo I.

MEDAUAR, Odete. *Direito administrativo moderno*. 11. ed. rev. e atual. São Paulo: Revista dos Tribunais, 2007.

MIRABETE, Julio Fabbrini. *Código de Processo Penal Interpretado*. 10. ed. São Paulo: Atlas, 2003.

PACHECO, Ângela Maria da Motta. *Sanções tributárias e sanções penais tributárias*. São Paulo: Max Limonad, 1997.

PADILHA, Maria Ângela Lopes Paulino. *As sanções no direito tributário*. São Paulo: Noeses, 2015.

PERELMAN, Chaïm. *Lógica jurídica*. 2. ed. São Paulo: Martins Fontes, 2013.

REALE, Miguel. *Lições preliminares de direito*. 3. ed. São Paulo: Saraiva, 1976.

ROSS, Alf. *Direito e justiça*. 2. ed. São Paulo: Edipro, 2007.

SALUSSE, Eduardo Perez. *Moderação sancionatória no processo administrativo tributário paulista:* uma análise empírica e teórica. São Paulo: Quartier Latin, 2016.

SCHMITZ, Leonard Ziesemer. *Fundamentação das decisões judiciais:* crise na construção de respostas no processo civil. Coordenação de Eduardo Talamini e Teresa Arruda Alvim Wambier. Coleção Liebman e Thomson Reuters. São Paulo: Revista dos Tribunais, 2015.

SILVA, José Afonso. *Curso de direito constitucional positivo*. 6. ed. São Paulo: Revista dos Tribunais, 1990.

SILVA, Paulo Roberto Coimbra. *Direito tributário sancionador*. São Paulo: Quartier Latin, 2007.

SILVEIRA, Alípio. O julgador em face do caso concreto. *In*: Revista *Justitia*. 1991. Disponível em: https://bit.ly/33YyTNO Acesso em: 12 set. 2016.

TOMÉ, Fabiana Del Padre. *A prova no direito tributário*. 2. ed. São Paulo: Noeses, 2015.

______. *Prova pericial em material tributária*: cabimento e relevância. 2016. Disponível em: http://www.tributario.com.br Acesso em: 25 out. 2016.

______. *Planejamento Tributário – Análise de Casos*. Artigo: CASO KITCHENS: Omissão de Receitas por pessoas jurídicas distintas que operam como uma única empresa. Coordenação de Leonardo Freitas de Moraes e Castro, Ed. São Paulo: MP, 2014, Volume 03.

TORRES, Heleno Taveira. *Direito constitucional tributário e segurança jurídica*. São Paulo: Revista dos Tribunais, 2011.

______. *Multas Tributárias Devem Observar a Constituição*. 2014. Disponível em: https://bit.ly/3naPWDU Acesso em: 23 set. 2016.

VIEHWEG, Theodor. *Tópica e jurisprudência*. Porto Alegre: SAFE, 2008.

XAVIER, Alberto. *Do lançamento:* teoria geral do ato, do procedimento e do processo tributário. 2. ed. Rio de Janeiro: Forense, 2001.

**Impressão e Acabamento | Gráfica Viena**
www.graficaviena.com.br
Santa Cruz do Rio Pardo - SP, ano 2021